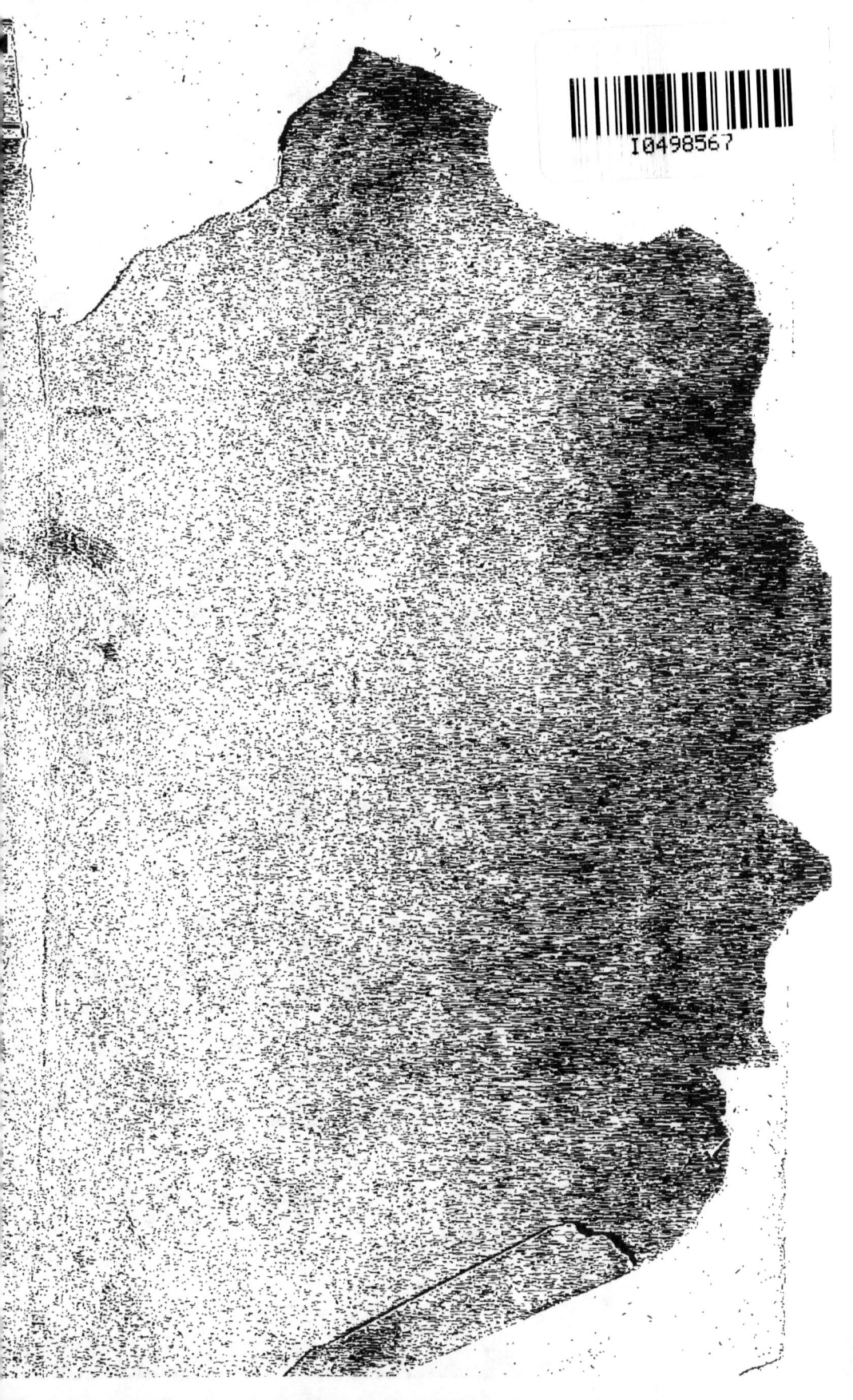

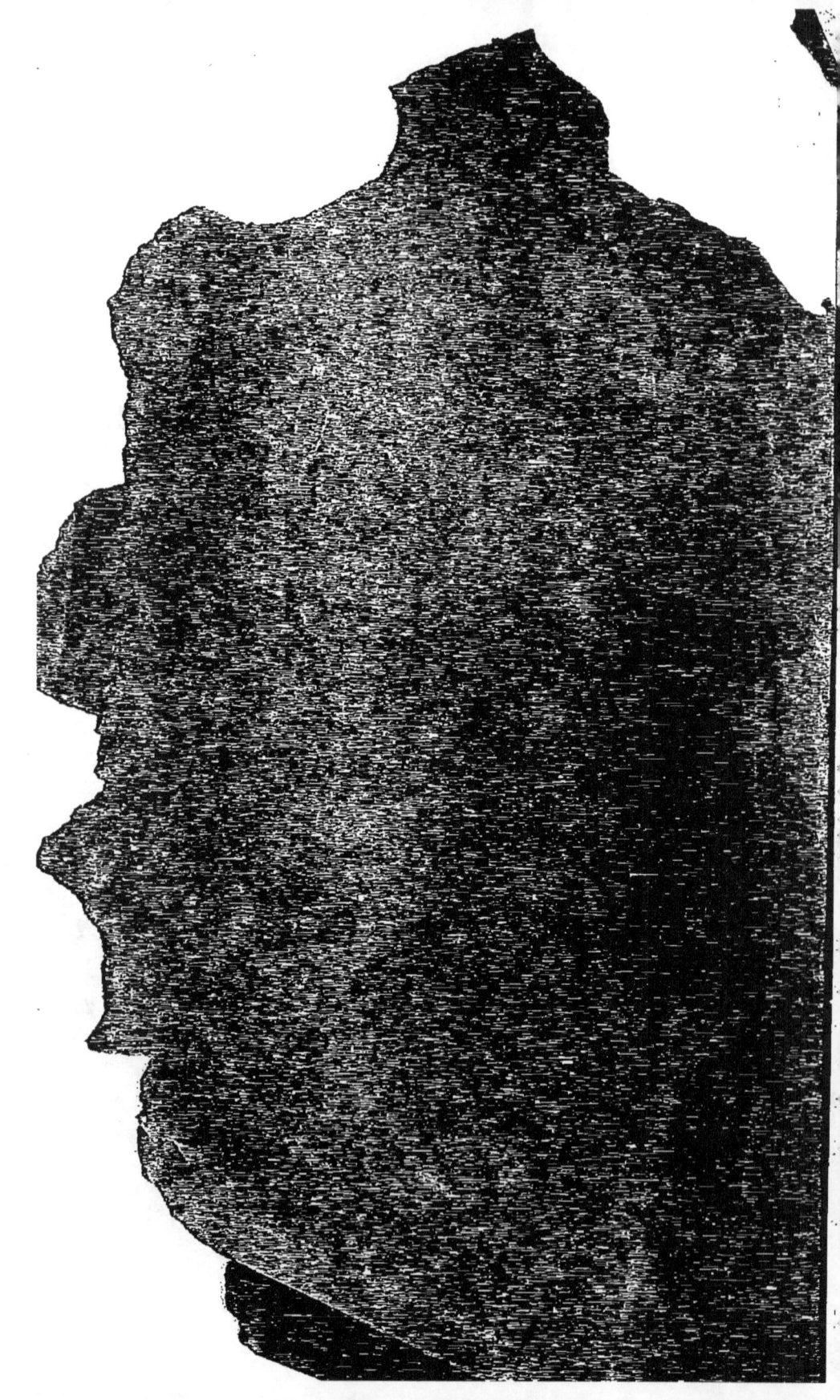

LES
PEINTRES CÉLÈBRES

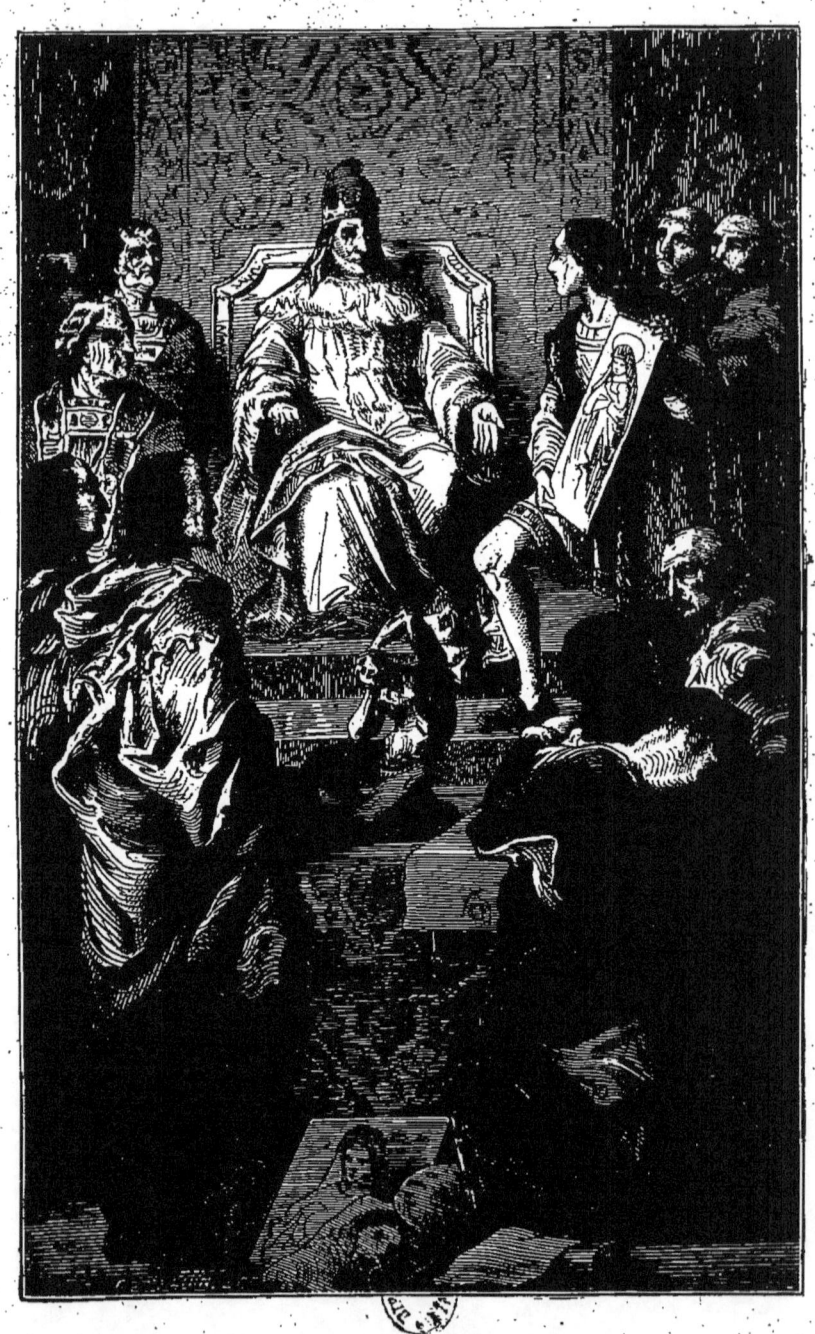

LA PEINTURE ET LES PEINTRES CÉLÈBRES

LES
PEINTRES
CÉLÈBRES

PAR

ALPHONSE D'AUGEROT

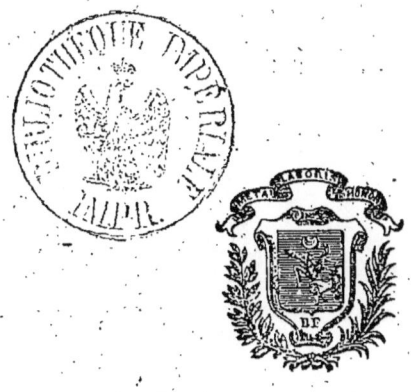

LIMOGES
BARBOU FRÈRES, IMPRIMEURS-LIBRAIRES

HISTOIRE DE LA PEINTURE

La peinture est l'art d'imiter la nature par l'emploi des couleurs. Or, comme l'homme est essentiellement imitateur, la peinture est aussi ancienne que l'homme.

Un potier de Sicyone, en Grèce, avait une fille du nom de Dibutade. Un soir, la jeune fille reçut la visite de son fiancé qui, prêt à partir pour affronter les hasards des combats, venait lui faire ses adieux. Pendant qu'il parlait, Dibutade remarqua son ombre projetée sur la muraille par la lumière de la lampe qui les éclairait. Aussitôt elle se lève, et avec un charbon imagine de tracer le portrait de son amant en suivant les contours de son profil. De son côté, le père de Dibutade applique de l'argile sur ce dessin et fait cuire cette œuvre. C'est ainsi que les Grecs expliquent l'origine de la peinture et de la sculpture.

L'histoire pourrait être vraie si déjà, mille ans auparavant, et plus même, Sémiramis n'avait fait peindre des animaux fantastiques sur le pont dont elle couvrit l'Euphrate et qui mettait en communication les deux grands quartiers de la belle

Babylone. Elle pourrait être vraie si déjà les Egyptiens n'avaient décoré de peintures les monuments de Memphis et de Thèbes et leurs Hypogées mortuaires. Mais ce dont les Grecs peuvent positivement se vanter, c'est d'avoir fait faire à la peinture d'immenses progrès.

Déjà la peinture existait à l'état de couleurs sèches. C'est ainsi que d'après Homère, 1200 ans avant J.-C., Hélène, l'héroïne de la guerre de Troie, retraçait sur ses ouvrages de tapisserie les nombreuses batailles livrées à cause de sa beauté fatale. Andromaque reproduisait des fleurs des plus douces nuances et des tons les plus variés. Mais si dès-lors la peinture était connue comme idée, dans la pratique elle était encore à l'état d'ébauche.

Tout d'abord la peinture n'avait été qu'un simple linéament indiquant les contours des objets sans rendre aucun relief ni exprimer aucun ton. Mais de ce dessin linéaire la peinture passa peu à peu à l'emploi des matières colorantes. Alors ce fut une simple enluminure, car on tintait de rouge, par exemple, le trait qui représentait une draperie rouge, et de jaune celui qui représentait une étoffe jaune. Puis, des artistes, mieux avisés, observant que les objets avaient du relief, imaginèrent le clair-obscur afin d'arriver à des effets de saillie. Ce fut à cette phase de l'art que les Grecs, doués de plus de finesse, de jugement et de sensibilité, inventèrent le moyen de donner une couleur à toute la surface crayonnée. Seulement cette couleur fut unique d'abord, *monochrôme*, comme ils disaient, ce que nous appelons *camaïeu*. Enfin des maîtres plus habiles encore, de la peinture monochrôme s'élevèrent à la science du coloris varié selon les tons de la nature.

Bientôt alors le Pœcile d'Athènes devint un merveilleux musée reproduisant par la peinture les hauts faits des armées athéniennes et de leurs vaillants capitaines.

Alors aussi les Grécs ayant envoyé en Italie des colonies qui s'établirent dans la Thuscie, qui prit le nom d'Etrurie plus tard, et que nous nommons aujourd'hui la Toscane, ces nouveaux peuples, les Etrusques, y apportèrent l'art de la peinture. Aussi décorèrent-ils la ville de Cœré, l'une de leurs Lucumonies, de peintures splendides. Aussi le Latium leur demandait-il des artistes pour orner ses temples. Aussi à Lanuvium, sur la Voie Appienne, peignaient-ils, à fresque, une charmante Hélène et une Atalante tout aussi belle. Enfin, avant la fondation de Rome encore, à Ardée, l'Etrusque *Ludius Helotas*, peignait-il la coupole d'un temple de Junon avec un talent tel que dans le Ier siècle de notre ère, son œuvre conservait encore toute sa beauté et la fraîcheur de son coloris. Il n'est pas étonnant dès-lors que Pline nous dise dans ses écrits que longtemps avant que Rome existât, la peinture était déjà portée à la perfection en Italie.

La peinture à *l'encaustique*, celle à la *fresque*, et enfin la *mosaïque* ont été généralement employées à la décoration de leurs temples et de leurs édifices par les Grecs.

La première, universellement pratiquée dans la Grèce, est une peinture à la cire que l'on fixe à l'aide du feu, comme son nom l'indique. Pline, dans un passage sur la peinture à l'encaustique, la divise en trois espèces. Il paraît, suivant lui, que l'on peignait avec un style sur l'ivoire ou sur du bois lissé, auquel on appliquait une couleur quelconque pour servir de fond. Une fois les contours tracés, on étendait la cire avec le style, après l'avoir imprégné de couleurs d'une certaine épaisseur. Le peintre avait de la braise à côté de lui pour tenir chauds les styles dont il se servait. Il remplissait les contours en y portant les couleurs avec la pointe du style, et, avec la partie large, il les étendait sur la surface qu'il voulait couvrir. Voilà tout ce que l'on sait de cette manière de peindre. Il y a tout lieu de croire que les Grecs peignaient seulement à l'encaustique les petits tableaux de scènes familières, les paysages et les portraits : autrement ils n'auraient jamais pu atteindre la finesse si nécessaire à la perfection d'un grand tableau.

Certainement l'origine de la peinture se perd dans la nuit des temps, et ses inventeurs, *Cléanthe* et *Ardicès* de Corinthe, et *Téléphane* de Sicyone, pour ce qui regarde la Grèce, doivent être placés longtemps avant Homère. Néanmoins les Grecs ne placent leurs premiers peintres que dans le VIIe siècle avant l'ère chrétienne.

Leurs premiers artistes connus sont *Higgionontes*, *Dinias* et *Charmas*. *Eumaris* tint ensuite le sceptre de la peinture. Il usait de deux couleurs : l'une pour les chairs, l'autre pour les vêtements. Mais, comme ses prédécesseurs, il plaçait ses personnages les uns à la suite des autres, debout et de face. *Cimon* de Cléone, son élève, fit école, groupa ses figures avec harmonie, inventa le procédé des raccourcis et marcha vers le progrès à pas de géant.

On était à 700 ans avant J.-C., quand vint *Bularchos*, qui représenta la bataille des Magnésiens, dont Candaule, roi de Lydie et le dernier des Héraclides, paya le tableau en le couvrant d'or.

Alors s'écoulent deux siècles sans que l'histoire fasse mention d'aucun peintre fameux. Toutefois apparait *Panenus*, frère de Phidias, l'immortel sculpteur. Ce Panenus exécuta une peinture représentant la bataille de Marathon. Elle fut placée dans le Pœcile ; ses portraits étaient d'une ressemblance parfaite, mais l'action manquait dans ses personnages. Néanmoins Panenus fut digne de Phidias, et c'est l'une des illustrations du grand siècle de Périclès.

Pline nous dit, et Félibien confirme son témoignage, que ce fut à cette époque, 450 ans avant notre ère, que le monde vit se produire *Polygnote*, de Thasos, artiste sans pareil encore, qui crée un genre à lui, invente l'usage de la cire ou l'encaustique, imite fidèlement la nature, adopte les compositions les plus gracieuses, et revet ses personnages des couleurs diverses les plus conformes à la vérité. Bientôt tous les portiques d'Athènes sont décorés de ses peintures. Ils représentent les grands drames de la guerre de Troie. Le rembarquement des Grecs après la prise de la ville et la descente d'Ulysse aux enfers excitèrent tellement l'admiration des Athéniens, que pour récompenser dignement l'artiste, on lui demanda quel salaire il souhaitait :

— La reconnaissance de mes concitoyens ! répondit Polygnote.

Ce désintéressement sublime porta le conseil des Amphyctions à lui voter un décret de remerciment. En outre, on mit à la disposition du peintre un appartement dans les palais de la République. Toutefois les compositions de Polygnote manquaient d'unité, car on était loin encore de l'intelligente application de la lumière et des ombres. Cependant sa représentation du sac de Troie, faite pour le Pœcile et d'un mérite supérieur, brava les âges et les dangers à ce point que, transporté à Rome par un maladroit proconsul, puis expédié à Constantinople vers le V⁰ siècle après J.-C., ce tableau vit ainsi s'écouler neuf cents ans sans éprouver d'altération sensible. Mais alors il périt dans un incendie.

Appollodore d'Athènes, commença ensuite, vers 408, à perfectionner l'art du dessin, de la couleur et des raccourcis. On vit longtemps, à Pergame, dans l'Asie-Mineure, deux peintures exquises de cet artiste fameux. Un prêtre en prières, et Ajax foudroyé par Minerve, tel était le sujet de ces deux chefs-d'œuvre d'un des plus grands peintres de la Grèce. Appollodore eut pour élève l'illustre Zeuxis, qui bientôt surpassa son maître.

Né à Héraclée, *Zeuxis* florissait en l'an 378 avant J.-C. Il atteignit à un tel degré le talent de distribuer admirablement la lumière et les ombres, qu'à la vue de leurs effets merveilleux, Appollodore devint jaloux et composa des satires contre son élève. Mais Zeuxis, sans quitter sa voie, produisit une telle quantité de magnifiques tableaux qu'il réduisit ses adversaires au silence. Bientôt il acquit une fortune considérable et se montra si vain de son mérite qu'aux jeux olympiques, il ne paraissait que suivi d'une foule de valets affublés de tuniques sur lesquelles était brodé son nom en lettres d'or. Une fois riche, il ne vendit plus ses peintures, il en fit don à ses amis. Mais avant de les livrer, il en faisait une exposition publique, et on devait payer pour en jouir. Un jour, ayant peint un athlète, il mit au bas de la peinture cette légende orgueilleuse :

— On le critiquera, mais on ne l'imitera pas.

C'était, en effet, l'un de ses meilleurs tableaux. Une autre fois à l'occasion de sa lenteur au travail dont on lui faisait reproche, il répondit :

— Je suis lent parce que je travaille pour l'immortalité.

Zeuxis ne faisait pas le désespoir d'Apollodore seulement : malgré leur talent supérieur, il éclipsait aussi d'autres peintres habiles, *Androcyde, Eupompe, Timanthe* et *Parrhasius.* Ces artistes luttaient noblement entre eux à qui imiterait le mieux la nature.

Dans ce but, Zeuxis avait achevé avec un soin tout particulier un tableau composé d'un enfant portant des fleurs et des fruits dans une corbeille. Pour le mieux faire juger et apprécier par le public, le peintre exposa son œuvre au dehors de son atelier. A peine mis au grand air, et à la vue des fleurs et des fruits, des oiseaux d'accourir à tire d'aile, et, trompés par la vérité de la peinture, de becqueter les fruits les plus mûrs en apparence. Triomphe de Zeuxis. Bouffi d'orgueil, le voici qui demande à ses antagonistes de lui montrer ce qu'ils ont à opposer à son tableau.

— Cette autre peinture... dit Parrhasius, en faisant apporter un tableau, que voilait un rideau.

— Tirez donc votre rideau, que nous admirions votre chef d'œuvre ! dit Zeuxis d'un ton railleur.

Ce rideau n'était autre que le tableau même : et si les oiseaux avaient été trompés par le talent de Zeuxis, ici c'était Zeuxis lui-même qui était trompé par le talent de Parrhasius.

Zeuxis se remit au travail et peignit une vieille femme dans une désinvolture si grotesque et une attitude si comique que, d'après Valérius Flaccus, pris d'un rire inextinguible en face de son tableau, l'infortuné Zeuxis expira dans le paroxisme de sa gaité folle. Assurément Zeuxis fut un grand peintre, le premier de tous les peintres grecs : la pureté des contours, la noblesse des formes, la grâce des femmes lui étaient familières. Mais ce réalisme physique excluait malheureusement l'expression des passions et des sentiments de l'âme, et, d'après ceux qui ont pu juger ses œuvres et qui en ont écrit, sur ce point bon nombre de ses rivaux le dépassèrent.

Le vainqueur de Zeuxis, Parrhasius, était d'Ephèse. Il avait pour père et pour maître Evenor. Tout entier à la perfection de l'art, ce fut lui qui étudia le mieux les proportions dans les effets de peinture ; en même temps il s'appliqua d'une façon toute particulière et réussit à reproduire la finesse des visages, la fluidité de la chevelure et l'expression de la bouche. Plus superbe encore que Zeuxis, il ne sortait jamais sans porter une couronne d'or sur la tête et sans être élégamment drapé d'un manteau de la plus belle pourpre. Sa table était servie avec un luxe effréné, et une opulence royale se montrait partout dans sa demeure. Il n'en eut pas moins à subir une humiliante déception.

La ville de Samos offrit un prix de peinture. Parrhasius ne pouvait supposer que nul osât lutter contre lui. La fureur d'Ajax contre Ulysse à l'occasion des armes d'Achille, tel était le sujet imposé. Quand un hérault dut proclamer le nom de l'artiste qui méritait le prix, Parrhasius se leva. Mais quelle ne fut pas sa colère, lorsqu'il entendit prononcer le nom de Timanthe?

— Pauvre fils de Télamon, infortuné Ajax! dit-il, je te

plains ! car te voilà par deux fois vaincu par un adversaire qui ne te vaut pas !

Le rhéteur Sénèque nous raconte qu'afin de représenter avec plus de vérité les tortures de Prométhée attaché sur le Caucase et dont un vautour dévorait les entrailles vivantes, Parrhasius tortura de sa main un malheureux esclave qui posait comme modèle du supplicié, et le fit expirer dans les plus horribles tourments.

Du reste Parrhasius ne peignit pas seulement de grandes scènes : il se livrait aussi à la peinture érotique, au point même de révolter la pudeur. Les Romains, dissolus comme les rendit le règne des empereurs, s'emparèrent de ses plus impures productions, et l'infâme Tibère ne craignit pas de payer 600,000 sesterces, environ 150.000 francs, celle à laquelle il attachait le plus grand prix, Atalante et Méléagre, dont il ne se séparait jamais.

Sicyone donna à la Grèce l'un de ses plus brillants artistes, Timanthe, le Timanthe dont nous venons de parler. L'histoire grecque vante beaucoup son talent et fait de chaleureux récits de ses peintures. Il représenta le sacrifice d'Iphigénie avant le départ des Grecs pour le siége de Troie. Mais pour avoir trop bien exprimé la douleur et le désespoir sur les visages des illustres capitaines entourant la victime, ne sachant plus quelle expression donner à la figure d'Agamemnon, le père d'Iphigénie, Timanthe eut la sublime idée de lui couvrir la tête d'un voile, en signe de deuil, et de cette façon l'imagination resta libre de se livrer à tous les écarts à l'endroit de l'amertume dont devait être empreinte la physionomie du chef des Grecs, en face de la mort de sa fille.

Eupompe, signalé plus haut, et qui disait avec orgueil qu'il ne voulait pas d'autre maître que la nature, fractionna les écoles de peinture grecque et asiatique, en école d'Athènes, et école de Sicyone. Il eut pour disciple *Pamphile* et *Apelles*, dont nous parlerons tout à l'heure.

Brictes peignit aussi avec succès. Il était de Sicyone. Il eut pour fils et pour élève *Pausias*, qui marcha sur les traces de son père et qui florissait vers l'an 376 avant notre ère. Suivant Pline, Pausias excella dans la peinture des fleurs. Il faisait surtout celles des couronnes d'une vérité surprenante. L'encaustique, pour ce genre de sujets, lui présentait beaucoup plus de ressource que la fresque. Aussi réussissait-il à peindre de petits tableaux. On cite de lui une peinture qui excita généralement l'admiration. Il personnifia l'*Ivrognerie* sous les traits d'une femme tenant une coupe de cristal et buvant. Le cristal était si bien imité que l'on voyait au travers la carnation du visage de cette femme. Le même Pausias peignit le premier les lambris et les voûtes de palais, nouveauté qui fut parfaitement accueillie.

Ce fut lui qui rendit célèbre la belle Glycère, une bouquetière d'Athènes, qu'il aimait, par un tableau de l'encaustique dans lequel il la peignit tressant une couronne fleurs. Cette peinture, d'une rare beauté, fut appelée par les Athéniens la *Marchande de Couronnes*. On assure que Lucullus, le riche et voluptueux Romain, donna deux cents talents d'une copie de ce tableau.

Après Pausias, l'artiste le plus en renom à cette époque fut une certaine *Lala*, qui resta toujours fille, et que l'on surnomma la *Viergeperpétuelle*. Elle peignait la miniature à l'encaustique, ce qui semble indiquer que sa peinture était extrêmement fine et soignée. Un jour il prit à Lala la fantaisie de faire, au miroir, son propre portrait. Elle réussit à merveille, et cette nouveauté augmenta singulièrement sa réputation.

Cependant la plupart des peintres que nous venons de nommer travaillaient à la fresque, et je dois expliquer quel est ce genre de peinture.

La *Fresque* est une peinture faite avec des couleurs terreuses, détrempées dans de l'eau pure, et appliquées sur un mur nouvellement enduit d'un mortier composé de chaux et de sable, conditions toutes nécessaires pour donner à la fresque une longue durée. En effet, ce mélange de chaux et de sable devient, avec le temps, aussi dur que la pierre, avec laquelle il s'unit beaucoup mieux que le plâtre, qui souvent finit par se détacher. En outre, la couleur s'incorpore parfaitement dans l'épaisseur de l'enduit. C'est pour cette raison que cette manière de peindre a reçu le nom de *fresque*, de l'italien *fresco*. Autrefois, on écrivait en français *fraisque*, afin de mieux faire sentir son analogie avec le mot *frais*. Pour que l'enduit ait la fraîcheur convenable, on ne couvre chaque matin que la portion de mur qui peut être peinte dans la journée, et si quelque chose retarde ou suspend le travail de l'artiste, on doit faire abattre l'enduit pour le refaire de nouveau. Dans cette manière de peindre, un artiste doit travailler vite et au premier coup, car la fresque ne permet pas de retouches. Une grande composition ne peut donc être exécutée que par fragments, et chaque partie doit être totalement terminée avant que la partie voisine puisse être même tracée. Ce genre de peinture exige des artistes fort exercés, dont la main soit aussi sûre qu'habile. Un tel travail ne convient non plus que pour de vastes compositions, placées à une assez grande distance du spectateur, comme sont les coupoles, les voûtes et les grands plafonds. Afin de pouvoir travailler avec sécurité, l'artiste a soin d'avoir des dessins où tous les contours soient bien arrêtés, et sur lesquels il a également soin d'indiquer la place des clairs et des ombres. Il calque alors ces dessins avec une pointe qui les empreint facilement sur l'enduit, et acquiert ainsi la certitude de ne pas faire d'erreur. Afin d'avoir un guide plus certain, ces dessins, nommés *cartons*, sont ordinairement coloriés : cependant, quelquefois ils n'offrent qu'un simple trait de la grandeur de l'exécution ; pour le reste du travail, l'artiste se contente d'un petit tableau, sur lequel il retrouve l'effet et la couleur.

Telle est la fresque moderne et telle dut être la fresque dans l'antiquité, la fresque peinture originelle. C'est d'après ce genre de peinture que furent faites celles de Polygnotes dans le Pœcile d'Athènes, et dans le Lèche de Delphes. Celles que l'on retrouve dans les temples d'Egypte, et celles même que nous restituent Herculanum et Pompeïa, sont aussi exécutées dans des manières semblables à la fresque. D'où il résulte que l'art de la peinture, à son origine, dût être positivement la fresque pour les grandes compositions et l'encaustique pour de moindres sujets.

Maintenant revenons aux peintres grecs.

Amphipolis, petite ville de Macédoine, eut la gloire de donner le jour à *Pamphile*, l'élève de Timanthe et le maître d'Apelles. Très-avancé dans les lettres et dans les sciences exactes, cet artiste usa de ses connaissances pour doter son art de plus de grâce et de grandeur. Il sut donner tant de prestige à la peinture, que la Grèce la proclama le premier des arts libéraux. Aussi les fils des meilleures familles voulurent être peintres, et, pour ne pas avilir ce noble talent, un décret défendit aux esclaves de jamais peindre. Pamphile devint un véritable souverain, au point de vue de l'influence d'abord, au point de vue de l'argent ensuite. Il eut un nombre considérable d'élèves, et de chacun, après un engagement de dix ans, il n'exigeait pas moins d'un talent, c'est-à-dire de 5,400 francs.

Cependant la Grèce entière commençait à prononcer avec éloges le nom d'*Apelles*. Il était fils de Pythias, et naquit l'an 332 avant J.-C. à Cos, et, selon les autres, à Colophon. En tout cas, il reçut le droit de bourgeoisie à Éphèse : aussi le surnomme-t-on quelquefois l'Éphésien. Le jeune artiste s'annonça bientôt comme devant effacer le talent et la gloire de tous ceux qui l'avaient précédé. On vantait son amour du travail, son application exemplaire dont il donnait des preuves, en ne passant pas un jour sans se livrer à l'étude de son art. Ephorus, d'Éphèse, fut son premier maître : mais la renommée de l'École de Sicyone le détermina à prendre des leçons chez Pamphile. Apelles quitta donc l'Asie-Mineure et se rendit en Grèce, où il composa plusieurs chefs-d'œuvre avec les élèves de son nouveau maître. Ses compositions se distinguaient par la grâce poétique et le naturel le plus vrai. Toutefois, c'est Pline qui nous le dit, le grand peintre n'employait jamais que quatre couleurs ; mais il les combinait, les disposait et les harmonisait de telle sorte qu'elles produisaient sur ses tableaux des effets jusqu'alors inconnus. Sous le règne de Philippe,

Apelles se rendit en Macédoine. Alors s'établit entre lui et ce grand roi cette intimité qui a donné lieu à beaucoup d'anecdotes. On raconte que pendant son séjour à Rhodes, Apelles alla visiter l'atelier de Protogènes. Celui-ci étant absent, Apelles traça sur une table un contour avec le pinceau. A son retour, Protogènes reconnut la main de maître d'Apelles. Mais il s'appliqua à le surpasser par un contour plus beau et plus exact, tracé dans celui d'Apelles. Apelles revint et en traça un plus délié encore entre les deux premiers. A cette vue le peintre de Rhodes s'avoua vaincu. Plus tard cette table fut envoyée à Rome pour orner le palais des Césars : mais elle disparut dans un incendie. Modeste à l'excès, Apelles, afin de se donner les moyens d'atteindre à la perfection par la critique, exposait ses peintures en public, et, caché derrière un rideau, il recueillait les jugements des passants pour en faire son profit. Un jour, un cordonnier ayant trouvé qu'il manquait quelque chose à une sandale, le peintre profita de son observation, et le lendemain le tableau reparut avec la correction indiquée. Mais alors le cordonnier, fier de son succès, ayant prétendu faire de nouvelles critiques, Apelles, se montrant aussitôt, lui adressa ces mots dont les fables de Phèdre ont fait un proverbe :

— *Ne, sutor, ultra crepidam!*

Apelles se liait avec tant de zèle à son art qu'il ne passa pas un jour de sa vie sans toucher son pinceau, ce qui donna lieu à cet autre proverbe :

— *Nulla dies sinc lineâ.*

Chargé par Alexandre le Grand de peindre une femme qu'aimait ce prince, Apelles s'éprit de son modèle. Alexandre eut assez de grandeur d'âme pour la lui faire épouser et contribuer ainsi à son bonheur. Etant en Egypte, on accusa le peintre de conspirer contre la vie de Ptolémée, et il allait périr si le véritable coupable ne se fût pas fait connaître. Aussi, en mémoire de cet évènement, peignit-il, en revenant à Ephèse, son tableau de la *Calomnie*, qui fut son dernier ouvrage. Il ne mit son nom qu'à trois de ses ouvrages, *Alexandre-Tonnant*, la plus célèbre de ses peintures, qui décora le temple d'Ephèse; *Vénus endormie*, et *Vénus Anadyomène*, surnom qui rappelle la naissance de cette déesse au sein des mers. Apelles, la représenta au moment où elle s'élève au milieu des eaux. Ce fut Campaspe, cette femme que lui donna Alexandre, qui servit de modèle au peintre. D'autres prétendent que ce fut la célèbre Phryné qui, aux fêtes de Neptune, s'étant dépouillée de ses vêtements, se jeta dans les flots écumeux de la plage pour donner à l'artiste l'aspect de Vénus sortant des vagues. Ce tableau fut apporté à Rome sous Auguste. Antipater, de Sidon, chanta ainsi cette magnifique peinture :

— Voyez l'œuvre admirable créée par le pinceau d'Apelles! Voyez la belle Cypris s'élevant du sein des lames empourprées par le soleil. Elle porte la main à sa chevelure, d'où l'eau ruisselle, et presse l'onde qui s'écoule de ses boucles humides. Pallas elle-même et l'orgueilleuse épouse de Jupiter disent en la voyant : Maintenant nous ne te disputons plus le prix de la beauté.

La mort paraît avoir surpris l'artiste fameux à Cos, où il avait commencé une peinture tellement belle que personne n'osa l'achever.

Apelles était l'inventeur d'un vernis qui donnait à ses tableaux un éclat tout particulier et dont le secret se perdit avec lui. Ce grand peintre porta les limites de l'art aussi loin que possible, aussi surnomma-t-on son talent *Ars. Apelleæ.*

On raconte qu'ayant peint Alexandre monté sur Bucéphale, son cheval favori, et la peinture ne plaisant que médiocrement au vainqueur de Darius, une cavale que le hasard fit passer par là se prît à pousser des hennissements en voyant l'animal rendu vivant par le talent de l'artiste. Aussi Apelles, souriant, dit au prince :

— Une jument serait-elle donc meilleur juge en peinture qu'un roi de Macédoine ?

Au moment où Apelles s'éteignait dans la mort, se distinguait, à Thèbes, un peintre de renom, *Aristide,* élève d'Euxénidas, de Béotie. C'était à l'encaustique que travaillait ce nouveau roi de l'art. Les passions et les troubles de l'âme étaient le genre dans lequel il excellait. Rien que la voix ne manquait à l'expression d'un suppliant qu'il peignit sollicitant sa grâce, et à un malade implorant du ciel la santé qui l'avait quitté. Aristide représenta une bataille des Grecs contre les Perses qui se composait de cent figures. Cette peinture lui fut payée à raison de dix mines, soit 900 francs par chaque personnage : elle lui valut donc une somme de 90,000 francs. Mais alors que la Grèce était fière de ses artistes et les récompensait généreusement, les Romains avaient si peu de connaissances dans les arts, que, Corinthe étant devenue leur proie, et Mummius, l'ignorant et stupide consul, voyant Attale payer 6,000 sesterces un simple tableau d'Aristide, l'arracha des mains du roi de Pergame, et l'envoya à Rome, convaincu que cet objet devait être un talisman quelconque.

Nous avons nommé *Protogènes*, tout à l'heure, à l'occasion d'Apelles. Protogènes, né à Caune, ville soumise aux Rhodiens, environ 350 ans avant l'ère chrétienne, descendait d'une famille pauvre et inconnue. On ignore quel fut son maître, mais on sait que le besoin lui fit contracter l'habitude d'une sobriété qu'il conserva toute sa vie. Cet artiste ne fut pas seulement peintre, il fut aussi statuaire. Il avait un goût spécial pour peindre les vaisseaux : mais il faut se rappeler que les navires grecs étaient décorés magnifiquement. Ainsi la galère de Ptolémée-Philadelphe était ornée de statues d'ivoire et de superbes peintures. Savant et correct, délicat et plein d'énergie, Protogènes voulait exceller en tout, et cependant il ne pouvait outrepasser les forces naturelles de son talent. En effet, cherchant toujours à perfectionner, il oubliait le point auquel il devait s'arrêter et mettait trop de temps à finir ses tableaux. Apelles l'avertit de cet excès. Néanmoins l'Ephésien appréciait l'habileté du Rhodien, car il offrit 50 talents d'un de ses ouvrages et fixa ainsi l'attention des citoyens de Rhodes sur la valeur des peintures de leur compatriote.

Dans l'île de Rhodes se trouvait une ville du nom de Jalyse ou Ialyse. Elle devait son nom à Jalyse, fils de Cercaphus, qui régna sur l'île. On racontait de Jalyse ses amours avec la nymphe Rhodos; simple figure du jeune prince régnant sur l'île de Rhodes. Protogènes fit un tableau représentant Jalyse et la nymphe Rhodos. Pline rapporte qu'il fut sept ans à composer cette peinture, et encore, au bout de ce temps, la figure principale était la seule que l'auteur considérât comme terminée. C'est sans aucun doute une méprise de la part de Pline, qui raconte aussi que ce même tableau fut peint quatre fois l'un sur l'autre, et que ce procédé fut imaginé par l'artiste pour donner plus de durée à son ouvrage, parce que si le temps enlevait les couches supérieures on retrouverait alors celles de dessous. On doit également rejeter une autre annecdote, aussi rapportée par Pline, qui prétend que Protogènes, impatienté de ne pouvoir réussir à bien imiter la bave écumeuse d'un chien placé près de Jalyse, jeta vivement sur son tableau l'éponge avec laquelle il nettoyait ses pinceaux, et, par l'effet du hasard, obtint le succès inespéré que lui refusait son talent. Un traducteur de Pline et malin critique, Falconet, demande si Protogènes, en refaisant quatre fois son tableau, lança aussi quatre fois son éponge avec ce même bonheur.

On ne sait pas dans quel monument fut placé d'abord cette œuvre de Protogènes : mais Pline nous apprend qu'on a vu ce tableau dans le Temple de la Paix, à Rome. Un tableau également remarquable de ce peintre, et dont le sujet était tiré de l'Odyssée, représentait *Nausicaa conduisant un char traîné par des mules*. Il était placé dans le vestibule du Parthénon, à Athènes, ainsi que celui de Paralus, inventeur des vaisseaux à trois rangs de rames. Protogènes a peint aussi plusieurs sujets de l'histoire d'Alexandre, puis un *Satyre* tenant une flûte et désigné sous le nom d'*Anapaumenos*, parce que ce virtuose aux pieds de bouc était représenté dans le moment où il reprend son haleine. Protogènes était occupé à ce travail lorsque Démétrius de Phalères vint assiéger la ville de Rhodes. Protogènes avait son atelier dans l'un des faubourgs envahi par les soldats du roi de Macédoine : Néanmoins il ne cessa pas de peindre. Démétrius, surpris de ce sang-froid, visita l'artiste et lui dit :

— Ne craignez-vous donc pas les insultes de mes troupes?

— Nullement, répondit le peintre : je sais que vous faites la guerre aux Rhodiens, mais non aux beaux arts.

En effet, Démétrius donna une garde à Protogènes et ne cessa jamais de le protéger.

Les autres peintures citées par Pline sont les portraits de Paralus, de Cydippe, de Tlepolème, de Philiscos, poète grec, composant une tragédie, que peignit Protogènes. Il fit aussi celui du roi Antigone et de la mère d'Aristote. Enfin Protogènes exécuta quelques figures en bronze, athlètes, sacrificateurs, chasseurs, etc : mais Pline dit qu'elles n'existaient plus de son temps.

Pétrone a dit des peintures de Protogènes : Je vis des tableaux qui, par leur vérité, luttaient avec la nature, et je ne pus placer mon doigt sur les figures sans éprouver un frémissement.

A cette époque de l'histoire de la peinture, de grandes révolutions ébranlèrent les états de la Grèce, et la peinture en subit le contre-coup. Elle tomba en décadence. *Asclipiodore* se distingua bien plus par son étude des proportions et son entente des groupes; *Nicomaque*, par une extrême facilité de composition ; aux temps d'Aratus, chef de la Ligue Achéenne, *Nealcès*, *Euphranor*, *Nicias* et *Timomaque*, contemporain de César, par d'autres qualités : mais après eux, on vit des artistes, *Pyreicos*, par exemple, au temps d''Auguste, ne s'adonna plus qu'à la caricature et peignit des ânes, des légumes, des intérieurs de boutiques de barbiers et de cordonniers. Alors Rome s'empara de la Grèce, alors les arts grecs devinrent, dans leurs œuvres merveilleuses, les ornements de la souveraine maîtresse du monde. Et comme les fils de Rome ne savaient rien produire en fait d'art, et qu'il n'avaient que le génie des conquêtes, la peinture dégénérée s'engloutit dans l'abîme des calamités qui couvraient alors la terre.

Cependant l'art de la peinture avait été introduit en Italie par les Grecs, alors que les colonies de l'Asie mineure, filles de la Grèce et élèves des Egyptiens, des Perses et des Assyriens, qui les entouraient, vinrent sous le nom de Pelasges, Etrusques ou Tyrrhènes, se fixer entre le Tibre et l'Arno, de 1,244 à 1,000 avant notre ère, contrée qui prit aussitôt le nom de Tyrrhénie et qui donna celui de mer Tyrrhénienne à la portion de la Méditerranée qui la baigne. L'examen des tombeaux et des peintures de ces peuples d'origine grecque que l'on trouve encore dans les anciennes villes pélasgiques de l'Etrurie qui étaient et qui sont Clusium, Perusia, Cortona, Arretium, Volaterra, Volsinies, Tarquinies, Populonia, Veies, Fœsules, Fidènes, Télamon, Cœre, etc., révèlent un caractère très-voisin de l'orient. On y reconnaît des sujets empruntés à la Perse, à l'Egypte, à l'Assyrie. Aussi faut-il admettre une influence orientale, et reconnaître dans les monuments de l'art de ces villes, comme dans les vases étrusques qui en proviennent, des éléments distincts qui rappellent ceux de la Grèce aux VIe et VIIe siècles avant notre ère. Il advint donc que les Romains trouvant l'art implanté chez les Etrusques, les appelèrent dans leur métropole et leur confièrent les ouvrages qui réclamaient un talent qu'ils n'avaient pas et pour lequel ils se trouvaient fort peu de goût.

Toutefois, après que le peuple romain eût dévasté le monde ancien et qu'il l'eût soumis à ses lois, après qu'il se fut éclairé au foyer de civilisation des peuples chez lesquels la peinture était en honneur, il s'écoula près de quatre siècles pendant lesquels les arts restèrent à l'état d'oubli. N'ayant pour les beaux arts qu'une médiocre estime, les Romains se gardèrent bien de les cultiver eux-mêmes. Tout au plus formaient-ils des esclaves dont ils employaient ensuite le talent à décorer leurs temples, leurs édifices et quelques maisons de particuliers. Cependant vers l'an 450 après la fondation de Rome, on vit un *Fabius* étudier la peinture et l'exercer noblement, dévouement qui lui valut ce surnom de *Pictor*. Ce fut lui qui décora de ses œuvres le Salus, temple du Quirinal : et on y admira ses peintures jusqu'au moment où un incendie détruisit le sanctuaire à l'époque du faible Claude.

Après Fabius, et nonobstant l'exemple qu'il avait donné, cinquante ans s'écoulèrent sans que la peinture fît de nouveaux adeptes. Mais après ce laps de temps, un poète tragique, *Pacuvius*, s'arma de la palette et des pinceaux avec lesquels il décora un temple d'Hercule, sur le Forum Boarium de la ville éternelle. Vint alors un autre artiste romain, le chevalier *Turpilius* qui, privé du bras droit, peignait de la main gauche, et se rendit célèbre dans toute l'Italie par les peintures que Vérone lui vit produire.

On était encore à l'époque des empereurs que l'art était encore aux mains, sinon des esclaves, au moins des citoyens de basse extraction. Mais, sous Auguste, on parla bientôt de marines, de paysages et de perspectives animées par des figures que créait un certain *Marcus Ludius*. De ce moment les Romains se prirent à rechercher les peintures dont le nouvel amateur de l'art enrichissait les murs des villas et des palais. Ce qui rendit encore plus grande sa renommée fut qu'ayant décoré l'un des temples de la ville d'Ardée, les habitants, émerveillés, le récompensèrent en lui donnant le droit de bourgeoisie. Aussi de la capitale du monde aux confins de l'empire on vanta ses vues de forêts, de ports, de collines et de fleuves, que des colons, des pêcheurs, des jeunes filles et des divinités animaient de scènes héroïques ou pastorales.

Alors régna sur l'univers vaincu l'empereur artiste, Néron, le terrible Néron, et, avec lui, vint appeler l'attention du monde un romain vêtu de la toge qu'il ne quittait même pas dans son atelier, l'habile et sévère *Amulius*, homme aussi distingué par sa condition que remarquable par son talent, et que Pline appelle cependant *humilis rei Pictor*. Amulius peignit une Minerve dont il fit les yeux de telle sorte qu'elle considérait le spectateur quelque part qu'il se plaçât. Mais Amulius dut surtout sa gloire aux magnifiques peintures dont il décora la Maison d'or du tyran de Rome. En outre, il imagina de peindre Néron sur une toile de 125 pieds de surface. Malheureusement la fureur du peuple à la mort de Néron, et la foudre du ciel détruisirent ces grandes œuvres d'Amulius.

Sous Vespasien, le préteur et proconsul de la Narbonnaise, *Antistius Lubo*, peignit de médiocres tableaux dont il était très fier, nonobstant les satires de l'opinion publique

Puis Vespasien ayant terminé le temple de l'honneur et de la vertu, *Cornelius Pinus* et *Accius Priscus* l'ornèrent de leurs peintures.

Il n'y eut plus alors, et à Rome, et à Pompeï, et dans toutes les villes de l'Italie, de temples, de portiques, d'atria, de palais de ville et de maisons des champs qui ne fussent décorées de peintures, de mosaïques, d'ornements plus ou moins délicats en statues, bronzes, marbres et stucs. Mais quand les douze césars eurent quitté le grand théâtre de Rome, l'art sembla s'éteindre et perdre de la haute perfection à laquelle il était parvenu. Et quand Constantin, délaissant Rome pour Byzance, se fit suivre des artistes les plus fameux, et de leurs chefs-d'œuvre les plus remarquables, l'art dégénéra très rapidement en Italie.

D'ailleurs commença l'ère des dévastations et du vandalisme. Non-seulement, dans leurs invasions répétées, les Barbares détruisirent les plus beaux modèles de l'art, mais après eux les iconoclastes ou briseurs d'images effacèrent avec fureur les peintures païennes, fracassèrent les sculptures et les statues mythologiques, et détruisirent les effigies des faux-dieux, pêle-mêle avec les images des saints, les bustes des héros. Puis Totila brûla Rome, et toutes les traces des modèles de l'art furent anéanties.

Heureusement alors la terre se couvrait de monastères où le vrai Dieu voyait son culte fleurir. Ce fut là, sous les arceaux de ces cloîtres, que l'art vint prendre asile. Non-seulement il s'y conserva pendant de nombreuses années pur et intact, mais le feu sacré de l'intelligence et du travail lui donna un développement tel, qu'au XIII siècle, quand cessèrent les tempêtes du moyen-âge, il surgit tout à coup glorieux et triomphant, reprit son essor et commença bientôt à couvrir le monde de ses plus nobles, de ses plus merveilleuses et de ses plus saintes inspirations. Alors des cathédrales s'élevèrent de toutes parts : alors la mosaïque étale ses prodiges, la peinture ses miraculeux effets de vie, de puissance et de richesse; la sculpture, la statuaire, l'architecture, leurs splendeurs et leurs gloires. Pas un peuple qui n'enfantât des artistes ; pas un artiste qui ne marchât vers le progrès. Chaque ville eut ses pléiades d'hommes fameux, observateurs, savants génies, étudiant l'art sous toutes ses phases.

De ce moment naquirent les diverses écoles qui allaient rivaliser d'efforts, de grâce et de perfection.

En peinture, comme en sculpture et en architecture, *Ecole* est un mot adopté pour classer les artistes des différents pays ou pour désigner la réunion des artistes qui ont appris leur art d'un même maître, ou bien qui ont suivi les principes donnés par le premier fondateur de l'école; car on dit indifféremment *l'école de Bologne*, parce qu'elle fut fondée dans cette ville, où l'école des Carraches, parce que ce sont eux qui en furent les premiers maîtres et que leurs principes s'y propagèrent. La ville natale d'un artiste n'est qu'une présomption et non un motif déterminant pour le placer dans l'école de son pays. Quelquefois on s'est moins conformé au lieu de naissance qu'à l'éducation, au style, même à la résidence qu'il choisit et aussi aux élèves qu'il forma. Ces circonstances, il est vrai, peuvent être modifiées au point que plusieurs écoles pourraient également revendiquer le même peintre; mais il s'est établi un usage auquel ordinairement on doit déférer.

Les grandes écoles portent le nom des contrées où les peintres ont exercé leur art. Ainsi on dit, *l'école italienne*, *l'école allemande*, *l'école flamande*, *l'école hollandaise* et *l'école française*. On doit commencer naturellement par *l'école byzantine*, antérieure à toutes les autres, et qui a donné des maîtres à l'Allemagne et à la Flandre comme à l'Italie, puis finir par *l'école d'Angleterre*, qui s'est formée depuis près d'un siècle, et qui a un caractère particulier.

Ces écoles se subdivisent ensuite, et dans l'école italienne, on doit distinguer les écoles florentine, romaine, vénitienne, lombarde ou bolonaise, génoise et napolitaine. L'école espagnole, que souvent on classe avec l'école napolitaine, mérite assurément bien d'être citée d'une manière particulière. L'école allemande n'a que peu de divisions et leur caractère n'est pas facile à apercevoir ; on cite pourtant l'école de Nuremberg et l'école de Cologne. Depuis quelques années on connaît aussi l'école de Dresde et l'école de Düsseldorf. Les écoles flamande et hollandaise n'ont aucune division, et l'école française n'en a pas d'autres que celles des noms des maîtres : ainsi on dit, les écoles de Vouët, de Lebrun, de Vien, de David, de Girodet, de Legros, etc. Un aperçu des caractères de ces différentes écoles, ainsi que des maîtres les plus remarquables dans chacune d'elle les fera mieux apprécier.

ÉCOLE BYZANTINE

Il y a peu de choses à dire sur cette école, qui fut fondée par des artistes réfugiés de ce pays après la prise de Constantinople. Il reste peu de travaux de ces anciens peintres ; cependant on cite dans le xie siècle un moine nommé Lazare, à qui l'empereur Théophile, protecteur des iconoclastes eut la barbarie de faire brûler les mains pour le punir d'avoir orné des manuscrits de miniatures représentant des sujets saints. Dans le xie siècle, on trouve un Emmanuel Transfurnari, peintre grec, dont on possède, à la bibliothèque du Vatican, un tableau représentant la mort de saint Ephrem ; puis un moine du nom de Luca, artiste qui probablement est l'auteur de ces madones souvent attribuées à l'évangéliste saint Luc. Enfin, dans le xiiie siècle, on parle de peintures faites par un artiste grec, du nom d'Apollonio, et d'une présentation de Jésus-Christ au temple, tableau peint sur bois par un peintre grec nommé Jean.

ÉCOLE FLORENTINE

L'école florentine est la plus ancienne des écoles d'Italie ; c'est à elle que revient la gloire de la régénération de la peinture. Sans remonter jusqu'à Margaritone et Bartholomeo, nous citerons d'abord Jean Cimabué, qui franchit les limites de l'école byzantine et qui le premier consulta la nature ; c'est encore à lui que l'on doit le célèbre Giotto, dont il devina le talent en voyant une brebis que ce jeune pâtre avait tracée sur une pierre.

C'est à cette époque que l'école florentine prend son essor et qu'elle produit les Buonamico, dit le *Buffalmaco*, les Orcagna, les Memmi, les Brunelleschi, les Lippi et Dominique

Ghirlandajo, qui produisirent à leur tour les talents si remarquables de Léonard de Vinci, Michel-Ange Buonarroti, Baptiste Franco, Jules Clovio, Daniel Ricciarelli, Fra Bartholomeo de Saint-Marc, André Vanucci, dit André del Sarto. Le caractère distinctif des peintres de cette époque, la plus brillante de l'école florentine, est une grande pureté dans le dessin, de l'élégance dans la pose des figures, et dans l'expression une certaine austérité, qui peut-être exclut la grâce, mais donne aux figures une majesté idéale qui semble élever l'art au-dessus même de la nature humaine.

Plus tard, l'école florentine commença à décroître; cependant on doit citer encore les noms de Georges Vasari; Alexandre Casolano, Antoine Tempesta, Cristophe Allori, Jean-Paul Panini, habile paysagiste, après lequel on citerait difficilement des artistes qui aient conservé quelque chose du caractère de cette école.

ÉCOLE ROMAINE

Lauzi fait remonter cette école jusqu'au XIIIe siècle. Parmi les artistes de cette époque, il cite Ugolino d'Orviette, Pierre de la Francesca; mais leurs ouvrages sont si peu connus qu'elle ne date en réalité que de Pierre Vanucci, dit *Perugin*, qui, élève de Pierre de la Francesca, alla perfectionner son talent dans l'école florentine, puis revint travailler à Rome.

Pierre Vanucci eut un assez grand nombre d'élèves : leurs noms sont peu connus, à l'exception cependant de Bernardino

Pinturricchio et surtout du divin Raphaël, qui certes fut la plus grande gloire de son maître.

Comme ses compagnons d'études, il suivit les traces qui lui étaient indiquées, mais ensuite il prit une autre route, et c'est lui qui donna véritablement le caractère à l'école romaine.

Après Raphaël on doit citer, comme ayant honoré l'école romaine, d'abord ses élèves, parmi lesquels se trouvent Jules Romain, Jean François Penni, Perin del Vaga, Jean de Udine, Polidore de Caravage, Bonaventure Tisi, dit le Garofalo, et Gaudenzio-Ferrari. D'autres peintres célèbres de cette même école sont Frédéric et Thadée Zuccaro, Nicolas Circiguani, Jérôme Muziano et Frédéric Baroche. On vit ensuite Joseph Cézari, plus connu sous les noms de *Josépin* ou le *chevalier d'Arpinas*. Cet artiste, avec du génie et du talent, négligea l'étude du dessin. Michel-Ange Amerigi, dit le *Caravage*, en suivant une marche opposée à celle de Joseph d'Arpinas, c'est-à-dire, en cherchant à rendre la nature, négligea l'étude des statues antiques, ce qui avait été le caractère distinctif de l'école romaine.

Arrivée à la fin du XVIIe siècle, l'école romaine, comme les autres écoles, perdit tout son lustre. Carlo Muratti ne sut pas rappeler à la sévérité des principes, et après lui il ne reste plus d'artistes dont les travaux méritent d'être placés près de ceux de leurs prédécesseurs. On parle cependant avec intérêt de Jean-Marie Morandi, Pierre Nelli, Jean-Baptiste Gaulli, et enfin Raphaël Menghs, qui eut l'honneur d'opérer à Rome une révolution semblable à celle que Vien fit à Paris vers la même époque.

ÉCOLE VÉNITIENNE.

Les relations fréquentes de cette ville avec l'Orient y amenèrent de très-bonne heure une foule d'artistes et d'ouvriers mosaïstes, qui tous appartenaient à l'école de Byzance; mais dès le XIIIe siècle on voit Jean de Venise et Martinello de Bassano exercer la peinture. Le cercueil de sainte Julienne, morte en 1262, offre la figure de la sainte accompagnée de saint Blaise, abbé, et de saint Cataldo, évêque. Le style de la peinture n'a rien du caractère bysantin. On cite encore dans le XIVe siècle les noms d'Esegrenio et Alberigno, et enfin on connaît un tableau peint en 1381 par Etienne Pierano. La présence de Giotto, qui fit un voyage à Padoue en 1306, développa peut-être le goût des arts, puisque Padoue et Vérone offrent dans leur histoire les noms de plusieurs peintres dont les travaux sont presque tous perdus maintenant. On cite encore plusieurs noms d'artistes du XVe siècle dont les noms et les travaux sont peu connus; cependant, il s'en trouve de fort remarquables, qui font partie de la bibliothèque de Berlin.

Mais ici commence la brillante époque de *l'école vénitienne*. Déjà l'usage de la peinture à l'huile était transporté dans ce pays. C'est alors qu'apparaissent Jean et Gentil Bellini et Benoît Montagna, qui furent bientôt surpassés par Georges Barbarelli, dit *Georgion*, Tiziano Vecelli, plus généralement nommé *Titien*, puis Sébastian del Piombo, Jacques Palme, Paul Caliari, dit Paul Véronèse, André Schiarone, Jacques Robusti, dit *Tintoret*, Jacques da Ponti, dit *Bafian*. Ces génies d'un ordre supérieur, non-seulement éclipsèrent tous ceux qui les avaient précédés, mais ôtèrent encore à leurs successeurs l'espoir de jamais les atteindre. Leur coloris fut le plus vrai, le plus brillant, le plus applaudi de tous ceux que l'on distingue dans nos écoles, mérite qu'ils léguèrent en héritage aux peintres qui les remplacèrent, et qui constitua le caractère le plus décidé des maîtres vénitiens. Mais cette ère de gloire ne dura pas plus d'un siècle. Ainsi que dans les autres écoles, on vit bientôt la décadence de la peinture dans l'école vénitienne.

Parmi les nombreux artistes qui vécurent alors les plus en renom furent Jean-Baptiste Novelli, Charles Ridolfi, Alexandre Varotari, Jules Carpioni, Pierre Libéri, Jean-Baptiste Tiépolo. Ce dernier surtout, par la fécondité de son génie, par la prestesse de son exécution, et par une couleur toujours brillante, semble avoir voulu redonner à l'école vénitienne un second Tintoret. C'est aussi à cette époque que vécut la célèbre Rosa Alba Carriera, si renommée dans toute l'Europe, sous le simple nom de *Rosalba*, et dont on trouve dans beaucoup de cabinets de très-beaux portraits au pastel avec une grâce, une vigueur et un goût véritablement merveilleux.

ÉCOLES LOMBARDES

Les peintres lombards, dit Lauzi, n'ont pas ce caractère d'unité qui distingue les autres écoles; aussi il n'a pas trouvé convenable de traiter en un seul chapitre des artistes auxquels il reconnaît autant de diversité dans leur manière de peindre qu'il y avait de différence dans le gouvernement de leur pays.

HISTOIRE DE LA PEINTURE.

On a donc groupé les noms d'artistes qui pourraient être divisés sous les titres d'*écoles* de Mantoue, de Modène, de Ferrare, de Parme, de Crémone, de Milan et de Bologne.

Dans l'*école de Mantoue* on trouve en première ligne André Montigna, natif de Padoue; il alla de bonne heure travailler à Mantoue, et y fonda une école.

Passant à l'*école de Modène*, on nomme d'abord un certain Thomas, auteur d'une vierge entre deux saints guerriers qui fait partie de la galerie de Venise, et d'un tableau représentant plusieurs saints de l'ordre des dominicains avec la date de 1352. On voit à Albe deux autres tableaux peints dans le goût de Giotto : l'un est de Barnabé et porte la date de 1377 ; l'autre, daté de 1385, est d'un nommé Séraphin. Vient ensuite Nicoletto vers 1500. Plus tard, on voit briller Nicolò Abati, qui vint en France sous Charles IX et travailla à Fontainebleau. Hugo da Carpi trouve ici sa place, moins comme peintre que comme graveur, puisque c'est à lui que l'on doit l'invention des gravures en camaïeux. Les derniers qui méritent d'être cités sont ceux de Louis Lana et de François Stringa, qui imitèrent le Guerchin.

On fait remonter l'origine de *l'école de Ferrare* jusqu'à l'an 1193, où vivait un Jean Alighieri, à qui l'on attribue plusieurs miniatures faites sur un manuscrit de Virgile, mais ce fait est douteux. On peut avec plus de certitude parler de Galano-Galassi, qui, en 1404, fit plusieurs sujets de la passion pour orner l'église de Mezzaratta à Bologne. D'après le style qui le distinguait, Lauzi croit que Galassi l'avait apporté de sa patrie. Vint ensuite Antoine de Ferrare, dont les nombreux et beaux ouvrages, suivant l'expression des historiens, ont tous été détruits. Alfonse d'Este, premier du nom, est aussi le premier duc sous lequel l'école de Ferrare acquit une grande gloire. On y voit, en effet, briller Benevenuto Garofalo, Dosso, et Jean-Baptiste Dosso, Bastien Filippi, Sigismond Scarsella, Camille Ricci; mais cette haute prospérité dégénéra avec la fin du siècle. La renommée des Carrache vint cependant relever le goût des bonnes études, et une académie fut formée à Ferrare par les soins du cardinal Riminaldi, qui, nouveau Mécènes, mérita la reconnaissance de ses concitoyens.

L'*Ecole de Parme* ne remonte guère qu'à l'année 1462. On trouve à cette époque deux tableaux attribués à Barthélemi et à Jacques Loschi, son gendre; mais bientôt apparaît Antoine Corrège, dont le talent immense suffit pour donner la célébrité à une école. Les noms de Lanfranc et de Badalocchi sont les seuls que l'on puisse citer après lui comme ayant conservé quelque mérite réel au milieu de la fougue et de la négligence que l'on remarque dans leurs grandes compositions.

Dans l'*Ecole de Crémone* on ne trouve aucun tableau antérieur à la renaissance; mais l'histoire a conservé les noms de Simone, qui peignit une sainte Claire en 1335; de Polidore Casella, qui travaillait en 1345; d'Ange Bellavita, en 1420; de Jacopino Marasca et de Lucas Sclava, vers 1440; puis de François Sforza, en 1460. Parmi ceux qui suivirent, nous mentionnerons particulièrement les Campi, Jules, Antoine et Vincent, qui, comme les Carrache, fondèrent une école.

La capitale de Lombardie eut une école particulière qui porte le nom d'*Ecole milanaise*. Elle dut naturellement participer de l'*Ecole florentine*, puisque Giotto y travaillait en 1335, et que c'est après son séjour que l'on trouve, en 1370, un peintre nommé Jean de Milan et un Pierre de Novare, un Michel de Roucho, qui travaillait dans la cathédrale de Milan, dans les années 1375 et 1377, puis enfin Edesia et Laodicée, dont les noms sont grecs, et que, pourtant, ont croit originaires de Pavie. Dans le xiv° siècle, on trouve un Jacques Morazzone, qui fit, en 1441, une *Assomption de la Vierge*. Lomazzo, en parlant de l'état des arts à cette époque et dans ce pays, dit que :

— « Comme le dessin est le talent propre des Romains, et que le charme du coloris appartient aux Vénitiens, de même la perspective est la qualité distinctive des Lombards. »

Le seul peintre qui mérite d'être cité parmi ceux qui travaillèrent à Milan, fut Bramante, si célèbre comme architecte, et qui fit dans cette ville plusieurs tableaux dans le goût de Montegna.

A la fin de ce même siècle se présente encore Ambroise Borgognom, qui peignit l'histoire de saint Sisinio et de ses compagnons, martyrs.

C'est à cette époque que Léonard de Vinci fut appelé à Milan, et qu'il fut mis à la tête de l'école de dessin qui produisit Bernard Lorino, généralement nommé *Luini*, et, pendant le xvi° siècle, Gaudenzio Ferrari et André Solari.

Une nouvelle académie fut établie à Milan en 1609. Les trois frères, Hercule, Camille, Jules-César Procaccini et Charles-Antoine la dirigèrent, en donnant aux études un nouveau caractère puisé dans les travaux du Corrége. Daniel Crespi sortit de cette école; il paraît le dernier artiste remarquable. Après lui, elle ne peut se défendre de la dégénération dont les arts furent affectés dans toute l'Italie.

L'*École piémontaise*, n'ayant point de caractère qui lui soit propre, et dépendant en quelque sorte de celle de Milan, parce que les artistes ont appartenu successivement à ces deux pays, il n'en sera fait qu'une simple mention. L'artiste que l'on peut citer comme le plus ancien de ce pays est Georges Solari, natif d'Alexandrie, qui, en 1573, fit un tableau de la *Vierge* avec l'*enfant Jésus* accompagné de *saint Laurent*; il se voit aux Dominicains de Casale. Peu après lui, furent peintres de la cour, Jacques Rosignoli et Isidore Caracca. Guillaume Caccia, dit le *Moncalvo*, se fit remarquer par de nombreux travaux. Viennent enfin Agnelli et Tesio, qui travaillèrent aussi pour la cour de Turin.

L'*École bolonaise* semble être le complément, on pourrait même dire le point le plus saillant de l'*École lombarde*. Si on cherche dans les temps reculés, on trouve un nombre assez considérable de madones peintes dans le XIIIe siècle. On cite Guido, Ventura et Ursone, comme en ayant fait plusieurs. Dans le siècle suivant, on trouve encore d'autres peintures conservées à l'institut de Bologne, au palais Malvesi, et chez les Pères Classensi, à Ravène. Un peu plus tard, on trouve le nom de Oderigi de Gubbio, cité dans le Dante, puis son élève Franco, le premier des peintres bolonais qui ait enseigné son art à une multitude rassemblée, et que l'on peut, par cette raison, considérer comme le Giotto de son pays. Parmi les élèves de Franco, Malvasia fait remarquer Vitale, Simone, Jacopo et Cristoforo, parmi les peintures desquels on voit la madone de Mezzaratta. Vient ensuite François Raibolini, dit *Francia*, qui fut le maître de Marc-Antoine. C'est à Francia que Raphaël adressa son tableau de *sainte Cécile*, en lui demandant d'y corriger les défauts qu'il y découvrirait, acte de modestie, fort singulier sans doute, mais qui fait voir aussi la haute estime que Raphaël avait pour le talent de Francia ; mais aucun n'acquit la célébrité de son maître : l'Ecole alors changea de caractère et tendit vers la décadence.

L'époque la plus brillante pour l'Ecole bolonaise est celle où parut Louis Carrache.

— « Il est vrai, dit M. Coindet, dans son Histoire de la peinture en Italie, que son éclat est tout d'emprunt ; elle ne le doit ni à l'inspiration, ni à l'originalité, mais à l'imitation. Quelque grands qu'ils soient comme artistes, les Carrache n'ont pas été des esprits créateurs. Ils n'ont pas cette puissance du génie qui trouve en lui-même ses éléments, qui vit de sa propre vie, la plus rare et la plus noble faculté de l'intelligence. »

Cet artiste se forma en étudiant les plus grands maîtres à Rome, à Florence, à Parme et à Venise, et forma d'abord ses deux cousins, Augustin et Annibal Carrache. Jean Lanfranc fut aussi un des élèves de l'école de Carrache. Après lui viennent Lionello Spada, François Brizio, Charles Leoni, Charles Lignani, puis les paysagistes Diamantini et Grimaldi. L'Ecole ensuite ne fit plus que décroître, et bientôt elle arriva comme toutes les autres à une décadence complète.

L'*Ecole génoise* ne remonte pas aussi haut que la plupart des autres ; cependant on trouve le nom de François d'Oberto sur un tableau portant la date de 1368. Il représente la Vierge entre deux anges, et est placé dans l'église de Saint-Dominique, à Gênes. On connaît aussi quelques tableaux, faits dans le xve siècle, par Jacques Manone, Tuccio d'Andria, et enfin Louis Brea, dont les ouvrages ne sont pas rares à Gênes, et qui y travailla de 1483 1515. Il est considéré comme ayant fondé une école, d'où sortirent Charles de Montegna, Aurel Robertelli, Nicolas Corso, qui fit, en 1503, un tableau dont le sujet est tiré de la Vie de saint Benoît; André Morellino, Fr.-Laurent Moreno et Fr.-Simon de Carnuli, qui, en 1519, fit pour son couvent de Votri deux grands tableaux, dont l'un représente l'Institution de l'Eucharistie, et l'autre la Prédication de saint Antoine.

Les malheurs occasionés par le sac de Rome, en 1528, amenèrent à Gênes Périn del Vaga, élève de Raphaël, et qui devint le chef de l'école génoise. On vit briller ensuite Lucas Cambiaso, souvent nommé *Cangiage*, Benoît Castiglione, Bernardin Castello, Jean-Baptiste Paggi, qui, en 1606, peignit un massacre des innocents en concurrence avec Rubens et Van Dyck. Ce peintre forma aussi un grand nombre d'élèves, qui parcoururent l'Italie, et firent perdre en entier à l'école génoise le caractère particulier qu'elle aurait pu avoir. Les plus remarquables sont Valerio Castello, Dominique Piola, Jean-Baptiste Carlone, Bernard Strozzi, désigné ordinairement sous le nom de *Capucin*, et enfin Raphaël Soprani, moins célèbre par ses tableaux que par sa biographie des peintres génois.

ÉCOLE NAPOLITAINE

D'après quelques auteurs, l'école napolitaine, que l'on place la dernière, n'aurait été que la prolongation de l'ancienne école grecque, qui a produit tant de vases peints si remarquables par leur beauté, tant de médailles dont les têtes ont un si beau caractère; on prétend même démontrer qu'il n'y a point eu d'interruption parmi la succession des artistes, et l'on cite des madones faites dans le xie siècle, tandis que dans toutes les autres contrées de l'Italie les beaux-arts étaient, non pas dans la barbarie, mais dans un oubli complet.

Dans le xive siècle, on peut avec raison citer le peintre Simon, qui jouit d'une grande réputation à Naples, et qui travailla pour diverses églises. Mais le vrai fondateur de l'école napolitaine est certainement Antoine Solario, plus connu sous le nom de *Zingaro*. Il convient de placer ici le nom d'Antonello de Messine, artiste d'un grand mérite, et dont la célébrité augmenta encore par l'empressement qu'il mit à aller en Flandre apprendre de Van Eyck la manière de peindre à l'huile, et par le soin qu'il mit à répandre en Italie cette nouvelle méthode. On vit ensuite paraître Pierre et Hippolyte de Donzello, puis Bernard Tesauro, qui montra plus de sagacité dans ses inventions, plus de naturel dans ses figures et dans ses draperies que ne l'avaient fait jusqu'alors ses prédécesseurs.

Au xvie siècle, André Sabbatini, natif de Salerne, donna un nouvel élan à la peinture. Après lui parurent François Curia, François Imparato, Pirro Ligorio et Jean-Bernard Azzolini. Plus tard on vit briller Salvator-Rosa, Corenzio, et Jean-Baptiste Carraciolo, imitateur des Carrache, Cozza, Antoine Ricci, de Messine, et Pierre del Po, de Palerme, ainsi que sa fille, Thérèze del Po, et enfin Mathias Preti, qui imita la manière de Guerchin.

Vers le milieu du xvie siècle parut un artiste d'un grand

mérite, Lucas Giordano, surnommé *Frapesto*. Le dernier peintre de cette école est François Solimène, qui fit un grand nombre de tableaux et de grandes fresques.

ÉCOLE ESPAGNOLE

L'école espagnole eut des subdivisions sous les noms d'*école de Valence, école de Madrid, école de Séville*. L'origine de l'école espagnole ne remonte guère qu'au xie siècle, et encore, à cette époque, on trouve peu de peintres dont les noms soient généralement répandus. Le seul artiste que l'on puisse désigner dans ce siècle est Pierre Beragette, qui travaillait à Avila en 1497. Sa manière est celle de Pierre Pérugin. On le croit maître de Ferdinand Gallegos, qui naquit à Salamanque. Il fit pour la chapelle de Saint-Clément un tableau regardé comme son chef-d'œuvre et représentant la *Vierge et l'enfant Jésus* accompagné de saint André et de saint Christophe. Ces premiers peintres imitèrent strictement la nature, mais leur dessin n'offrit jamais la correction de ceux des peintre italiens, parce que, comme eux, ils n'avaient pu se former à l'étude des statues antiques.

Dans le xive siècle, nous voyons des artistes plus célèbres, tels que Vincent Joanès, chef de l'école de Valence; Louis de Vargas, Moralès et Coello. Après eux vinrent François Herrera; Jean Fernandès Navarette dit le *muet*, parce qu'une maladie le rendit tellement sourd dans son enfance, qu'il perdit l'usage de la parole; Velasquez, fondateur de l'école de Madrid, Alfonse Cano, François Zurbaran, Pierre Moya, et enfin le célèbre Etienne Murillo, qui donna naissance à l'école de Séville.

La décadence se fit bientôt sentir; et parmi les peintres de la fin du xviie siècle, c'est à peine si l'on peut trouver à citer les noms de Palomino, de Tobar.

ÉCOLE ALLEMANDE

On trouve dans l'école allemande deux subdivisions : *l'école de Nuremberg* et *l'école de Cologne*, qu'on n'a pas cru devoir séparer parce que leur style n'a pas de caractère assez distinct pour les faire reconnaître avec facilité. Les plus anciens peintres de l'Allemagne furent, comme les Italiens, enseignés par des artistes byzantins que la guerre avait chassés de Constantinople; mais n'ayant pas, comme les Italiens, cette quantité de statues antiques pour les mettre à même d'apprécier la pureté du dessin et leur enseigner l'art de bien jeter les draperies, ils ne cherchèrent qu'à imiter la nature. Aussi toutes leurs figures ont-elles quelque raideur dans leurs poses, les membres presque toujours de la maigreur. Les vêtements, conformes à ceux qui étaient en usage au temps où vivaient les peintres, ont des plis aigus et mesquins; les têtes sont toutes des portraits; l'expression cependant est toujours remarquable par son extrême naïveté. Il reste peu de tableaux des commencements de l'école allemande, cependant il s'en trouve trois fort curieux dans la galerie de Vienne: le plus ancien fût peint en 1297, par Thomas de Mutina; le second, par Nicolas Wurmser, de Strasbourg, dans l'année 1357. Le troisième fut fait dans la même année par Théodoric de Prague, et représente saint Ambroise et saint Augustin. Ce n'est plus qu'à la fin du xv⁰ siècle, que se présentent d'assez nombreux tableaux peints avec le plus grand soin, par Martin Schongarner, longtemps désigné sous le nom de Martin Schoen ou le *beau Martin*; par Israël Van Mecken, par Wenceslas d'Olmutz, et par Mair ; puis arrive enfin Albert Durer, véritable chef de l'école allemande, qui, par ses vastes connaissances, et par son immense talent, se plaça au premier rang de l'école. Après Albert Durer, on trouve Lucas de Cranach; Michel Wolgemuth, Mathieu Gruenwald, Jean Burgmair, Georges Pentz, Albert Aldorffer, Henri Aldegraver, Hans-Sebald et Barthélemy Béham. On ne doit pas oublier Jean Holbein, qui passa en Angleterre.

La peinture prit un tel développement dans le xvi⁰ siècle que l'on trouve une foule d'artistes de mérite, parmi lesquels se firent remarquer Christophe Schwartz, Pierre de Witte, Jean Van Achen, Rottenhammer, Elsheimer ; puis, dans le siècle suivant, Henri Roos, Gérard Lairesse, Rugendas et Ridinger.

Plus tard viennent Dietrich et Weisrtter, puis Antoine Raphaël Menghs. Enfin arrivent en dernier lieu Angélique Kaufmann, Antoine Graff, Tischhein, Freudenberger, Mechau, Hackerh.

ÉCOLE FLAMANDE

L'histoire ne donne aucun renseignement positif sur le commencement de *l'école Flamande*. Bien qu'on trouve dans diverses églises quelques anciens tableaux qui méritent d'être considérés, on ne connaît le nom d'aucun peintre plus ancien que Hubert et Jean; natifs du village de Maës-Eyck, et que, par cette raison, on a ordinairement désignés sous les noms de Van Eyck. Jean Van Eyck naquit en 1370 et fut, dit-on, l'inventeur de la peinture à l'huile. Le tableau le plus célèbre de ce maître est celui qu'il fit de 1420 à 1432, pour décorer le maître autel de la principale église de Gand, aujourd'hui Saint-Baron. Il est divisé en plusieurs parties avec des volets et représente au milieu, en haut, le Père Eternel, avec la Vierge et saint Jean-Baptiste à ses côtés. Sur les volets sont peints des groupes de musiciens, puis Adam et Eve. Au-dessous est une grande composition représentant l'agneau de l'apocalypse. Les volets offrent différents sujets pieux. Il est impossible de voir une peinture plus rigoureuse, plus brillante et d'un plus bel effet; l'expression de chaque sujet est admirable et très-variée; tous les détails sont rendus avec un soin véritablement surprenant. Les noms des élèves de Van Eyck ne sont pas connus, mais, un peu après lui, on vit fleurir, à Bruges, Jean Hemmelinck, dont le chef-d'œuvre est un tableau de la nativité, qu'il fit, en 1479, pour l'hôpital de Saint-Jean de Bruges, en reconnaissance des soins qu'il y avait reçus.

C'est vers le même temps que vécut Quentin Metsis, si célèbre sous le nom du *maréchal d'Anvers*. Enfin, parurent dans le XVI⁰ siècle Jean Mabuse, Jean Schorel, Michel Coxie, Lambert Suavins, Franc-Floris, Martin de Vos, Jean Stradan et Pierre, né à Breughel.

A la fin de ce même siècle, on vit l'école flamande briller de son plus grand éclat, puisque c'est alors que vécut Rubens.

En même temps parurent Snyders, Gaspard de Crayer, Gérard Seghers, Corneille Schut, Sneyers, Van Dyck, Diepembeck et Téniers.

ÉCOLE HOLLANDAISE

L'origine de l'école hollandaise serait aussi difficile à bien apprécier que celle de l'école allemande; cependant on trouve avant 1400 le peintre Albert Van Owater, né à Harlem; il fit un tableau représentant saint Pierre et saint Paul en grandeur naturelle; Thierry, aussi de Harlem, qui peignit, en 1462, un tableau représentant Jésus-Christ, avec saint Pierre et saint Paul; Corneille Enghelbrechtsen, né à Leyde, et qui, le premier, dans sa patrie, fit usage de la peinture à l'huile. C'est lui qui fut en quelque sorte le père de l'école hollandaise.

Les tableaux des peintres de cette école sont remarquables, surtout, par une parfaite intelligence du clair-obscur, une couleur aussi brillante que vraie, et un fini des plus précieux, sans arriver pourtant à la sécheresse. Parmi les peintres qui brillèrent d'abord, on doit mettre en première ligne Lucas, né à Leyde, digne émule d'Albert Durer. Un tableau dans lequel il paraît s'être surpassé est celui qui représente *la guérison de l'aveugle de Jéricho*. Viennent ensuite Martin Heamskerke, Théodore Bernard, Henri Goltzius, Octave Van Veen, plus connu sous le nom d'Otto-Vénius, et qui eut la gloire d'être le maître de Rubens; puis Corneille de Harlem, Abraham Bloemaert, Gérard Honthorst, et enfin Rembrandt, digne à lui seul d'honorer un pays, qui n'a imité personne et que personne n'a pu atteindre.

Pour bien faire connaître les maîtres de l'école hollandaise, il est bon de réunir ici ceux qui se sont occupés de la peinture du paysage et des animaux. Parmi eux, on distingue, Polembourg, Jean Bath, Pierre, né à Laaren, et dit Pierre de Laoer; Wouwermans, Berghem, Ruysdaël, Paul Patter et Van de Velde. Après cela vient une classe de peintres recommandables par le soin extrême et le fini précieux de leurs tableaux, presque tous d'une petite dimension. Le premier en ligne se présente Gérard Don, Gérard Terburg, Gabriel Metzu, François Miéris, et enfin Adrien Van der Werf. Guillaume Brawer et Jean Van Steen, terminent la revue de cette école.

ÉCOLE ANGLAISE

L'école anglaise ne peut remonter bien haut. Ce n'est que dans le XVIIe siècle qu'apparaissent quelques artistes anglais. On nomme parmi eux François Cleyn et Guillaume Dobson. On classe aussi dans cette école deux peintres nés en pays étrangers, mais qui résidèrent toute leur vie en Angleterre, et obtinrent une grande réputation : l'un est Pierre Lely, qui, né en Wesphalie, apprit la peinture en Hollande; l'autre, Godefroy Kneller, né à Lubech, et qui se forma à l'école de Rembrandt. Ces deux peintres se contentèrent de peindre des portraits, tandis que Jacques Thornhill fut bien certainement le premier qui peignit l'histoire avec un véritable génie.

A peu près à la même époque, parut *Guillaume Hogarth*, qui ne se distingua que par des caricatures et par des tableaux de mœurs dont la couleur n'a pas autant de mérite que la composition. Un peu plus tard, on vit paraître Josué Reynolds, Benjamin West, Henry Fuesly, Gavin Hamilton, et enfin, depuis peu d'années, Thomas Lawrence, Jean Burnet et David Wilkie.

ÉCOLE FRANÇAISE

L'école française non plus n'offre pas des traces fort anciennes; cependant, l'académie de Saint-Luc fut établie à Paris le 12 août 1391, et on trouve encore dans quelques anciennes églises de France des parties de muraille couvertes de compositions peintes à la détrempe, et qui représentent des paraboles de l'Evangile ou des emblèmes moraux sur l'état des bons et des méchants, soit dans cette vie, soit dans l'autre. Les noms des auteurs de ces peintures ne sont pas connus. Elles n'ont aucun rapport de goût et de manière avec les tableaux des écoles florentine, flamande ou allemande; elles n'offrent ni un dessin pur comme les premières, ni une couleur vive comme les autres. On suppose que les artistes qui ont fait ces travaux étaient des Français.

Les premiers artistes français que nous puissions nommer sont Jean Cousin, Toussaint du Breuil, Martin Freminet et Germain Meunier; on trouve encore les noms de Quentin Varin et de Noël Jouvenet, puis ceux de Janet, Du Moustiers et Foulon. Malgré les efforts de ces artistes, la peinture resta, en France, en quelque sorte le patrimoine des étrangers jusqu'au milieu du xviiie siècle, où l'on vit paraître Simon Vouet, dont les peintures sont devenues rares, parce que beaucoup ont été détruites. En même temps que lui, se montra Nicolas Poussin, qui alla en Italie pour se perfectionner et y resta toute sa vie. La France vit en même temps paraître Valentin, Blanchard, et l'inimitable Claude Lorrain.

Arrive alors l'époque la plus brillante de l'école, car de l'atelier de Vouet on vit sortir le Sueur, Le Brun, Mignard et La Hire. A la même époque, brillèrent aussi Bourdon, Boullogne et Jean Jouvenet. La peinture, à ce qu'il paraît, ne peut jamais rester stationnaire, car à peine arrivée à son apogée, on la voit toujours tendre immédiatement vers la décadence. Dans notre école comme dans les écoles d'Italie, elle ne put se maintenir, et Coypel commence une nouvelle ère, que l'on a vue finir par Restout, Natoire, Vanloo et Boucher.

De ces faibles débris, on vit sortir Joseph-Marie-Vien, qui fut le régénérateur d'une nouvelle école, dans laquelle on vit successivement briller Joseph Vernet, Vincent, Regnaud et David, qui, lui même, fut le chef d'une école qui, sans contredit, n'a pas maintenant de rivale en Europe, et d'où sont sortis Girodet, Gérard et Gros, honneur de l'école française moderne, et à côté desquels, pour ne pas être injuste, on doit pourtant placer Prudhon et Carle Vernet.

Maintenant que nous avons tracé rapidement l'histoire de la peinture et de ses diverses écoles, passons aux notices biographiques et artistiques, par séries séculaires, des plus fameux peintres qui ont illustré l'art de la peinture et qui ont fait la gloire des écoles auxquelles ils appartiennent.

JEAN CIMABUÉ

— 1240 —

La culture de la peinture ne fut jamais complètement abandonnée en Italie, mais l'art était resté à l'état barbare et tel que les Grecs l'avaient importé dans ce pays, et, si Cimabué ne fut pas le premier qui cultiva la peinture en Italie, il eut la gloire de lui donner la première impulsion. Imitateur des Grecs, mais plus intelligent et plus habile que ses devanciers, il franchit les limites de l'école bysantine. Cet artiste, suivant Lauzi, fut le premier qui prit la nature pour modèle ; il corrigea en partie la raideur du dessin, il anima les têtes, admit des plis dans les draperies, et groupa les figures avec infiniment plus de goût que les Grecs.

Issu d'une famille pleine de noblesse, son père l'avait destiné aux belles lettres. Mais Cimabué, plus porté pour le dessin que pour l'étude des lettres, s'amusait à dessiner sur tous ses livres. A cette époque, des peintres grecs qui avaient été appelés à Florence, ornaient l'église Sainte-Marie-Nouvelle. Ce fut un coup de fortune pour Cimabué. Toujours entraîné par son penchant naturel et irrésistible, il lui arrivait souvent de s'échapper de l'école et d'aller passer sa journée à côté des peintres à les regarder travailler. Le père finit enfin par céder aux instances réitérées de Cimabué et le confia aux peintres dont les travaux faisaient son admiration.

Sévère comme le siècle où il vécut (1240-1300), Cimabué réussit admirablement dans les têtes à grand caractère, surtout dans celles des vieillards : ingénieux et vaste dans ses conceptions, il donna l'exemple des grandes compositions ; mais son talent n'était pas propre aux sujets gracieux : ses madones n'ont pas de beauté ; elles se ressentent trop des leçons de ses premiers maîtres.

On voit dans l'église de Sainte-Marie-Nouvelle sa *Madone* devenue si célèbre par l'honneur insigne qu'elle lui valut et la fête publique à laquelle elle donna lieu.

Le jour où le tableau devait sortir de l'atelier pour être transporté à Sainte-Marie-Nouvelle, Cimabué trouve une foule considérable réunie devant son atelier. Les principaux magistrats de la ville chargèrent le tableau sur leurs épaules et se mirent en marche précédés par des trompettes sonnant des airs de victoire. Ils étaient suivis par la foule du peuple qui chantait en chœur des couplets à la gloire de l'artiste. Ce ne fût pas le seul triomphe de Cimabué ; comme Charles Ier d'Auzon passait à Florence, les magistrats s'empressèrent de le conduire dans son atelier où se trouvait encore la fameuse Madone. Le jeune Monarque fut si enthousiasmé qu'il s'écria :

— « Voilà ce qui m'a fait le plus de plaisir depuis que je suis roi. »

Enfin Cimabué n'eut pas seulement le mérite de faire revivre la peinture en Italie, il sut deviner le talent de Giotto, devenu artiste et alors berger.

GIOTTO

— 1276 —

Giotto, né en 1276, près de Florence, est le véritable régénérateur de la peinture en Italie. Il fut un de ces hommes enfants-gâtés que de temps en temps la nature se plaît à combler de ses faveurs ; elle le fit sculpteur, architecte, et surtout peintre. Cette trinité de talents, et la subtile pénétration de Cimabué, qui fut aussi son maître, devaient bientôt l'arracher du cercle étroit qu'il semblait destiné à parcourir, et de l'humble profession qu'il devait exercer : il gardait, en effet, les troupeaux de Bondoni, son père.

Un jour, le peintre Cimabué, venant à passer au moment où le jeune berger dessinait sur une roche quelques-uns des animaux confiés à sa garde, est saisi d'étonnement à la vue de ces lignes tracées avec nature et vérité ; aussi conçoit-il, dès ce moment, le projet d'en faire un peintre, et lui propose-t-il de l'emmener à Florence : Giotto accepte avec joie, s'empresse d'arriver dans cette ville, et profite si bien des leçons et des conseils du peintre florentin, qu'il ne tarda pas à dépasser ce maître, dont la manière était, comme on sait, rude, sèche, et dépourvue de ces formes gracieuses dont Giotto devait donner l'exemple, et que, plus tard, Raphaël devait rendre immortelles en les rendant sublimes. Aussi, n'est-ce pas pour Giotto un mince titre de gloire que d'avoir renversé les vieilles choses, et remplacé par des compositions plus nobles et plus larges les compositions tirées au cordeau de ses prédécesseurs ; aussi Giotto, justement loué par Dante, par Pétrarque, par tous ses contemporains, ouvre-t-il l'ère magnifique de la renaissance.

Giotto s'est surtout attaché à prendre la nature pour modèle et pour guide, et c'est ainsi que, la faisant poser devant lui, il lui a été donné de découvrir cette route dont la trace était perdue depuis tant de siècles.

La résurrection du portrait devait être la conséquence d'un pareil système, et vraiment Giotto en a fait plusieurs qui mériteraient d'être cités; et c'est à lui que nous devons la transmission des traits sévères et amaigris de son ami Dante, l'illustre gibelin.

Ses premiers ouvrages sont des fresques pour le chœur de Sainte-Croix de Florence, et un tableau pour le maître-autel de cette église. Le musée du Louvre possède le tableau qu'il fit pour les Franciscains de Pise, dont le sujet est la vision où le fondateur de cet ordre reçoit les stigmates; c'est un chef-d'œuvre que les Pisans admirèrent tant, qu'ils voulurent multiplier chez eux les ouvrages de cet artiste. C'est ainsi que, conjointement avec Orcagno et plusieurs autres, il contribua à orner le Campo-Santo. Mais l'œuvre la plus prodigieuse de Giotto, qui durera autant que l'édifice qui la renferme, celle aussi que l'on doit le plus admirer, c'est la célèbre mosaïque appelée *la barque de saint Pierre (la Navicella)*, qui se trouve sous le portique et vis-à-vis la porte principale de Saint-Pierre, à Rome.

Ce n'est pas seulement l'assortiment des couleurs, l'harmonie dans les clairs et les ombres qui font remarquer cet ouvrage de Giotto, mais le mouvement, le sentiment de vie et d'action qui étaient inconnus des Grecs.

Giotto fut moins connu comme sculpteur. Il fut nommé, en 1334, architecte de Florence, où il mourut en 1336, après avoir dirigé en cette qualité les fortifications de la ville, et fait construire à Sainte-Marie une tour de 252 pieds de haut, que Charles-Quint aurait voulu mettre dans un étui tant il la trouvait belle.

Des ouvrages aussi durables suffisent pour faire traverser

au nom de Giotto bien des siècles ; en outre, l'immortel Dante, dont il était l'ami, dans les quelques vers de la *Divine Comédie*, et Pétrarque, léguant dans son testament une madone de Giotto à un ami, comme la chose la plus précieuse qu'il puisse lui offrir, ne l'ont-ils pas à jamais rendu célèbre ? Un pareil éloge de la part de ces grands poètes est un titre incontestable.

Les élèves les plus célèbres du Giotto furent Taddeo Gaddi, Giottino, Simone Memmi de Sienne, Gior da Melano, Angelo Gaddi, Antonio Veneziano, Spinello Spinelli.

LES ORCAGNA

— 1320 —

Dès l'année 1350 s'établit à Florence une confrérie d'artistes qui prit saint Luc pour patron ; et les noms de Simone, Gaddi, Duccio, Giottino, Spinello, Orcagna, etc., se rattachent à cette illustre corporation d'où sortirent les peintres, les architectes et les sculpteurs qui préparèrent la renaissance des arts. Pendant le XIII° et le XIV° siècles, il ne s'agissait pas de peinture à l'huile : on s'essayait à rendre les raccourcis et la perspective, et les maîtres se disputaient avec jalousie tous les nouveaux procédés qui lentement se propageaient. Les plus habiles dessinateurs étaient accusés de magie. On peignait seulement en mosaïque, à fresque et en détrempe. Ce fut vers ce temps qu'apparut à Florence un homme d'un génie audacieux, Orcagna ou André de Cione : il naquit, selon certains biographes, en 1320, selon d'autres, en 1329. Il fut à la fois architecte, sculpteur, peintre et poète. Cet artiste apprit les éléments du dessin et de la sculpture sous André Pisani ; il s'inspira du Giotto, Arnolfo de Lapo, Nicolas et Jean de Pise ; puis donnant un libre cours à son imagination féconde, qui le portait à dessiner de vastes sujets dramatiques et poétiques, trop compliqués pour être traités en sculpture, et que les ressources pouvaient seulement faire valoir, il s'exerça dans ce nouveau genre, d'après les leçons de Gaddi et de Bernard Orcagna son frère, qui, connue lui, était fils d'un nommé Cione, habile orfèvre, connu pour être l'auteur de certains bas-reliefs en argent, d'un beau travail, qui ornaient l'autel de Saint-Jean-Baptiste à Florence.

Bernard était élève de Buffalmaco, et il est moins connu à cause de ses ouvrages que parce qu'il fût le maître de son frère. Les deux frères Orcagna travaillèrent en commun à décorer l'église Sainte-Marie-Nouvelle ; ils exécutèrent dans ce monument des fresques et des mosaïques dont les sujets rappellent l'esprit gibelin du Dante. Pour l'église de Saint-Pierre-Majeur, André peignit seul un grand tableau sur bois qui représentait le *couronnement de la Vierge*. Sa réputation le fit mander à Pise, pour décorer le *Campo-Santo* et compléter les travaux de Giotto et de Buffalmaco.

Parmi les fresques qu'il peignit sur les murs de cet édifice, on remarqua surtout un jugement dernier, vaste composition, bizarre et sauvage, où il avait représenté ses ennemis dans les flammes de l'enfer, et ses amis en paradis. Il sculpta aussi une *sainte Vierge tenant l'Enfant-Jésus dans ses bras*. Cette statue fut regardée comme un chef-d'œuvre.

Désireux de revoir sa patrie, il revint à Florence, où il peignit à fresque, dans l'église Sainte-Croix, les mêmes sujets qu'il avait représentés dans le Campo-Santo. L'expérience qu'il avait acquise se fit sentir dans ses nouvelles productions : vers le même temps, il fit plusieurs tableaux, et les envoya au Pape, qui résidait alors à Avignon : ils furent placés dans l'église cathédrale de cette ville.

André Orcagna se signala comme architecte en donnant les dessins d'un bâtiment destiné à servir d'hôtel des monnaies à Florence, les plans d'une place avec galeries et portiques, et d'un palais de justice. Il eut l'audace de substituer le plein ceintre aux arcs en tiers-point. Deux siècles plus tard, le duc Cosme Ier, voulant remplacer par un édifice plus grand et plus beau celui dont nous venons de parler, demanda, dans cette intention, des dessins à Michel-Ange Buonaroti. Mais ce grand artiste répondit au duc qu'on ne pouvait faire mieux que de continuer et répéter avec exactitude le motif existant déjà.

André Orcagna avait l'habitude de signer ses sculptures *André de Cione*, peintre, et ses peintures *André de Cione*, sculpteur, parce que, selon lui, ces deux arts ne pouvaient se passer l'un de l'autre et n'en faisaient qu'un. Il mourut à Florence, dans la soixantième année de son âge, en 1389. Ses meilleurs élèves furent son neveu Mariotto, Nello, Bernardo et François Traini.

Notre musée de Paris possédait de ce vieux maître florentin deux tableaux peints sur bois. Celui qui représentait les obsèques de *Saint-Bernard* ne fait plus partie de la galerie du Louvre; on n'y voit plus figurer que la *naissance de la Vierge*, remarquable composition où l'artiste a représenté un intérieur assez vaste divisé en trois compartiments : une petite salle à gauche est occupée par des femmes qui s'empressent de donner leurs soins à l'enfant qui vient de naître; dans une autre pièce, en face du spectateur, on aperçoit sainte Anne dans son lit, et assistée par des femmes; enfin dans une pièce à droite, saint Joachim, en compagnie d'un vieillard, écoute avec intérêt un jeune garçon qui vient lui annoncer l'heureuse délivrance de sa femme.

JEAN DE FIESOLE dit FRA BEATO ANGELICO

— 1387 —

Le lieu de naissance de Beato Angelico n'est nullement connu; on n'a pas davantage de détails sur les premières années de sa vie; Jean de Fiesole ne se fit connaître qu'après son entrée au couvent de Saint-Marc où il reçut le nom de Fra *Beato Angelico* à cause de ses manières douces et pures. Ses œuvres portèrent le reflet de la candeur et de la pureté de ses mœurs. Sous sa main, chaque objet recevait l'empreinte de son caractère sous son pinceau, les figures étaient des âmes. Il ne faisait point une spéculation de son travail; l'amour de l'art était seul son mobile; ses ouvrages sont pleins d'un sentiment religieux qui parle à l'âme, ils sont empreints d'une suavité d'expression qui captive. En véritable artiste, il sut prendre ses modèles pour les têtes ravissantes que l'on voit sur ses tableaux parmi les femmes les plus remarquables par leur beauté; aussi l'élégance et la grâce s'y trouvent-elles unies à la grandeur.

On trouve dans le couvent de Saint-Marc une fresque de Beato Angelico, saint Pierre martyr; *saint Dominique en méditation, au pied de la croix; le Christ accueilli comme pèlerin dans le couvent, un Christ au tombeau, une madone sur le trône entourée de saints;* dans la salle du chapitre, *le chemin de la croix,* dans lequel se trouvent réunis au pied du Christ, entre deux larrons, saint Jean, sainte Marie, sainte Magdeleine, saint Marc, saint Jean-Baptiste, saint Jean l'Evangéliste, saint Laurent, saint Cosme et saint Damien; de l'autre côté, saint Dominique, saint Ambroise, saint Augustin, saint Jérôme, saint François, saint Bernard, saint Romuald, saint-Pierre martyr, saint Thomas d'Aquin. A l'entour, le pélican, symbole de la mort du Christ. La tribune possède six de ses peintures : *la naissance de saint Jean, le couronnement de la Vierge, le mariage de la Vierge, la mort de la Vierge.*

Beato Angelico mourut en 1455 ; son élève le plus remarquable fut Benozzo Gozzoli dont on trouve des tableaux d'une grande beauté au Campo-Santo de Pise.

JACQUES BELLINI

— 1424 —

Jacques Bellini, ainsi que ses deux fils, *Gentile* et *Jean*, lesquels étaient supérieurs à leur père, contribua à donner un nouveau lustre à l'école vénitienne, et à la faire compter comme une ère de rénovation dans l'histoire de la peinture. Il n'existe plus rien de Jacques. On voit encore plusieurs tableaux de Gentile, entre autres un *Saint-Marc*. Il eut le mérite d'avoir le Titien pour élève ; on le regarde comme le fondateur de l'école vénitienne, et celui qui, le premier dans sa patrie, peignit à l'huile, secret qu'il avait dérobé, en 1430, à Antoine de Messine, lequel l'avait obtenu de Jean-Van-Eyck, dit de Bruges, peintre et chimiste flamand, qui en était l'inventeur, et qui mourut fort âgé en 1441. Gentile fut envoyé à Constantinople en 1479, près de Mahomet II, qui avait demandé un peintre habile. Il aurait, dit-on, copié dans cette ville les bas-reliefs de la colonne théodosienne, et serait mort à Venise en 1501.

— Le plus célèbre des trois était sans contredit Jean Bellini, né à Venise en 1424, et mort dans la même ville en 1512. Il étudia la nature sans jamais l'exagérer et passait pour excellent dessinateur. Il étendit le domaine de la peinture à l'huile, et peignit beaucoup de bons tableaux, dont un représentant le Sauveur donnant la bénédiction, qu'on voit encore dans la galerie de Dresde. Il est encore peut-être plus célèbre par le nombre d'élèves fameux qu'il a faits, et parmi lesquels on compte le Titien et Giorgione. C'est ce qui l'a fait surnommer le créateur de l'école vénitienne.

ANDRÉ MANTÉGNA

— 1430 —

Mantégna, né à Padoue en 1430, de même que Giotto, était pâtre. Il reçut les premières leçons de Squarcione, dont il devint le fils adoptif, et qui fonda une école d'où sortirent un grand nombre d'élèves. Mantégna se fit d'abord remarquer par la perfection qu'il porta à l'étude de la bosse, par ses études sur la perspective et la draperie, et ses raccourcis savants, qualités qui furent imitées par Vivarini et Giovani Bellini, dont il devint le gendre; puis Cinna da Conegliano, Rocco Marconi, Vittore Carpaccio, Marco Basaïti, Palma Vecchio, qui se distingua par son sentiment du vrai et de l'harmonie des couleurs.

Mantégna donna de bonne heure des preuves d'un grand talent; il exécuta, dès l'âge de dix-sept ans, quelques tableaux, qui, sans être exempts de reproches, lui acquirent une certaine réputation. Mais, devenu, par son mariage, le beau-frère et le condisciple de Gentile et de Giovanni Bellini, il ne tarda pas à se faire une place parmi les premiers maîtres. L'Arioste lui a fait l'honneur de le citer dans son Rolland furieux, chant XXIII, et certes en bonne compagnie :

Leonardo, Andrea Mantégna, Giam Bellino (Viardot).

Mantégna, poussé par l'amour de son art, sentit aussi le besoin d'aller s'inspirer des grands maîtres. Il visita successivement Venise, Vérone et Milan, où il exécuta un grand nombre de tableaux. Le pape Innocent VIII le fit prier de venir à Rome, invitation flatteuse, qu'il s'empressa d'accepter. Le Souverain-Pontife lui donna l'ordre de peindre au Vatican la chapelle en partie détruite, et que l'on admire encore aujourd'hui.

On trouve à Naples une *sainte Euphémie*, qui passe pour son chef-d'œuvre, et son *saint Laurent* au milieu de ses bourreaux, ouvrages précieux, où l'on reconnaît les grandes qualités et les grands talents du maître. On admire également à la *Tribuna*, à Florence, une *Circoncision*, une *Adoration des Rois*, une *Résurrection*, trois tableaux peints dans un grand style, et où l'on remarque la patience et la correction qui distinguent toutes ses œuvres. Notre Musée possède également quatre de ses tableaux : la *Vierge de la Victoire*, le *Parnasse*, les *Vices chassés par la Vertu*, et le *Calvaire*. Le soldat, que l'on voit sur le premier plan est, dit-on, le portrait de Mantégna.

Il finit sa carrière à Mantoue, en 1505, à l'âge de soixante-dix ans.

PIERRE VANUCCI dit LE PÉRUGIN

— 1446 —

Pérugin (Pietro Vanucci, connu généralement sous le nom du *Pérugin*, parce que Pérouse *(Perugia)* fut le principal théâtre de sa gloire et sa patrie d'adoption), naquit en 1446 à Citta della Pieve. Quelques auteurs ont prétendu qu'il était né à Pérouse ; il est vrai que le nom de cette ville suit son nom dans une partie de ses ouvrages ; mais dans les autres il a mis *Citta della Pieve*. Au reste, ce qui tranche toute difficulté, c'est qu'il obtint le droit de bourgeoisie à Pérouse, ce qui n'aurait pas eu lieu s'il était né dans cette ville.

D'après Vasari, il étudia la peinture à Pérouse sous un maître qui n'était pas très-habile. Quel fut ce maître? Bottari lui a donné le nom de Pietro ; la tradition adoptée par Foligno veut que ce fût Nicolo Alunno.

L'époque où florissait le Pérugin fut une époque de transition, le point de départ de celle que les Italiens ont appelée le *Siècle d'or*.

Après avoir travaillé à Pérouse, le Pérugin alla à Florence. Ici nouvelle incertitude : a-t-il ou n'a-t-il pas étudié chez le Verocchio, depuis devenu sculpteur, le premier qui ait eu l'idée de mouler la face des personnes mortes pour conserver la ressemblance? Les uns le nient, les autres l'affirment : dans cette dernière hypothèse, il aurait été le condisciple de Léonard de Vinci. Mariotti prétend que, avant son départ pour Florence, le Pérugin avait beaucoup appris sous Ponfigli et

Pietro della Francesca, qui tenaient école à Pérouse, auxquels il dut ce talent pour la perspective, qui lui valut tant de succès à Florence, et dont il imita aussi le dessin et le coloris. Toujours est-il que ses ouvrages produisirent une grande impression : il avait l'art de dégrader habilement la perspective de ses paysages, et cette dégradation était portée à un point *dont on n'avait pas vu d'exemple à Florence*, dit Vasari.

Le Pérugin retourna à Pérouse, où il tint école à son tour. C'est là que le jeune Raphaël lui fut présenté par son père, qui crut obtenir une grande faveur en faisant admettre son fils au nombre des élèves du peintre qui tenait alors le sceptre de la peinture.

Ces deux grands artistes furent dignes l'un de l'autre : l'un sut promptement découvrir le rang que devait occuper son élève, et celui-ci sut apprécier les qualités qui distinguaient son maître. En effet, Raphaël conserva, comme tous les autres élèves du Pérugin, un grand respect pour son maître. Ce dernier ayant été appelé à Rome par Sixte IV, avait décoré au Vatican les voûtes de la salle de Saint-Charlemagne. Raphaël, que Jules II y appela à son tour, respecta et protégea l'ouvrage du Pérugin.

A l'époque où le Pérugin parut, les mœurs ne favorisaient point l'étude du corps humain, science indispensable au maître, et qui est aujourd'hui la base de son art; d'ailleurs, la peinture ne s'occupait guère que de sujets de dévotion, qui ne comportent pas l'emploi des nus : le peintre ne pouvait donc guère montrer sa supériorité que dans la manière de peindre les têtes, que dans la disposition architecturale de ses tableaux, et c'est justement où le Pérugin excella. Il montra peu de variété dans ses compositions ; on lui en fit un reproche de son vivant; mais il répondit qu'au moins on ne pouvait l'accuser de copier personne, et qu'au surplus c'était le moyen d'atteindre à la perfection.

— « Son style est un peu rude et un peu sec, ainsi que celui de tous les peintres de son temps. Il semble aussi un peu mesquin dans sa manière de vêtir ses figures, mais il compense ces défauts par l'agrément de ses têtes, particulièrement celles des jeunes gens et des femmes, dans l'exécution desquelles il surpassa tous ses contemporains, par la grâce des mouvements et l'éclat de la couleur. Ces fonds d'azur, qui font si bien ressortir les figures, ce rosé, ce verdâtre, ce violet, qu'il sait fondre si parfaitement ensemble; ces paysages d'une si admirable perspective, et dont on n'avait pas encore vu d'exemple à Florence; ces édifices si bien conçus, si bien posés, offrent autant de détails charmants qu'on voit toujours avec plaisir. »

(Lanzi, Histoire des peintres.)

Le Pérugin était né fort pauvre; en arrivant à Florence, il n'avait pas de lit pour se coucher; cet état de misère lui servit d'aiguillon et le poussa au travail. Ses talents et sa célébrité lui firent acquérir une grande fortune. Il avait la réputation d'être très-avare. Cette avarice lui porta malheur; il avait l'habitude de porter toujours avec lui une cassette qui contenait tout son argent : des voleurs, informés de cette habitude, le dépouillèrent dans un des fréquents voyages qu'il faisait de Castello della Pieve à Pérouse, et il s'en montra très-affecté, quoique ses nombreux protecteurs l'eussent en grande partie dédommagé de cette perte.

Le Pérugin mourut à Pérouse, à l'âge de soixante-dix-huit ans.

LÉONARD DE VINCI

— 1452 —

Léonard de Vinci naquit dans le val d'Arno, qui dépendait de l'état de Florence, en 1452, à cette illustre époque de renaissance où chaque pays d'Italie rivalisait d'ardeur et d'enthousiasme pour les sciences et pour les arts. Dans ces temps bienheureux où le feu sacré se rallume de toutes parts les esprits semblent plus actifs, plus studieux, le génie plus entreprenant et plus prompt. Tout ceux qui cultivent les talents de l'esprit s'efforcent alors d'aplanir la route du progrès ; les hommes de génie embrassent à la fois toutes les branches de la science et de l'art, parcourent toutes les voies que l'intelligence humaine a ouvertes, et s'y égarent quelquefois. Léonard de Vinci est un de ces derniers. Doué des facultés les plus admirables, plein d'énergie et de volonté, vigoureux de corps, infatigable d'esprit, précoce en tout, il s'adonna aux diverses études qui peuvent occuper le génie humain. Les sciences exactes lui furent bientôt familières. A vingt ans, il en savait en arithmétique et en géométrie autant que ses maîtres, et plus tard il appliqua ces sciences à la mécanique avec beaucoup d'audace et de succès. Outre ces connaissances positives, il apprit très-vite à dessiner, à modeler, à peindre ; et, avant trente ans, il faisait faire des progrès à la fois aux sciences et aux arts. Chose étrange ! Après avoir terminé les calculs les plus arides, après avoir combiné des forces motrices pour tailler une montagne, creuser un canal ou élever un pont, son imagination, loin de se fatiguer à ce travail pénible, trouvait encore de la verve et de la poésie pour écrire une ode ou peindre une vierge. Ces difficultés sans nombre que nous rencontrons dans la culture de la science ou de l'art, il pouvait les vaincre en se jouant, et il ne réservait la puissance de son application que pour des découvertes, des inventions ou des perfectionnements. Seulement ce qu'il gagnait chaque jour en fécondité, il le perdait en persévérance; il voyait trop pour regarder longtemps; son esprit inquiet devançait sa main : il concevait trop de choses pour pouvoir les exécuter toutes. Génie sublime du reste, et comme il en faut dans certains siècles pour imprimer l'élan à leurs contemporains; sortes de Moïses de l'art, qui mènent les peuples jusqu'à la terre promise de l'idéal et du beau, mais qui meurent avant d'y pénétrer eux-mêmes.

— Le père de Léonard, Ser Piero, notaire de la seigneurie de Florence, eut le mérite de deviner son fils. Il ne chercha point à le faire hériter de sa charge, il ne contraria point ses goûts; bien au contraire, il s'efforça toujours de lui offrir les moyens d'étudier ce qu'il voulait et comme il le voulait. Il le plaça de bonne heure chez Andrea del Verrocchio, peintre célèbre de ses amis. Léonard y devint rapidement habile comme peintre, tout en s'adonnant à la sculpture et à l'architecture. Sa merveilleuse facilité étonnait son maître, et il voulut l'employer comme aide dans un ouvrage de grande dimension, qui avait pour sujet le *Baptême du Christ*. Léonard peignit une tête d'ange avec une telle perfection que le maître, voyant un rival redoutable dans son jeune élève, renonça pour toujours à la peinture. Ce succès extraordinaire fit connaître le Vinci. On lui commanda une vierge, qu'il exécuta si admirablement que l'apparition de cet ouvrage le plaça désormais à la tête des peintres de son temps. Comme il était fort jeune à l'époque de cet éclatant début, on raconte qu'il se reposait de son travail sérieux par toutes sortes de compositions légères : ainsi il dessina un carton d'après lequel on devait exécuter en Flandre une portière pour le roi de Portugal. Ce carton représentait le Paradis terrestre; le paysage en était charmant, les fleurs surtout étaient rendues avec un charme tout particulier. Il peignit aussi sur une rondache un animal fantastique, si terrible et si bien composé, que son père faillit s'enfuir de peur lorsqu'il aperçut cet animal pour la première fois. Puis, quand il rencontrait un homme aux traits caractérisés ou à la nature singulière et originale, il le croquait à l'instant, et la collection de ses dessins peut se comparer à la collection de Callot.

— En 1493, Léonard, déjà si justement célèbre, vint à Milan. Au moyen de la musique, art qu'il avait aussi perfectionné, il fut présenté au duc Ludovic Sforce, et il inventa pour ce prince une lyre à vingt-quatre cordes, dont il sut jouer d'une merveilleuse façon. Pris en amitié par Ludovic, il demeura à sa cour, et entreprit pour lui différents ouvrages de peinture et de sculpture. Ce fut durant ce séjour à Milan que Léonard exécuta, pour les couvents des dominicains, à Santa-Maria-delle-Grazie, son chef-d'œuvre en peinture, sa sublime fresque de la *Cène*. Toute l'Europe connaît ce magnifique tableau, la gravure l'a immortalisé. Chacun a pu applaudir à la grandeur de la composition, au caractère si bien varié des têtes, à l'harmonie de l'ensemble, à l'idéal de certaines parties, et ces différentes qualités suffirent pour rendre cet ouvrage l'égal des chefs-d'œuvre de Raphaël. Qu'était-ce donc lorsque le temps n'avait rien enlevé à la perfection des détails et à l'éclat général? Après la prise de Milan par les Français, Léonard retourna à Florence, où il fit successivement *la Vierge, sainte Anne* et *le Christ*, tableaux pleins d'inspiration et de poésie, et le ravissant portrait de *Monalisa*, connue sous le nom de la *Joconde*. Ses compatriotes, fiers de sa renommée, lui commandèrent un grand travail pour une salle de conseil, reconstruite d'après ses plans; malheureusement, comme il s'adonnait alors à l'étude de l'anatomie, il n'eut le temps de rien peindre avant son départ pour Rome, où il était appelé par Léon X. A la cour de ce pape, il acheva quelques tableaux de petite dimension; mais la rencontre qu'il fit de Michel-Ange, qui le dépassait déjà en conception et en facilité, la rivalité qui exista entre eux firent abandonner au vieux Léonard toutes ses ébauches, et lui firent quitter Rome pour la France, Léon X pour François Ier

— Il n'eut point le temps d'exécuter pour François Ier les différents tableaux qu'il avait commencés; le chagrin d'être surpassé de son vivant dans une seule branche de l'art abrégea ses jours, et il mourut à Amboise, entre les bras de son dernier protecteur.

— Ainsi s'éteignit dans le doute de son génie cet homme immense, qui avait l'imagination aussi brillante que l'esprit vaste et puissant, qui augmenta à la fois le trésor des sciences et celui des arts, et qui, dans la conscience qu'il avait de ses facultés, écrivait naïvement au prince Ludovic Sforce cette lettre que nous empruntons à l'excellente traduction de Vasari par MM. Léclauché et Jeauron :

— « Je puis, en temps de guerre, employer des machines nouvelles, telles que ponts, canons, bombardes, pièces de menue artillerie, toutes de mon invention, et faisant le plus grand ravage, attaquer places fortes et les défendre par moyens non encore pratiqués; en temps de paix, je suis capable, en peinture, sculpture, architecture, mécanique et conduite d'eau, de tout ce qu'on peut attendre d'une créature mortelle. »

BACCIO DELLA PORTA dit FRA BARTOLOMEO

— 1469 —

Bartoloméo naquit en 1469 aux environs de Florence. Il fit ses premières études dans l'atelier de Cosino Rosselli; mais enthousiasmé par les ouvrages de Raphaël, il se lia bientôt d'amitié avec lui, et plus tard ils se donnèrent mutuellement des avis sur leur art qu'ils surent mettre à profit. Bartolomeo est aussi connu sous le nom de le Frate (moine), surnom qu'il dut à une circonstance singulière.

Caractère ardent et impressionnable, il suivit avec un zèle presque religieux les prédications du fougueux *Savonarole,* moine de saint Marc doué de l'éloquence la plus entraînante, tribun politique et prédicateur religieux, qui devait payer de sa tête ses convictions et ses doctrines; il discutait les théories de l'art au milieu d'un sermon.

— Vos notions sur la beauté, disait-il aux peintres, sont empreintes du plus grossier matérialisme. La beauté ! mais c'est la transfiguration, c'est la lumière de l'âme; c'est donc par delà la forme visible qu'il faut chercher la beauté suprême dans son essence.... Plus les créatures participent et approchent de la beauté de Dieu, plus elles sont belles; et de deux femmes également belles de corps, ce sera la plus sainte qui excitera le plus d'admiration, même chez les profanes. » (Du Pays.)

Savonarole trouva une grande quantité de disciples qui le défendirent aux périls de leurs jours contre les attaques dont il fut l'objet. Enfermé dans le couvent de Saint-Marc où il avait été obligé de se réfugier, il eut à soutenir un assaut contre la populace ameutée. Bartoloméo se trouvait à ses côtés; il était alors âgé de 29 ans. Effrayé du carnage qu'il se faisait autour de lui, il fit vœu d'entrer dans les ordres s'il échappait à ce danger.

Il tint parole. En 1500, il prit la robe dans ce même couvent; de là le nom de *le Frate*.

Accablé par la douleur que lui avait causée le supplice de son ami, il ne reprit les pinceaux que longtemps après et sur les instantes sollicitations de ses amis.

On trouve dans ce couvent quelques belles productions de ce grand artiste. Le palais Pitti en possède cinq : *un Christ au tombeau* : la place qu'on lui a donné en face de celui d'André del Sarto permet de comparer le génie de ces deux grands maîtres ; un *Jésus ressuscité* au milieu des évangélistes ; une *sainte famille*, *une vierge sur son trône* entourée de plusieurs saints, que Bartoloméo n'eut pas le temps d'achever et que termina son élève Bugiardini ; enfin le *Saint-Marc*, que l'on put admirer à Paris jusqu'en 1815, figure colossale et terrible que le Frate avait faite pour la façade de son couvent.

Bartoloméo, qui avait constamment édifié tous les moines du couvent par sa dévotion, dit adieu à ses pinceaux, à la terre et aux hommes en 1517, regretté de tous ceux qui avaient pu l'apprécier.

ALBERT DURER

— 1471 —

Albert Durer, fils d'un orfèvre, fut d'abord destiné à suivre la même carrière que son père. Mais sentant son penchant pour la peinture, il fit la demande à son père de lui permettre d'être peintre. Cette demande déplut d'abord à son père, qui regrettait fort le temps qu'il avait perdu chez un orfèvre. Toutefois, après quelques refus, il fut placé dans l'atelier de Michel Wolfmut. Albert Durer fit de rapides et grands progrès, et bientôt son père l'envoya en Italie.

— Albert Durer est peut-être l'artiste le plus fécond de l'Allemagne. Ce qu'il a produit est à peine croyable. En moins de quarante ans, il a laissé une collection infinie de gravures, de portraits, de dessins, de tableaux de tous genres. Déjà, dans la première moitié du XVIIe siècle, il était difficile de dire au juste le nombre des feuilles encore existantes gravées par lui sur le bois, sur le cuivre, quelques-unes à l'eau forte sur le fer, quelques-unes même légèrement et capricieusement dessinées à l'aiguille sur l'étain; car c'était un infatigable chercheur de procédés nouveaux, et il tendait à la perfection de toutes choses. Ses tableaux, presque tous de haute dimension et riches en figures, sont encore la gloire d'une foule de collections publiques et privées, sans compter tout ce qui s'est perdu par le temps, par la guerre, par le feu, et surtout par l'ignorance, le pire de tous les fléaux dans les arts. Ce qu'il a tiré de la bible est incroyable. Voyez sa belle gravure en cuivre, *Adam et Eve*. Eve et le serpent, et l'arbre de vie, et le fruit fatal, comme cela est éclairé et pur ! Puis l'Evangile; *la Nativité* : la vierge adore son enfant ; vous voyez l'étable, vous voyez la cour, et au fond de la cour, saint Joseph tirant l'eau du puits. Puis cette belle suite de gravures, histoire touchante, que son auteur a appelée lui-même *l'homme des douleurs* : c'est toute la passion de Notre-Seigneur vivement et énergiquement représentée. Après l'Histoire du Christ, celles des apôtres, *saint Pierre et saint Jean guerissant les boiteux à la porte du temple; sainte Anne et la jeune vierge :* morceau rare et charmant. Après avoir fait la Vierge enfant, Albert fait la Vierge à la couronne d'étoiles, la Vierge au sceptre, la Vierge aux cheveux en bandelettes, la Vierge allaitant l'enfant Jésus, la Vierge assise. Toujours la Vierge. Albert Durer lui a voué un culte, un zèle ardent, infatigable; il l'a montrée *couronnée par un ange, couronnée par deux anges;* il a fait *la Vierge assise, la Vierge assise au pied d'une muraille, la Vierge à la poire, la Vierge au songe, la Vierge au pavillon, la Vierge à la porte.* Quelle sainte, quelle ingénieuse, quelle admirable litanie que celle d'Albert Durer!

— Après avoir passé de la Bible à l'Evangile, il passe de l'Evangile aux histoires de la légende. *Saint Philippe, saint Barthélemy, saint Thomas, saint Simon, saint Paul, saint Christophe* deux fois, *saint Georges à pied, saint Georges à cheval, saint Sébastien attaché à un arbre, saint Sébastien attaché à une colonne, saint Eustache, saint Antoine, saint Jérôme dans sa cellule, saint Jérôme en pénitence, saint Jérôme à genoux.* Il n'y a que deux femmes, *sainte Geneviève et sainte Véronique.* Albert Durer avait épuisé tout son génie pour la Vierge; il n'a vu dans le christianisme de femmes que la Vierge; elle résume toutes les femmes pour lui. La plus grande variété règne toujours dans ses gravures, dont le sujet paraît au premier abord si monotone. Ce n'est jamais la même attitude, le même paysage ; ce n'est jamais la même cabane, le même sol, le même ciel, la même heure du jour. Le vieux judaïsme et le jeune christianisme marchent côte à côte dans ces compositions sans nombre, sans jamais se contredire, sans se ressembler jamais. Les villes, les champs, la Judée, l'Allemagne, les cabanes, les palais, les déserts, le temple romain, tout le monde connu y passe. Passant ensuite du sacré au profane, du christianisme à la mythologie, vous trouverez encore et toujours les deux qualités bien distinctes d'Albert Durer, fécondité, variété. Le *Jugement de Pâris* est la première de ses planches profanes. C'est un des morceaux les plus rares et les plus finis de notre peintre.

Une chose charmante, c'est *la Sorcière*. Elle va au sabbat; elle est montée à reculons sur un bouc, dont elle tient la corne de la main gauche. Elle est suivie de deux petits malins génies, qui portent ses torches et son mortier. Cela est vif et plein de caprice et d'esprit. *Apollon et Diane, la Famille du Satyre*, très-belle forêt; *cinq études de figures*; *l'Enlèvement d'Amymone*; *le Ravissement d'une jeune femme*, gravé à l'eau forte sur une planche de fer; *l'Effet de la jalousie*; *la Mélancolie*, belle femme tristement assise entre un polygone, des balances, un sablier, une cloche et autres instruments à l'usage des méditations de l'esprit; quatre femmes nues qui s'écrient: O. G. H., c'est-à-dire, *O goth hilf (O Dieu! secourez-nous!)*; *l'Oisiveté, la grande Fortune, la petite Fortune, la Justice, le petit Courrier, le grand Courrier*, morceau très-rare et qui n'est pas signé. *La Dame à cheval, le Paysan et la femme*; le paysan est furieux et lève le poing; la femme est douce, résignée et charmante; *l'Hôtesse et le cuisinier, l'Oriental et sa femme*; *les trois Paysans*: l'un tient une épée, l'autre porte au bras un panier plein d'œufs; *l'Enseigne*, sur l'étendard sont les armes du duc de Bourgogne; *le Paysan du marché, le Branle, le Joueur de cornemuse*, mollement assis au pied d'un arbre, un des morceaux les plus exquis de l'œuvre d'Albert; *le Violent*, c'est un homme très-sec qui bat sa femme; *les Offres d'amour*, un vieillard qui a de l'or et une jeune fille qui est belle, traduction de ce triste mot d'Hésiode; *l'Amour*, fils de la

Pauvreté; le petit Cheval, le cheval sans selle et sans bride, le cavalier sans éperons, et un papillon sur le cimier de son casque; *le grand Cheval*, ce cheval n'a pas de selle, mais il a une bride; *le Cheval de la mort*; il y a un cavalier sur un beau cheval, la *mort* est montée sur un méchant cheval, et elle va aussi vite que le beau cheval; c'est une des gravures les plus soignées qu'ait faites son auteur; *le Canon, les Armoiries en coq, les Armoiries à la tête de mort*; telles sont les gravures profanes d'Albert Durer, et dans celles-là, comme dans les autres, c'est toujours la même profusion gracieuse et abandonnée d'esprit, de drame, de passion, de dessin et d'intérêt. Passant des gravures en cuivre à ses gravures en bois, on trouve à peu près les mêmes sujets tirés de la Bible. Caïn, Samson, les trois Mages, Jésus-Christ et la Passion en douze pièces, puis la Passion en dix-sept pièces; l'*Apocalypse de saint Jean* en quinze pièces; *le Martyre de saint Jean l'évangéliste*, en quinze pièces; puis encore, et toujours *la Vierge*, dont il a fait la vie en vingt estampes, depuis sa naissance jusqu'à son Assomption; *la Vierge* adorée par saint Jean, saint Paul, saint Antoine, sainte Catherine, *la Vierge* assise sur un banc de gazon, *la Vierge* assise, donnant le sein à l'enfant Jésus sur le bras gauche, *la Vierge* tenant l'enfant qui lit son livre, et après la Vierge, des saints et des saintes, *saint Christophe traversant l'eau*, trois fois: viennent après *saint Coloman, saint Etienne, saint François, saint Georges, saint Jean l'évangéliste et saint Jérôme à genoux*, patrons de l'Autriche; *le Supplice* de dix autres martyrs de Nicomédie, en Bithynie; *le Martyre de sainte Catherine*: on voit derrière la sainte le bourreau qui va la décapiter; *Sainte Madeleine transportée au ciel par les anges*. Arrivent ensuite d'autres sujets de piété, *la Sainte-Trinité, saint Grégoire voyant Jésus-Christ pendant la messe, le Jugement universel*, dont on a des preuves sans le chiffre de Durer; *la Décollation de saint Jean-Baptiste*: à gauche est Hérodiade qui reçoit la tête dans un plat, et comme pendant, *Hérodiade recevant la tête de saint Jean des mains de sa servante* — Les sujets profanes ne manquent pas non plus. *Un Hercule* assomant un homme armé de toutes pièces; *un Banc* sur lequel on voit six hommes : un de ces hommes vide une coupe; *la Philosophie* assise sur un trône; *la Mort* présentant son sablier à un soldat qui est debout; *un Maître d'école; le Jugement de Pâris* avec le même vieillard qui tient la même pomme d'or ; *un homme et une femme qui s'embrassent au pied d'un arbre ; un siége de ville ;* un grand nombre d'armoiries, les armoiries impériales, les armes de la famille de Béhem , les armes de lui-même, Albert Durer : deux nègres supportent une banderolle sur laquelle flotte son chiffre, son vrai titre de noblesse. — Voici, au reste, à quelle occasion il eut des armes; car il doit paraître surprenant de voir des armoiries au fils d'un orfèvre.

— Un jour que Durer dessinait quelques figures sur la muraille du palais de l'empereur Maximilien, l'empereur ordonna à l'un des gentilhommes de tenir l'échelle sur laquelle se tenait le grand peintre, et qui vacillait quelque peu. A cet ordre, le gentilhomme hésite, et se retire en arrière; il fit signe à l'un de ses domestiques de tenir l'échelle; ce que voyant l'empereur, il tint l'échelle lui-même; puis, quand Albert Durer en fut descendu, il le fit gentilhomme, peut-être baron ; il lui donna des armoiries, trois écussons d'argent, dans un quartier bleu.

Mais le chef-d'œuvre d'Albert Durer, peut-être, c'est *l'Arc-de-Triomphe de l'empereur Maximilien I*er. Cet ouvrage immense se compose de 92 planches de différentes dimensions, qui jointes ensemble, forment un tableau de 3 mètres et demi de hauteur. Cet ouvrage est très-rare. Il a été gravé entièrement d'après les dessins de l'auteur, et a eu plusieurs éditions. On ne connaît qu'un seul exemplaire de la première édition qui soit complet. — S'il fut graveur habile, il fut aussi un trèsgrand peintre, le maître, le restaurateur, le père et le roi de la peinture en Allemagne. Ses tableaux étaient aussi vrais que ses dessins ; sa pensée était aussi ingénieuse que sa couleur était brillante. Il a peint un grand nombre de tableaux qui sont d'un fini précieux. On lui reproche un peu de raideur et de sécheresse dans les contours, l'ignorance du costume et celle de la perspective; il avait étudié avec soin l'architecture civile et militaire dont il a laissé des traités. Ce n'est pas tout; Albert Durer a encore excellé dans les portraits. Les plus remarquables sont ceux *d'Albert*, électeur de Mayence, avec ses armoiries surmontées d'un chapeau de cardinal; *Bilibab Pirkheimer*, sénateur de Nuremberg; l'empereur *Maximilien*, sous la vieille formule de la Rome impériale, *Jmperator Cæsar Divus Augustus*; *Ulrick Varnbuter*; *Jean*, baron de Schwarzenberg, entouré de seize écussons d'armes et son propre portrait à lui, *Albert Durer* entouré de son écusson.

Ce pauvre artiste allemand, ce simple graveur, qui improvisait, pour vivre, tant de choses délicates et charmantes, ce haut baron fait au bas d'une échelle, et qui dut ses armoiries, comme Molière, à l'insolence d'un gentilhomme, a vécu pourtant calme et bon homme, avec les agitateurs, les réformateurs, les duellistes religieux et philosophiques les plus emportés du xvie siècle qui changea la face du monde. Il reçut la visite d'Erasme, cet anachronisme tout voltairien, sceptique autant que Voltaire, Erasme qui fut le cousin de Rabelais et l'aïeul de Fontenelle; il fit son portrait en même temps que Holbein. Philippe Melanchton, le disciple aimé de Luther, fit appel également à ses pinceaux. Il se trouva ainsi face à face avec tous les pouvoirs de son temps, les pouvoirs les plus opposés et les plus divers.

En 1506, Albert Durer entreprit un voyage d'artiste à Venise et à Bologne. De retour à Nuremberg, il fit de mémoire le le portrait de Raphaël, qu'il lui envoya avec une lettre qui s'est perdue. Raphaël y répondit dignement par une lettre et un portrait. Quelque temps après, durant son voyage dans la Belgique il fit les portraits de Charles-Quint et de Christian II, roi de Danemarck.

BUONAROTTI dit MICHEL-ANGE

— 1474 —

Michel-Ange, de l'ancienne maison des comtes de Canossa, naquit à Caprée en 1474, et non point à Arezzo, comme l'ont prétendu certains biographes. Il dut lutter contre les préjugés de ses parents et les mauvais traitements, pour se livrer à l'étude des beaux-arts. Son étonnant génie se révéla par des ouvrages de peinture, de sculpture, d'architecture et de poésie à la fois. Il fit ses premières études dans l'atelier de Domenico de Grillandajo.

— Depuis longtemps, dit à ce propos Vasari, les successeurs de Giotto faisaient de vains efforts pour donner au monde le spectacle des merveilles que peut enfanter l'intelligence humaine dans l'imitation de la nature. Le divin Créateur, voyant l'inutilité des ferventes études de ces artistes, aussi éloignées de la vérité que les ténèbres le sont de la lumière, daigna enfin jeter un regard de bonté sur la terre, et résolut de nous envoyer un génie universel, capable d'embrasser à la fois et de pousser à toute leur perfection les arts de la peinture, de la sculpture et de l'architecture. Dieu accorda encore à ce mortel privilégié une haute philosophie et le don de la poésie, pour montrer en lui le modèle accompli de toutes les choses qui sont le plus en honneur parmi les hommes.

Deux ans après, Buonarotti entra à l'école des Arts, récemment établie par Laurent de Médicis. Ses progrès furent rapides, et il se plaça bientôt au-dessus de tous ses condisciples.

Dès l'âge de seize ans, il copia en marbre une tête de vieux satyre, qui fit l'admiration de tous les connaisseurs, et qui lui valut la protection de Laurent-le-Magnifique ; voici à quel propos : Soit accident, soit le temps, on ne distinguait ni la bouche ni le nez du faune. Michel-Ange ne craignit pas de remplacer ce qui manquait à l'original ; il le fit la bouche ouverte, de manière à laisser apercevoir la langue et les dents. Un jour que Laurent admirait l'œuvre hardie de notre artiste, il lui dit d'un ton ironique :

— « Tu as oublié, jeune homme, qu'il manque toujours des dents aux vieillard. »

Michel-Ange écouta cette observation sans mot dire, s'empressa de casser une dent à son Satyre, et pratiqua dans la gencive le vide qu'elle devait y laisser. Cette ingénuité de Michel-Ange amusa beaucoup Laurent, et dès ce moment il eut pour lui la plus grande affection.

Jules II l'appela à Rome et le chargea de faire un mausolée.

Michel-Ange se rendit à Carrare, où il présida à l'extraction des marbres nécessaires pour sa vaste entreprise. Transportés à Rome par mer, ils couvrirent la presque totalité de la place Saint-Pierre.

Ce travail gigantesque fut interrompu deux fois par des circonstances où la fierté de l'artiste se trouva blessée. La première, parce qu'on faisait attendre les ouvriers pour leur salaire. Michel-Ange, mécontent, monta au Vatican ; le pape n'était pas visible. Il rentra à son logis et les paya de son argent. Un autre jour, il se présenta de nouveau ; l'entrée lui fut encore refusée. Cette fois Michel-Ange fut si offensé, qu'il chargea un huissier de dire au pape que, quand il voudrait lui parler, il pourrait l'envoyer chercher ailleurs. Il vendit à l'instant son mobilier et partit pour Florence.

Cinq courriers furent expédiés par Jules II ; mais ni les menaces ni les prières ne purent l'ébranler. La lettre de Jules II ne contenait que ces mots :

— « Reviens ou je te chasse. »

Michel-Ange ne répondit que par un refus inébranlable.

Cependant le gonfalonier de Florence, Pierre Soderini, fit appeler Michel-Ange :

— « Sais-tu bien, lui dit-il, qu'un roi de France ne se serait pas comporté vis-à-vis du pape comme tu as osé le faire. Allons, retourne à Rome. Pour l'amour de toi, je ne veux pas exposer Florence à une guerre. »

Michel-Ange était sur le point de partir pour Constantinople pour bâtir un pont entre l'Asie et l'Europe. Il céda enfin aux instances de Soderini. La réconciliation entre le pape et l'artiste eut lieu à Bologne.

Quand Michel-Ange se présenta à lui, Jules II lui fit un accueil très-froid en lui disant :

— « Au lieu de venir à nous, tu as attendu que nous vinssions te chercher. »

Un évêque conciliant, mais maladroit, voulut venir en aide à l'artiste.

— « Il faut lui pardonner, dit-il au pape, ces gens-là n'en savent pas davantage. (Tali nomini son ignoranti e da quell' arte in fuora non vagliono in altro.) »

— « C'est toi qui est l'ignorant, répondit Jules II, déchargeant sa colère sur l'évêque, car tu lui dis une sottise que nous ne lui aurions pas adressée. (Ignorante sei tu, che gli dii villania, che non gliene diciam noi.) »

De retour à Rome, Bramante et Julien de Sangallo, poussés par la jalousie, persuadèrent au pape de charger Michel-Ange des peintures à fresque qu'il voulait faire exécuter sur la voûte de la chapelle Sixtine, espérant l'embarrasser par un genre de travail dans lequel il ne s'était pas encore essayé, et lui faire perdre la faveur du prince.

Michel-Ange, après s'en être vainement défendu, exécuta en vingt mois un travail qui fit l'admiration de tous les vrais connaisseurs, malgré le court espace de temps laissé à l'artiste pour l'accomplissement de son œuvre, et dans lequel la grandeur de ce génie original se montre dans toute sa force, plus que dans aucune autre de ses productions.

Au moment où Michel-Ange se disposait à reprendre le travail de son mausolée, le pape Jules vint à mourir. Il fut remplacé par Léon X, qui mourut bientôt après. Le nouveau pape, désirant doter sa patrie des merveilleuses productions du génie de Michel-Ange, le chargea de la construction de la façade de la bibliothèque Saint-Laurent. Ce fut avec le plus profond regret qu'il abandonna pour la seconde fois cet œuvre à laquelle il attachait sa gloire future pour se rendre à Florence. C'est pendant son séjour dans cette ville qu'il exécuta, sous Adrien VI, les fameuses statues de Moïse et du Christ pour le tombeau de Jules. Cette dernière fut placée plus tard dans l'église de la Minerve, à Rome.

Dans ce même moment, l'Italie était livrée aux plus grands désordres. Cette circonstance fournit à notre artiste l'occasion de mettre au jour un talent de plus. Il fut chargé, à titre d'ingénieur, des réparations et de la surveillance des fortifications de Florence, et tint en échec les Espagnols pendant un an. Le siège fut excessivement meurtrier; les Florentins eurent à subir de telles privations, que Michel-Ange lui-même, pour subvenir à ses propres besoins, fut obligé de vendre à vil prix des objets précieux. Tous les efforts de Buonarotti ne purent empêcher les Espagnols de s'emparer de la ville. Craignant pour ses jours, il alla se cacher dans un des villages voisins. Alexandre de Médicis, qui avait remplacé le gonfalonier, Pier Soderini, se conduisit en cette circonstance d'une manière digne d'éloges. Le pauvre fugitif avait été découvert dans sa retraite et conduit devant le prince. Il se crut perdu, et chacun regardait sa mort comme certaine; mais, à la grande stupéfaction de la cour, le prince fit quelques pas au-devant de l'artiste, le prit par la main, et, le faisant asseoir à côté de son trône :

— « Je punis le rebelle, s'écria-t-il, mais je récompense le talent ! »

Jamais, par la suite, il ne lui fit sentir qu'il avait souvenance des maux que lui avait causés le talent de l'ingénieur Michel-Ange.

Le pape Clément VII le rappela à Rome, et le chargea d'ajouter aux peintures qu'il avait exécutées dans la chapelle Sixtine celle du *Jugement dernier*. Agé de soixante ans, il n'entreprit qu'à contre-cœur ce dernier travail, qui pouvait nuire à sa réputation. Doué par la nature d'une grande profondeur de pensée, il s'était inspiré à la lecture des admirables descriptions du Dante, et, par l'étude non interrompue de l'anatomie, il avait acquis une connaissance intime des plus secrets mouvements des muscles. Il chercha à se frayer une route nouvelle par son travail, et s'efforça de surpasser ses prédécesseurs, par la force des contours, la hardiesse des mouvements et l'horrible de l'expression.

Encore sous l'impression des horreurs dont il avait été témoin et presque victime, soit à la prise de Florence, soit au sac de la ville de Rome par l'armée du connétable de Bourbon, Michel-Ange porta dans sa composition la mélancolie sauvage de son caractère. Son *Christ* est plutôt un Jupiter armé de sa foudre que le doux rédempteur du genre humain, que l'Agneau, que l'humble fils de Marie ; et les saints, les anges, les élus, semblent aussi effrayés, aussi furieux, que les réprouvés et les démons. Ces détails de ce grand poème ne sont point un blâme, mais une simple explication.

Cet ouvrage, de la conception la plus hardie et la plus grandiose, qui eût suffi pour rendre Michel-Ange immortel, n'a pas échappé à la critique à laquelle les acclamations de tous les amateurs, qui, depuis trois siècles, proclament le mérite de ce chef-d'œuvre gigantesque, sont une réponse plus que suffisante, et on peut s'écrier avec Vasari :

— « On peut s'appeler heureux quand on a vu un tel prodige de l'art et du génie. »

Cependant l'envie n'épargna pas notre célèbre artiste, et peu s'en fallut qu'elle ne fît disparaître cette œuvre immortelle. Le pape, influencé par un nommé Biagio, qui la trouvait tout au plus digne d'une salle de bain ou d'un cabaret, voulut la faire effacer ; ce ne fut pas sans peine qu'on obtint de lui de révoquer cet ordre. Michel-Ange s'en vengea en le condamnant à l'immortalité. Il le peignit sous les traits de Minos, au milieu des réprouvés, avec les oreilles d'âne de Midas et un serpent pour ceinture. Biagio cria à l'injure, et en appela au pape pour faire effacer sa figure

— « Dans quelle partie de son tableau t'a-t-il mis ? demanda le pape. »

— « Dans l'enfer, répondit Bagio furieux. »

— « Si c'eût été dans le purgatoire, on pourrait t'en ôter ; mais dans l'enfer, nulla est redemptio. »

Mais il était écrit que cet ouvrage incomparable ne devait pas passer intact à la postérité. A son tour, le pape Paul IV, par scrupule religieux, voulut faire disparaître les nudités exigées par le sujet lui-même. Il fit connaître ses désirs à Michel-Ange.

— « Allez dire au pape, répondit sèchement Buonarotti, qu'il s'inquiète plutôt de réformer les hommes, ce qui est moins facile et plus utile, que de corriger des peintures. »

Un peintre célèbre, Daniel de Volterre, fut chargé de ce soin sacrilége, ce qui lui valut le surnom de *Braghettone* (le culottier).

Les deux derniers tableaux remarquables de Michel-Ange

sont la *Chute de saint Paul* et le *Crucifiement de saint Pierre*, dans la chapelle de Saint-Paul.

En sculpture, il fit une *Descente de croix*, quatre figures d'un seul bloc de marbre.

On dit de son Cupidon en marbre qu'il est une imitation perfectionnée d'un autre Cupidon qu'il avait fait auparavant, et qu'il avait enterré après lui avoir cassé un bras, dans l'espérance de le faire passer un jour pour un morceau d'antiquité. La nature, même chez les plus grands génies, a ses faiblesses.

Sa statue de Bacchus est comparée, par Raphaël, aux chefs-d'œuvre de Phidias et de Praxitèle. Cette comparaison, faite par un juge si éminent, exempte de tout éloge.

En 1546, Michel-Ange entreprit encore l'achèvement de l'église Saint-Pierre. Il en corrigea le plan, et choisit la forme d'une croix grecque.

— « Comme autrefois Phidias, l'héritier d'Homère, couronnait dans Athènes, par le fronton du Parthénon, la poésie payenne, Michel-Ange, héritier du Dante, a couronné dans Rome la poésie chrétienne par la coupole de Saint-Pierre... Le Parthénon et Saint-Pierre sont deux monuments mortuaires où deux civilisations se sont noblement couchées pour un sommeil éternel. La Grèce et l'Italie sont mortes dans les bras de Périclès et de Léon X. (Les annotateurs de Vasari.)

Michel-Ange entreprit en outre différentes constructions, telles que celles du Capitole, du palais Farnèse et autres. Ses monuments se distinguent aussi par la grandeur et la hardiesse; mais on reconnaît son imagination vagabonde et déréglée dans les ornements et les détails, souvent trop surchargés, qu'il préférait aux ornements simples.

Ses poésies, qu'il considérait comme un simple délassement et un jeu de son imagination, renferment également des preuves incontestables d'un grand talent.

On peut juger, par la grande quantité de ses œuvres, combien sa vie fut active. Les journées n'étaient pas assez longues pour cette conception si féconde. Il consacrait une partie de la nuit au travail, et pendant ces veilles, afin d'avoir ses mouvements libres, il portait une lampe sur la tête.

Tel fut cet homme incomparable, qui, de son vivant, remplit le monde entier de son nom, et que la postérité la plus reculée considèrera comme le Roi des arts.

Michel-Ange mourut à Rome en 1564. Son corps fut transporté à Florence et fut déposé dans l'église de Saint Laurent, où il repose.

ANTONIO ALLÉGRI dit LE CORRÉGE

— 1475 —

Le Corrége est né à Corragio, ville du Modenais, en 1475 suivant quelques historiens, et selon plusieurs autres en 1494 : bien que, d'après Vasari, l'on ait souvent indiqué la première de ces dates, la dernière est généralement admise aujourd'hui comme reposant sur des données certaines. Du reste, on ne possède aucun document authentique sur l'origine d'Antoine Allégri, que chaque auteur a fait naître de parents riches ou pauvres, selon l'importance qu'il attachait à cette filiation, sans pouvoir appuyer son opinion sur des faits positifs. Mais, ce qui n'est aucunement contesté ni contestable, c'est sa supériorité dans une partie de l'art qui ne s'enseigne pas, la *grâce* ; chez lui, cette qualité si rare est native. Ce n'est pas dans l'étude de ses devanciers qu'il a puisé sa manière suave et grande, c'est à la nature elle-même que le Corrége a surpris le secret de ce charme indicible, que son pinceau moelleux a fondu dans ses œuvres, et dont le caractère particulier n'a jamais été reproduit par un autre émule. Antonio Allegri ne doit effectivement qu'à lui seul son admirable talent; il n'est guère présumable qu'il ait eu les maîtres qu'on lui attribue, car, bien qu'à l'âge où l'artiste s'abandonne aux inspirations de son propre génie, il tende naturellement à modifier, dans leur application, les leçons reçues, on en retrouve néanmoins des traces dans ses productions; et certes, ni le mode de composition, ni le faire de Laurent, de François Bianchi, ou d'André Montegna, ne se révèlent dans les nombreux travaux de celui qu'on prétend avoir été leur élève. Il paraît constant, en outre, qu'Antonio Allegri n'a point quitté Parme et la Lombardie, où il a laissé de si longs souvenirs, et qu'il n'a pu conséquemment profiter, ainsi que ses rivaux, des grands enseignements offerts à cette époque par les chefs-d'œuvre répandus dans Rome et dans Venise; ce que l'on a dit comme preuve contradictoire de cette énonciation, ne citant l'exclamation du Corrége à la vue d'un tableau de Raphaël : *Anch'io, son pittore!* (Et moi aussi je suis peintre!) ne peut s'entendre évidemment que d'un travail médiocre de Raphaël mis sous les yeux du Lombard luttant contre la misère avec la conscience de ses forces, et ne pouvant admettre une si grande inégalité de position dans une condition que, sans autre donnée, il devait juger au moins égale. Il n'y a pas le moindre doute qu'il ne se fût montré plus modeste devant les pages sublimes du Vatican, si c'eût été à Rome même que son noble dépit se fût ainsi manifesté. La grâce qui distingue si éminemment le pinceau du Corrége tient moins, comme dans les madones dues au crayon divin de Raphaël, à la pureté harmonique des linéaments qu'à la disposition de tons harmonieux, rendus plus doux encore par des demi-teintes, les liant les uns aux autres; aussi, les contours des formes obtenues par cette manière eurent-ils un certain vague invitant l'œil à s'associer au peintre pour les compléter à son gré. De là ce prestige enchanteur sous l'influence duquel on se trouve à l'aspect de l'*Antiope endormie*, où la magie de la couleur fait si bien oublier la difficulté du raccourci de ce beau corps, sans autre voile que le jour mystérieux qui le caresse en le modelant.

— L'une des plus gracieuses compositions du Corrége, en ce genre, *une Léda*, n'a pu parvenir jusqu'à nous. Transporté de Prague à Stockholm, ce tableau disparut par négligence, et ce ne fut qu'après la minorité de Christine, qu'ayant été retiré d'une écurie à laquelle il servait de volet, cette reine le sauva d'une destruction imminente en l'emportant avec elle à Rome; Christine y étant morte, le laissa, par testament, à don Livio Odescalchi. Ce legs passa des mains des héritiers de ce seigneur dans celles du Régent de France, le duc d'Orléans, et devint enfin la propriété du fils de ce prince. Ce dernier possesseur fit brûler la tête de Léda, dont l'expression pleine de volupté ne présentait à ses yeux qu'un scandale de plus. Cette belle peinture du Corrége n'est pas la seule que le duc dévot ait fait mutiler, il fit enlever également et détruire les têtes de Jupiter et d'Io dans le tableau de ce nom, et en fit lacérer la toile; ces précieux restes recueillis par Coypel, présent à l'exécution, furent vendus, à son inventaire, à M. Pasquier, député du commerce de Rouen, pour la somme de 16,500 livres. La tête de Léda a été restaurée par un homme presque inconnu, Desliens, et celles de Jupiter et d'Io par un nommé Collins.

— Le Corrége ne doit pas seulement à la suavité de son pinceau la haute estime acquise à ses productions; c'est lui qui le premier osa tracer des figures planant dans l'espace aérien des parois d'une coupole, et ne se développant aux yeux du spectateur que par l'entente si difficile des raccourcis.

Le dôme de la cathédrale de Parme offre l'une des fresques les plus remarquables qui soient sorties de la main de ce peintre. Le plafond de l'église de Saint-Jean-des-Bénédictins, représentant l'ascension du Sauveur entouré des douze apôtres, n'est pas moins bien traité sous le rapport du dessin, de la couleur et du modelé.

— Une riche ordonnance dans la composition, des draperies larges, de la vigueur autant que du charme et de la fraîcheur dans le coloris, des airs de tête où la finesse de l'expression s'unit à un ensemble ravissant par la grâce qui en coordonne toutes les parties, une sorte de mollesse indéfinissable qui saisit et enivre, telles sont les qualités dominantes du Corrége. Ses plafonds, *la Nativité, Jupiter et Io, Léda, Antiope endormie, saint Jérôme, le Mariage de sainte Catherine, la Madeleine, une Sainte Famille*, en fournissent de beaux exemples.

— Les dessins du Corrége sont en général au-dessous des créations de sa brillante palette; on en connaît peu.

— Le Corrégé est mort à quarante ans, en 1534, à la suite d'une fièvre causée par la rapidité avec laquelle il parcourut le chemin de Parme au lieu qu'il habitait. L'artiste célèbre, dont on paie si cher aujourd'hui les tableaux, s'était trop hâté de porter à sa famille indigente la monnaie de cuivre qu'il venait de recevoir pour prix d'une fresque où ressortait toute la grandeur de son génie.

On distingue parmi ses élèves, *Pomponio Allegri*, son fils, *F. Capelli, Ant. Bernieri, Fr. Maria Rondani, Michel-Angiolo Anselmi, Bernardo Gatti*, remarquable par la tendresse de son coloris, *Giorgio Gandini* etc., mais le plus remarquable fut *F. Mazzuoli*, surnommé *Le Parmesan*.

TITIEN VERCELLI

— 1477 —

Titien Vercelli, né à Cadore, dans le Frioul, en 1477, reçut les premières leçons de Gentile Bellini ; il passa ensuite à l'école de Giorgione, où il perfectionna son coloris, au point que son nouveau maître, jaloux de son talent, le congédia. Il se fit d'abord connaître dans le portrait, genre où il excellait, et, ayant parfaitement réussi à peindre plusieurs nobles vénitiens, le Sénat lui donna pour récompense un office de 300 écus de revenu. Sa réputation s'étant prodigieusement accrue, tous les souverains de l'Europe voulurent avoir leurs traits reproduits par lui. Titien fit le portrait de Paul III durant son séjour à Ferrare, où il fit la connaissance de l'Arioste. Une étroite amitié lia ces deux grands génies, devenus immortels l'un par l'autre : le Titien, pour avoir été chanté dans le *Roland furieux* ; l'Arioste, pour avoir été peint par le Titien. Puis il se rendit à Urbin pour y peindre le duc et la duchesse ; il fit aussi le portrait de Soliman II et ceux de Charles-Quint, qu'il peignit en Espagne, et de François Ier, qu'il exécuta pendant le séjour que ce roi fit en Italie ; on voit ce dernier au musée de Paris.

Titien ne borna pas ses travaux aux portraits, il peignit le genre historique d'une manière plus remarquable encore. Son génie est toujours grand et noble ; ses compositions, vives, animées, soumises aux formes de la nature ; ses attitudes simples, peut-être trop calquées sur les usages vénitiens ; ses airs de tête pleins de charme, de grâce et d'expression. Comme coloriste, Titien figure au premier rang. Sa touche est vigoureuse, fine, séduisante. Jamais peintre n'a produit des carnations aussi belles et aussi fraîches; il avait une manière de passer et de fondre ses couleurs l'une dans l'autre au point de leur donner l'apparence de la peau, jamais on ne s'aperçoit du travail de la main; voyez, pour preuve, sa *Danaé*, sa *Vénus couchée*, quelle entente parfaite des demi-tons ! Chez le Titien, il n'y a point de ton apparent, les carnations sont si bien fondues, qu'elles s'offrent aussi difficiles à imiter que le modèle vivant lui-même. Si, enfin, à toutes les beautés de ses tableaux d'histoire, on ajoute la vérité et l'expression du geste, l'élégance et la richesse des draperies, on aura une idée des grands ouvrages qu'il peignit à Venise pour sa patrie, et des tableaux de chevalet qu'il fit pour les souverains de l'Europe, qui les recherchaient avidement. Deux de ses plus magnifiques peintures sont le *Martyr de saint Pierre*, qui fut porté au Louvre sous le règne de Napoléon Ier, et le *Couronnement d'épines*, tableau conservé dans le même musée, et dans lequel éclate toute la vigueur, toute la magie de son pinceau. Là, nous remarquons encore *les Pèlerins d'Emmaüs*, œuvre d'une finesse de coloris extraordinaire et d'un savant clair-obscur; la blancheur ménagée de la nappe, qui couvre la table sur laquelle Jésus prend son repas avec les trois apôtres, est admirable.

Le clair-obscur est la base du coloris; mais il n'est pas le coloris lui-même. Titien et Corrége sont les deux maîtres qui ont le mieux entendu cette branche de leur art. Ce n'est que par des couleurs habilement rompues, et à la suite d'études longuement approfondies, que Titien a réussi à environner ses tableaux de ce charme séducteur, qu'il n'est donné qu'à l'homme de génie de saisir et d'épancher sur les masses. Cet artiste, si justement célèbre, considérait, dans la peinture, l'ombre comme un accident, absolument comme cela a lieu dans la nature, pendant le jour. On a observé que, pour arriver à rendre la magie que produit un corps dont une partie se trouve éclairée et l'autre dans l'ombre, il peignait d'abord les ombres des carnations fortement, à l'égal des parties lumineuses, et que, lorsqu'elles étaient bien sèches, il passait dessus un glacé, composé de couleurs légères et transparentes, qui laissaient apercevoir la première couche. L'emploi de l'huile a fait faire à cette partie de l'art des progrès que les anciens ne pouvaient soupçonner.

De retour à Venise, après cinq ans de séjour en Allemagne, Titien y exécuta plusieurs tableaux d'une manière tout opposée à celle qu'il avait suivie jusque-là; fait que Michel-Ange confirme dans ses narrations. Il ne fondait plus ses teintes; ses couleurs étaient vierges et sans mélange; aussi se sont-elles conservées fraîches et dans tout leur éclat. Plusieurs sujets de cette seconde manière décorent la galerie d'Orléans: tels que *Diane surprise au bain par Actéon*, *l'Éducation de l'Amour*, *la Maîtresse favorite du Titien*, probablement la belle Violante. On y voyait encore le tableau connu sous le nom de *Gazette du Titien*, représentant une jeune fille qui porte une cassette sur sa tête, et *Persée et Andromède*. Cette dernière peinture a dû appartenir au roi d'Angleterre, ainsi que le prouve la lettre dans laquelle il annonce son arrivée à Londres, accompagné du tableau de *Vénus et Adonis*, de *Danaé*.

— « Qu'il aura bientôt l'honneur de lui envoyer la poésie de *Persée et d'Andromède*, conçue d'une manière différente des autres, qu'il en sera de même de *Médée et Jason*, qu'il espère faire partir avec l'aide de Dieu. »

Sous la main de cet illustre peintre, chaque objet recevait l'empreinte de son caractère; son pinceau, tendre et délicat, a peint merveilleusement les femmes et les enfants. Si l'on a un reproche à adresser à son beau talent, c'est d'avoir péché souvent contre le costume, et d'avoir commis d'affreux anachronismes, en réunissant dans ses tableaux des personnages de toutes les époques. Nul ne l'a égalé dans le paysage. En général, les fonds de ses tableaux sont d'autant plus admirables, que l'effet soutient toujours la beauté des figures; et que, vigoureux, ils présentent toujours des aspects naturels, inimitables.

La France possède vingt-huit tableaux de ce laborieux artiste, qui peignit encore à l'âge de quatre-vingt-dix-huit ans. Les plus remarquables décorent les musées du Louvre et ceux dont j'ai parlé ; j'ajouterai *Tarquin et Lucrèce*, *Persée et Andromède*; un *saint Jérôme à genoux dans une grotte*, une *sainte Catherine*, appelée *la Vierge au lapin*, parce qu'on y voit ce petit quadrupède ; le *Concile de Trente*, peinture d'un faire simple et d'un coloris fin, produisant l'illusion la plus complète ; enfin *Jupiter Satyre, amoureux d'Antiope*, figuré dans un vaste paysage. Ce tableau, jadis magnifique, a, sous la main de maladroits restaurateurs, cessé d'être un Titien. On compte jusqu'à huit portraits de lui dans la même galerie ; tous représentent des personnages célèbres. La galerie d'Orléans, formée par le régent, lui devait trente de ses tableaux, plus magnifiques les uns que les autres. A ceux dont il a été fait mention comme chefs-d'œuvre de coloris, il faut citer la *Vénus Anadyomène*, figurée sortant de la mer et pressant ses longs cheveux ; cette peinture, d'une rare beauté, est plus connue sous le nom de *Vénus à la coquille*, à cause d'une coquille qui flotte sur la mer. Elle a été prodigieusement répétée par les peintres de son temps et par les modernes, ainsi qu'une *Vénus couchée*, qu'il peignit à Venise, et dont la beauté est citée dans toutes les cours de l'Europe. Cette même galerie possède huit portraits de ce maître : on y remarquait ceux de Clément VII, de Philippe II, roi d'Espagne, avec sa maîtresse, de l'empereur Othon et de Charles-Quint, à cheval, armé de pied en cap.

Après tant de travaux, l'immortel Vercelli devait laisser de grands biens à sa mort. Titien avait la réputation d'être avare ; la vérité de cette accusation semble prouvée par la lettre qu'il écrivit de Venise, le 5 août 1564, à Philippe II, roi d'Espagne, et dans laquelle il lui annonce l'envoi d'un tableau représentant la *Cène de Notre-Seigneur*, auquel il a travaillé, dit-il, pendant dix ans ; il supplie Sa Majesté catholique de lui en faire compter le montant le plus tôt possible ; il termine par ces mots :

— « Je suis obligé de me jeter humblement aux pieds de mon catholique souverain, suppliant sa piété de pourvoir à *mon infortune*, etc., etc. »

Une santé robuste, qu'il conserva jusqu'à l'âge de quatre-vingt-dix-neuf ans, sema de fleurs tous les instants de sa vie. Ce grand âge a fait dire à Voltaire :

« Que Dieu avait donné à Titien un à-compte sur son immortalité. »

Il mourut à Venise de la peste en 1576.

GIORGION BABBARELLI

— 1478 —

Barbarelli naquit à Castelfranco, dans la Marche Trévisane. Il fut surnommé Giorgione, à cause de sa haute taille, et peut-être aussi de son grand mérite comme peintre. Il fut également recherché par la noblesse vénitienne, à cause de sa belle voix et de son talent sur le luth. Mais Barbarelli dut plus spécialement sa réputation à l'empâtement vigoureux, au coloris ferme et puissant dont il a doté l'école de Venise, et qu'il transmit à son illustre élève, Sebastiano del Piombo, ainsi qu'à son émule Titien.

Élève de Bellini, il travailla avec une ardeur infatigable sous sa direction; mais son sentiment exquis sur la peinture ne tarda pas à lui faire surpasser son maître. La vue des ouvrages de Léonard de Vinci, qui se distinguaient par leur touche vigoureuse, lui fit bientôt abandonner le style timide et froid de Bellini, et, par ses grands effets d'opposition et de clair-obscur, il donna le premier l'exemple de cette manière large et vigoureuse, que l'école entière, vouée au culte du coloris, adopta après lui. C'est en ce sens que, quoique du même âge, mais plus précoce que le Titien, qui le prit pour modèle, il fût en quelque sorte son maître.

On voit à Florence quelques-uns des tableaux de ce maître éminent. Un *Moïse dans l'épreuve des charbons ardents*, un *Jugement de Salomon*, une *Allégorie mystique*, et le portrait d'un chevalier de Malte, d'une vigueur et d'une beauté merveilleuses; un *Moïse sauvé des eaux*, un *saint Jean* (demi figure), une *Nymphe poursuivie par un Satyre*, enfin un *Concert de musique*, sujet favori du maître. Ses deux ouvrages à l'Académie sont une *Tempête apaisée par saint Marc*, et le portrait d'un noble Vénitien. On reconnaît dans ces deux tableaux, qui distinguent ce grand maître, ampleur de contours, noblesse des draperies, empâtement profond, clair-obscur énergique, enfin la hardiesse et l'aisance vénitiennes, dont il est juste de le reconnaître comme l'inventeur. On doit vivement regretter, en voyant des œuvres d'un si haut mérite, que les fresques qu'il avait exécutées sur la façade de l'hôtel appelé Fondaco de' Tedeschi aient été détruites par l'incendie en 1504. On trouve encore dans le Palais Royal une *Descente du Christ aux limbes*.

Le Giorgion fut enlevé à ses nombreux amis à l'âge de trente-quatre ans, en 1511.

BALTHASAR PERUZZI

— 1480 —

Baltazar Peruzzi fut le créateur de la perspective pratique et de la décoration théâtrale des temps modernes. Né à Volterra en 1480, il vécut et mourut pauvre parce qu'il fut toujours inhabile à se faire valoir. La vue des œuvres de quelques grands artistes dont il faisait sa société, développèrent chez lui les heureuses dispositons dont la nature l'avait doué pour la peinture. La nécessité, d'ailleurs, ne lui laissait pas d'alternative. Orphelin dès son bas âge, il avait sa mère et sa sœur à nourrir; il étudia avec tant de courage et de persévérance qu'il se vit bientôt chargé de travaux lucratifs. Mais Peruzzi ne tarda pas à se livrer presque exclusivement à l'architecture. C'est dans cette nouvelle carrière qu'il se montre grandiose, élégant, riche, beau comme l'antique. Voici comment le peintre se fit architecte.

Un nommé Piétro, que le pape Alexandre VI employait à la décoration du Vatican, ayant fait à Volterra la connaissance de Peruzzi, l'amena à Rome dans l'intention de le faire participer à ses travaux; La mort du pape l'empêcha de donner suite à ce projet, et Baltasar se vit encore réduit à ses propres ressources. Heureusement qu'il fut chargé de fresques pour l'église Saint-Roch. Ces peintures firent sa réputation : il fut bientôt chargé d'exécuter à Ostie, en clair obscur, une grande bataille, dont toutes les parties, costumes, armures, sont rigoureusement reproduites d'après des modèles antiques.

Peruzzi étant revenu à Rome se livra à de profondes études en architecture qui appelèrent son attention sur une science fort négligée alors, la perspective. Les peintres ne s'en étaient pas occupés, parce que le peu d'étendue de leurs compositions ne leur en avait pas fait sentir la nécessité. Tout ce qui avait été fait dans ce genre était théorique. Peruzzi réduisit la théorie à la pratique et allia cette science à l'architecture en créant un nouveau genre, l'architecture feinte, qu'il porta à son dernier degré de perfection. Titien, conduit par Vasari au palais de la Farnesina, fut tellement trompé par le relief apparent des ornements et des profils peints, que, quoique averti par son guide, il demanda une échelle pour désenchanter sa vue par le toucher. Cette impression est éprouvée encore par tous ceux qui visitent les lieux. Ce qui contribua à conduire Peruzzi à ce haut degré d'habileté, ce furent les nombreux travaux de décoration dont il fut chargé, entre autres à l'occasion des fêtes données à Julien de Médicis, et pour la comédie de Bibiena, intitulée *la Calendra*, que Léon X fit représenter devant lui. Encore ici, l'artiste va si loin qu'il ne laisse plus rien à faire. Voici ce que dit Vasari à ce propos.

— « Balthasar, dit-il, s'acquit d'autant plus d'honneur par ses décorations de théâtre que cet art n'était pas encore connu, vu la désuétude dans laquelle étaient tombés le talent et le goût de la poésie et de la représentation dramatique. Mais les décorations dont il s'agit, pour avoir été les premières, ne furent pas moins le modèle et le régulateur de celles qu'on fit depuis. On a peine à concevoir avec quelle habileté notre décorateur, dans un espace si resserré, put représenter un si grand nombre d'édifices, de palais, de portiques, d'entablements, de profils, tout cela d'une telle vérité qu'on croyait voir les objets réels, et que le spectateur, devant une toile peinte, se croyait transporté au milieu d'une place véritable, tant l'illusion était portée loin. Balthasar sut aussi disposer pour produire ses effets, et avec une admirable intelligence, l'éclairage des châssis, ainsi que toutes les machines qui ont rapport au jeu de la scène. »

L'une des premières et des plus remarquables des œuvres architecturales de Peruzzi fut le palais de la Farnesina ou petit palais Farnèse, construit d'après les ordres du prince Augustin Chigi. Cet édifice, quoique dégradé, quoique ayant perdu la plupart des ornements de détail qui l'embellissaient, est encore un des plus gracieux édifices de Rome. Peruzzi exécuta ensuite la porte du beau couvent de San-Michele-in-Bosco, hors des murs de Bologne : La cathédrale de Carpi fut élevée sur ses dessins, ainsi que l'église de San-Nicolao dans la même ville. Il n'acheva cependant pas ce dernier édifice.

La mort du Bramante ayant exigé que l'on nommât un architecte pour continuer les travaux de saint Pierre de Rome, Léon X choisit Peruzzi, auquel il demanda de nouveaux plans, dont Serlio nous a conservé les dessins. Peruzzi poursuivait ses travaux, lorsque la ville éternelle, saccagée par les soldats du connétable de Bourbon, semblait devoir s'abîmer en un immense monceau de ruines : tous les artistes fuyaient éperdus. Peruzzi courut les plus grands dangers. Des soldats l'ayant rencontré hors de l'enceinte de Rome, et le prenant pour quelque grand personnage, l'accablèrent de coups et d'outrages, afin de lui arracher une rançon. Ce fut à grande peine qu'il parvint à se faire reconnaître pour un pauvre peintre. Les soldats l'amenèrent alors devant le cadavre du connétable, tué à son entrée dans Rome, et ne lui rendirent sa liberté qu'après l'avoir forcé de faire le portrait de leur général. Peruzzi s'éloigna de ces lieux de désolation et se dirigea vers Sienne, où il arriva dépouillé et dans le plus piteux état. Peruzzi revint quelque temps après à Rome, où il commença son chef-d'œuvre laissé inachevé, *le palais Masimi*.

Le musée possède de lui un tableau représentant la *Vierge qui couvre d'un voile l'enfant Jésus endormi.*

Peruzzi, mourut en 1536, à 56 ans, dans toute la force de l'âge et du talent. Le bruit courut qu'il avait été empoisonné, mais rien n'autorise cette supposition. Il repose au Panthéon à côté de Raphaël.

RAPHAEL SANZIO

— 1483 —

Né à Urbin, dans les états de Rome, de parents peu connus, la vie de Raphaël Sanzio est renfermée, jour pour jour suivant le comput ecclésiastique, entre les années 1483 et 1520. Ce fut un vendredi saint que ce grand homme ouvrit la première fois, et qu'il ferma pour jamais les yeux à la lumière. Cette double date serait-elle un hommage rendu par le ciel lui-même au talent qui s'immortalisa en reproduisant les douleurs du Christ avec un succès trop difficile à expliquer, s'il n'avait tenu de l'inspiration ?

Raphaël n'a dû son immense renommée qu'à son pinceau ; mais de combien de parties diverses a dû se former un talent parvenu à cette élévation ! Que de connaissances des diverses littératures, de physiologie, d'histoire, de perspective, de morale, et des effets sensibles de l'ombre et de la lumière, ont dû être amassées avant de venir briller avec autant d'éclat sur la toile !

Le gracieux Raphaël Sanzio d'Urbin, avait dit Vasari au début de sa biographie, offre une des preuves les plus éclatantes de la munificence du ciel, qui se plaît parfois à accumuler sur une seule tête des grâces et des trésors qui suffirent à la gloire de plusieurs...... De tels hommes ne sont pas des hommes, mais des dieux mortels.

« Si l'on veut comparer Raphaël aux autres maîtres, ajoutent les annotateurs de Vasari (Jeauron et Leclanché), on le trouvera le plus grand, parce que lui seul a rapproché autant de la parole son art muet. Les autres impressionnent et font penser par le spectacle qu'ils exposent; mais Raphaël parle, et l'on croit entendre la plus harmonieuse et la plus persuasive des langues...... Il n'est pas subtil, impénétrable, comme Léonard ; il ne vous renverse pas, comme Corrége; il n'a pas la magie du Titien, le faste de Veronèse ou du Tintoret, l'éclat de Rubens ou de Murillo.... Il combat comme l'Apollon antique, sans laisser voir ni colère ni effort. »

Les circonstances relatives à la carrière de l'homme privé, chez le peintre d'Urbin, se retrouvent partout. Il n'y a pas de biographie qui, avec plus ou moins de critique, ne les ait recueillies. Tous disent que, favorisé des grâces du corps, il fut l'artisan de sa fortune ; que la douce harmonie qui régnait dans l'ensemble de ses traits annonçait celle de son âme (particularité attestée par son portrait, qui a reçu de sa propre main un caractère d'une grande élévation, sans perdre celui d'une candeur virginale); que, de l'école du Pérugin, il fut appelé à Rome par son oncle Le Bramante, architecte de la fameuse basilique à l'achèvement de laquelle tant de grands artistes concoururent; que la protection de deux papes, Jules II et Léon X, lui procura les moyens de perfectionner son talent; qu'il eut trois manières, et que la dernière fut la meilleure; que les travaux du Vatican furent dirigés par lui, et souvent exécutés sur ses dessins; que la beauté des femmes eut de l'empire sur ses sens, et sans doute, sur son cœur; que, pour le contraindre à terminer une des fresques du palais Farnèse, dont il était trop distrait par les soins de son amour, il fallut lui permettre d'y loger sa maîtresse.

En supposant le talent de Raphaël parvenu à sa maturité

en 1506, la carrière du plus grand des artistes qui aient dans leurs œuvres une trace lumineuse de leur passage ici-bas, s'est écoulée dans la limite étroite de quatorze ans. On a peine à comprendre, que, pendant ce peu de jours, partagés encore entre de fortes études et des plaisirs qui ne manquèrent pas de vivacité, tant de chefs-d'œuvre aient été conçus, entrepris et conduits à leur terme. De quelle puissance d'exécution ne fallait-il pas que fût doué ce jeune homme, qui, à peine sorti d'une école, fondait la plus célèbre de toutes, et imprimait à la peinture un caractère que les autres maîtres essaient en vain de faire revivre aujourd'hui ? Le seul recueil des estampes, assemblées vers le milieu du siècle suivant par l'abbé de Marolles, en contenait 740, gravées d'après Raphaël, et le burin n'avait pas encore reproduit la moitié des sujets traités par cet artiste.

C'est du simple trait de quelques figures esquissées sur de la faïence, dans un atelier obscur, qu'il arriva aux sublimes poëmes de *l'Ecole d'Athènes*, *de l'Attila* terrassé dans son orgueil par un prêtre (Léon Ier), du supplice *d'Héliodore*, *de la Galathée* du palais Farnèse, et de *la Transfiguration* ! Ces belles scènes de la vie animée vinrent enchanter les regards, sans que d'autres pas eussent frayé la route où marchait le jeune Sanzio avec une sorte de majesté.

Le trait caractéristique du génie de Raphaël est qu'il peignait, comme avec une tête bien organisée on pense sans effort, comme on s'explique et l'on raisonne dans un cercle où une société choisie est admise. C'est un récit noble, touchant ou gracieux, et quelquefois riche de ces trois qualités, auquel il se livre à l'aide de sa palette, ainsi qu'un poëte, sous le souffle de l'inspiration, le retracerait dans un style plein de cette magie qui rend les actions présentes. Il est aussi bien maître de ses crayons que Pergolèse et Cimarosa le sont des consonnances harmoniques, que leurs doigts habiles semblent enchaîner en frappant sur les touches d'un clavier. Quel dessin fut jamais aussi correct et plus coulant? N'éprouve-t-on pas une secrète satisfaction alors que l'œil en suit les contours? Tout est expression dans ses figures. La belle, la noble antiquité revit dans ses tableaux ; elle y gagne même un accroissement de ce sens moral qui, dans les œuvres des Phidias et des Praxitèle, lui communique tant de charmes. C'est à la poésie de la religion chrétienne que Raphaël a emprunté celui-ci.

En vous invitant à contempler les douleurs de *l'Homme-Dieu* dans *le Christ du Spassimo*, il vous permet d'interroger la pensée éternelle sur les destins de l'humanité entière, et il vous initie à ce grand secret de la nouvelle alliance qui, par expiation, dans la mort d'un juste, a trouvé son accomplissement. Mais vient-il à placer l'enfant céleste entre les bras de la femme surnommée le *Vase d'élection*, il vous émeut et vous demande en même temps du respect : comme de cette double impression il résulte une harmonie d'un style à la fois suave et sublime ! comme toutes les cordes sympathiques frémissent au cœur des mères ! Marie, on le voit bien, est devenue participante de son ineffable maternité ; Marie en aurait l'orgueil si, de Bethléem ou de la solitude d'Égypte, Golgotha ne lui apparaissait en perspective. Il y a de l'amour dans ses yeux quand elle les abaisse sur le Nazaréen, et cet amour est plein de dignité. Il y a de l'avenir dans ses regards quand elle les dirige vers le ciel, et cet avenir également est plein de mélancolie et de résignation.

Cette supériorité d'exécution est si positive, que Raphaël a ôté aux artistes qui viendront après lui le droit de peindre des *Vierge*, à moins qu'ils ne les conçoivent dans la même pensée ; car c'est bien de lui, et de lui seul, qu'on peut dire que, transformant en réalité effective la parole de l'ange annonciateur, il nous les a montrées *pleines de grâce*. « Il réhabilita, comme dit M. Audin dans son histoire de Léon X, la forme à force d'idéalisation et fit resplendir le phénomène visible sans tomber dans le naturalisme, quand il faisait de la peinture chrétienne. »

Et ses *Vénus*, ses *Psyché*, ses *Galathée*, ses *Nymphes*, ne sont-elles pas les déesses et les beautés juvéniles que l'imagination d'une société naissante avait enfantées avec délices sous le beau ciel de la Grèce? Qui oserait entrer en lutte avec le peintre des *Heures*? Raphaël crut que la beauté réelle, la beauté parfaite est dans la nature. Aussi il ne s'égara pas à la recherche d'une beauté de convention. Dans l'imitation de la beauté véritable, il consentit bien à prendre les anciens pour maîtres de ses études ; ce fut ailleurs qu'il trouva ses modèles, et il apprit seulement de ses devanciers à les discerner et à les choisir. De la sorte, il s'appropria jusqu'à ses réminiscences. Voilà ce qui fait que, dans tout ce qui est sorti du pinceau de Raphaël, il existe une vérité telle que l'on est tenté de dire :

« Cela a eu vie : femme, cela a charmé par son regard, par ses formes, par son attitude, ou par sa simple démarche ; homme, cela a pensé et a eu une volonté ferme. » Cette condition remplie est le cachet, ou plutôt la pierre de touche du talent, et c'est à ce signe que vous reconnaîtrez partout le peintre d'Urbin. Une autre preuve de la mission à laquelle il fut appelé dès sa naissance, c'est qu'aucun de ses ouvrages ne porte la dure empreinte du travail. Admis au secret de sa courte destinée, on dirait volontiers que, pour tromper celle-ci, il s'est hâté de les produire ; on serait même tenté de croire qu'ils lui ont fort peu coûté. Les tableaux du fondateur de l'école romaine sont de tous les temps ; quelques-unes des tragédies de Racine, bien que les sujets en soient pris ailleurs, datent trop ouvertement du règne de Louis XIV. Aussi ce serait surtout avec le chantre d'Énée qu'il serait permis de comparer le peintre d'Urbin! Le favori de Léon X a eu une autre conformité avec Virgile ; c'est que tous les deux on péri à la fleur de l'âge.

Leur muse, car c'était sans doute la même, avant leur trépas fit également entendre le chant du cygne. Dans les derniers soupirs de l'un, elle a murmuré les beaux vers de l'*Enéide*, ainsi que dans le magnifique tableau de la *Transfiguration* de l'autre elle a produit des accords dignes d'être répétés dans les cieux.

Par suite de ce plaisir secret que les hommes trouvent à se venger des éloges qu'on leur arrache, les contemporains de Raphaël, après lui avoir reconnu le mérite éminent du dessin, de l'expression et de la composition, attaquèrent son coloris. Plusieurs tableaux de chevalet de Raphaël sont connus; sa *Transfiguration* a été pendant plusieurs années sous les yeux du public. « Il y a dans cette peinture, dit Vasari, des figures si belles, des têtes d'un style si neuf et d'un caractère si varié, qu'elle a été regardée avec raison, par tous les artistes, comme l'ouvrage le plus admirable qu'ait produit le pinceau de Raphaël.... Il y rassembla tout ce que son art pouvait enfanter de plus beau et de plus merveilleux. Ce fut la dernière et la plus sublime de ses créations.

» Bienheureuse ton âme, ô Raphaël, s'écrie-t-il ; le monde entier se prosterne devant tes œuvres. Et la peinture ! que n'est-elle descendue dans la tombe après toi ! Lorsque tu fermas les yeux, pour elle aussi s'éteignit la lumière. »

Sa *Sainte Famille* est encore au Louvre, et on se demande quels sont les ouvrages modernes qui, après avoir subi les attaques de trois siècles, brilleront de cette même force de touche et de cette harmonie de couleurs! Cinq talents qui n'ont été ni surpassés, ni même égalés, florissaient à la fois au commencement du xvie siècle, Léonard de Vinci, Titien, Corrège, Michel-Ange et Raphaël. La postérité, toujours juste, a distribué les places entre ces maîtres. Pour avoir obtenu la première, pour la conserver, il faut croire qu'il l'avait méritée.

Jules Romain fut son élève le plus remarquable.

ANDRÉ DEL SARTO

— 1488 —

André del Sarto naquit dans la ville de Florence en 1488. Son père exerçait la profession de tailleur, ce qui lui fit donner le sobriquet d'*Andréa del Sarto* (André du tailleur); dans la suite, et comme peintre, il eut une autre surnom, celui d'*Andréa senza errore* : son nom de famille était Vannuchi. A l'âge de huit ans, il savait lire et passablement écrire : ce fut à peu près toute l'éducation que put lui donner sa famille, qui était pauvre, et ne voulait faire de lui qu'un ouvrier.

On le plaça donc chez un orfèvre en apprentissage; cette profession était d'autant plus du goût d'André, dans le principe, qu'elle exigeait une certaine connaissance du dessin; il se livra passionément à cette étude préliminaire en attendant que ses forces physiques lui permissent de manier les marteaux : mais en quelques mois, il sut composer des ornements, et les rendre avec une si remarquable précision, qu'on le laissa de préférence s'appliquer à ce genre de travail. Son maître était dans une telle admiration d'un pareil apprenti, qu'il ne put s'empêcher de montrer ses dessins à un de ses amis nommé Jean Barile, qui était peintre d'enseignes et sculpteur sur bois. Ce dernier devina la vocation d'André pour les beaux arts et résolut de mettre à profit le talent précoce qu'il avait déjà. Il l'engagea à venir prendre des leçons de peinture dans son atelier. Mais, au grand désappointement du maître, l'élève devint trop habile, si bien qu'un jour il le laissa en plan pour entrer chez Roselli ou Pier di Cosimo, qui était en grande réputation à Florence. Ce n'était pas encore le maître qu'il fallait à André del Sarto. Il ne tarda pas à s'en apercevoir.

Il découvrit un jour, dans une des salles publiques d'un palais de Florence, des cartons de Michel-Ange et de Léonard de Vinci : à dater de ce moment, Pier di Cosimo fut oublié, et André n'eut plus d'autres maîtres que Michel-Ange et Léonard, d'autres modèles à suivre que leurs ouvrages.

André, qui vivait au jour le jour, avait peint à fresque une *sainte Famille* pour le couvent des frères servites de l'annonciade; il n'avait reçu de ces moines, pour prix de son œuvre, qu'un sac de blé : ce fut sans doute pour rappeler cette circonstance qu'il peignit le *Saint-Joseph* qui figure assis sur un sac.

André del Sarto ne s'abandonna pas à des illusions chimériques, il envisagea d'un coup d'œil tout ce qui lui restait à apprendre pour devenir un maître, et, gardant au fond de son cœur un discret espoir, il travailla encore quelques années pour les couvents de sa ville natale; après quoi il partit pour Rome. Ce fut là seulement qu'il connut toute la valeur de son talent. Il subit l'influence du génie de Raphaël, mais sans perdre son originalité; plus que jamais il rechercha la correction du dessin, mais il n'oublia pas ses qualités de coloriste.

André se maria quelque temps après avec une jeune veuve florentine. Ce mariage fut la source de tous ses malheurs. Coquette autant que belle, elle aima le monde; pour satisfaire ses goûts, il lui fallait de l'argent. André se condamna à travailler nuit et jour pour soutenir le train de vie ruineuse que menait sa femme; l'état de ses affaires ne tarda pas à en souffrir.

Dans un état voisin de la misère, André se rappela alors les propositions flatteuses qui lui avaient été faites de la part de François Ier et qu'il avait refusées. Il se décida donc à venir en France. Précédé par sa réputation, il reçut un accueil honorable de la cour et fut comblé d'honneurs et de présents. Mais le pauvre artiste, dévoré d'ennuis, et désormais peu sensible aux séductions de la gloire et de la fortune, après avoir fait quelques tableaux pour se montrer reconnaissant des bienfaits de son royal Mécène, manifesta le désir de revoir sa patrie. Il lui fut permis de repasser les Alpes, à condition qu'il hâterait son retour ; il fut en outre chargé d'acheter en Italie, pour le cabinet du roi, des tableaux et des antiques ; on lui confia une somme d'argent considérable qui devait servir à ces acquisitions et subvenir aux frais de son voyage. A la vue de ces masses d'or qu'elle croyait intarissables, sa femme recommença ses dépenses extravagantes : André avait un caractère si faible qu'il oublia ses engagements et laissa dissiper l'argent dont il devait rendre un compte exact à son retour en France. Quand ses ressources furent à peu près épuisées, il voulut arrêter le désordre qui régnait autour de lui, mais il n'était plus temps, il se vit déshonoré, ruiné. Un travail opiniâtre put seul le sauver du désespoir. Encore dans toute la force de son talent, il essaya de réparer sa faute en peignant des tableaux pour le roi de France, mais il déploya en vain tout son génie dans un chef-d'œuvre que François Ier ne voulut ni accepter, ni voir. C'était un *sacrifice d'Abraham,* aujourd'hui au nombre des meilleurs tableaux de Dresde.

André ne se consola pas d'avoir été, par faiblesse de caractère, un malhonnête homme, et n'osa plus sortir de la Toscane, où sa réputation prit un immense développement. Ses compatriotes eurent en si grande estime ses œuvres que, pendant leurs guerres civiles, ils s'entendirent pour préserver du feu les peintures de sa main qui décoraient le monastère de Saint-Salvi, lors même que l'on n'épargnait ni les églises, ni les choses sacrées.

André del Sarto laissa une quantité considérable d'ouvrages

du plus grand mérite dont la nomenclature serait trop longue. On cite particulièrement une répétition du *Christ enseveli par sa mère, saint Jean, la Madeleine*, qu'il fit pour le couvent de Lugo in Mugello, et qui fut transporté dans la galerie de Florence. La *Tribuna* possédait de lui une *Madone*, qu'il a représentée sur un piédestal entre saint François et saint Jean l'Evangéliste : c'est un des plus parfaits ouvrages de ce peintre éminent, où l'on peut admirer, d'une part, la composition toujours harmonieuse, l'expression des têtes, la grâce des attitudes ; de l'autre, la finesse du pinceau, la transparence des couleurs, et la merveilleuse perfection du clair-obscur. Le palais Pitti possède son *Christ au tombeau*, grande composition, et du plus haut style, sa *Dispute de la Sainte-Trinité* que l'on considère comme son plus beau titre de gloire, deux *Sainte Famille* fort estimées, deux *Assomption* et enfin deux *Annonciation*. Au palais Borghèse à Rome on trouve deux *Sainte Famille*, dont l'une surtout est digne du palais Pitti. Le palais Doria enfin renferme son précieux portrait en profil de Machiavel, avec cette légende : *historiarum scriptor*. Notre Musée du Louvre possède aussi quatre de ses tableaux : la *Charité*, qu'il peignit sur bois pendant son séjour en France, deux *Sainte Famille*, une *Annonciation*.

André del Sarto mourut à la fleur de l'âge, en 1530, poursuivi par le remords de la faute qu'il avait commise, et dans un complet abandon. Il avait à peine 42 ans.

Parmi les élèves les plus remarquables d'André del Sarto, on cite le Pontormo, ainsi nommé du lieu de sa naissance, et le Franciabigio, qui fut un de ses plus ardents imitateurs.

FRANÇOIS PRIMATICE

— 1490 —

Primatice, issu d'une famille noble, naquit à Bologne en 1490. Il fit ses premières études dans l'atelier d'Innocenzio da Immola, qui excellait à contrefaire les ouvrages de Raphaël; puis il travailla sous Bagna Cavallo, ou Ramenghi, disciple du grand maître.

Le faire de Primatice appartient plus à l'école florentine qu'à celle de la Lombardie, sa patrie. Son dessin est généralement peu correct et toujours maniéré; une imagination ardente et féconde lui a fait produire des sujets spirituels et gracieux. Dans ses tableaux comme dans ses dessins, la pose des femmes est incertaine, et leurs attitudes ont un laisser-aller qui inspire la volupté. Drapées, elles le sont légèrement et avec goût; quant aux hommes, ils n'ont ni caractère ni énergie.

Primatice avait la réputation d'exceller dans l'art de peindre les stucs, genre de décoration dont François Ier désirait orner son château de Fontainebleau; il vint donc en France sur l'invitation de ce monarque en 1531, avec la permission et la protection du duc de Mantoue.

Quand Primatice arriva à Paris, François Ier lui donna l'abbaye de Saint-Martin de Troyes, d'où il prit le surnom d'abbé de *Saint-Martin*. En voyant à Fontainebleau les bâtiments et les riches décorations de maestro Rosso, autrement maître Roux, qui avait la surintendance des bâtiments du château de Fontainebleau, le peintre bolonais conçut une si violente jalousie que le roi se vit obligé de les séparer. Il envoya Primatice en Italie avec la mission de rechercher bon nombre de figures antiques et d'en faire l'acquisition. Maître Roux étant mort, Primatice revint en France en 1541 avec 525 statues antiques, quantité de bustes, et les creux de la colonne Trajane, de Laocoon, de la Vénus de Médicis, de la Cléopatre et des plus célèbres figures ; toutes ces figures furent jetées en bronze par le célèbre sculpteur Benvenuto Cellini et placées à Fontainebleau. En 1792, la convention nationale ayant fait venir ses bronzes à Paris, les fit placer dans le jardin des Tuileries, où le Laocoon se voit dans le parterre de l'Empereur au pied du château.

A l'époque du premier voyage que Louis XVI fit à Fontainebleau, après son avènement au trône, le Château fut complètement réparé. L'intendant des bâtiments donna la restauration de ces peintures à un membre de l'académie, nommé Beaufort ; mais comme cet homme ne comprenait ni le style, ni le faire de Primatrice, il dégrada ses tableaux. Le bolonais avait aussi orné de peintures à fresque un grand salon dans lequel il avait déployé toute la vigueur de son génie. Il y avait représenté l'assemblée des dieux. Ces peintures, belles, riches, gracieuses, ayant été détériorées par le temps, et plus tard, par les soldats russes, prisonniers de guerre qu'on y avait casernés sous le règne de Napoléon Ier, Louis Philippe voulut qu'on en fît la restauration à l'encaustique, d'après les procédés de M. Mentabert. Par ses ordres, le château de Fontainebleau fut restauré avec le luxe et la magnificence du xvie siècle. Cette restauration remarquable est due à M. Dubreuil, architecte, et celle des peintures à nos plus habiles artistes du jour.

Primatice vivait plus en courtisan qu'en peintre, et comme

il excellait dans la composition des fêtes, des tournois, des mascarades, des ballets et des comédies, il était continuellement employé par la cour, et s'occupait rarement de peinture. Aussi notre musée possède-t-il fort peu de ses ouvrages : les œuvres de son génie sont à Fontainebleau, mêlées à celles de maître Roux. Il mourut à Paris, en 1570, à l'âge de quatre-vingts ans.

JULES ROMAIN

— 1492 —

Jules Romain, dont le véritable nom est Jules Pippi, naquit à Rome en 1492. Il fit, dès son enfance, une étude particulière des médailles et des antiquités, et Raphaël le fit son légataire conjointement avec *il Fattare*, un autre de ses élèves.

Jules surpassa bientôt tous ses condisciples, et, n'ayant pas eu d'autre maître que Raphaël, il ne tarda pas à utiliser son talent pour l'aider dans l'exécution des travaux immenses dont il était chargé au Vatican. Lors de la mort de ce grand peintre, en 1520, Jules, avec l'aide de François Penni, continua les travaux commencés par son maître. En 1523, il fut chargé, par le pape Clément VII, de peindre, dans la salle de Constantin, les grandes fresques dont Raphaël avait laissé les dessins; il fit celles représentant l'allocution de Constantin à son armée, lors de l'apparition du *labarum*, et la bataille dans laquelle Constantin fut victorieux de Maxence, sur les bords du Tibre.

Jusqu'à cette époque, Jules Romain n'avait été considéré que comme le disciple habile d'un maître plus habile encore; mais il fit voir alors qu'il pouvait se passer de guide, et, s'il perdit un peu de la grâce que possédait Raphaël à un si haut degré, il ne cessa pas d'être grand, noble majestueux et profond dans ses compositions comme dans son style. Il peignit plusieurs madones pour divers couvents, une flagellation de Jésus-Christ pour l'église de Sainte-Praxède. Son chef-d'œuvre est un martyre de saint Etienne, qu'il fit pour Mathieu Ghiberti, dataire du pape. Ce tableau se voit au musée de Turin, où il fait l'admiration des connaisseurs.

La renommée de Jules Romain ayant pris un grand accroissement comme peintre et aussi comme architecte, il fut appelé par Frédéric de Gonzague, alors marquis de Mantoue, et chargé par lui de l'exécution des grands travaux que ce prince avait pris la résolution de faire faire, pour l'embellissement et l'assainissement de la ville.

Ces motifs devaient être suffisants pour déterminer Jules Romain à quitter Rome. C'est donc à tort que Vasari a cherché à faire penser qu'une cause peu honorable avait forcé notre artiste à sortir de la ville pour éviter la prison. On a prétendu : tantôt, qu'il avait fait des figures obscènes destinées à accompagner certains sonnets de l'Arétin ; tantôt, que le poète avait fait ces vers pour être placés au bas de figures faites par le peintre; tantôt, enfin, que ces postures avaient été gravées par Marc-Antoine. Toutes ces assertions manquent de fondement, et la preuve c'est qu'on n'a jamais retrouvé, malgré toutes les recherches que l'on a pu faire, une seule de ses estampes.

Un des travaux les plus importants que Jules ait eu à faire est ce magnifique palais du T, dont l'architecture et les peintures sont également admirables. C'est là que, donnant l'essor à son imagination, il créa une foule de tableaux, dans lesquels on ne sait ce qui doit le plus étonner, où de la fécondité de son génie, ou de la facilité de son exécution.

Plus tard, il eut à peindre, dans le palais de Mantoue, une galerie où il représenta l'histoire de la guerre de Troie. Il fit aussi des tableaux, parmi lesquels on doit citer *l'Adoration des bergers*. Après avoir appartenu à divers seigneurs, elle est venue dans la galerie du Louvre où on peut l'admirer. En 1540, Jules alla à Bologne où il donna le plan d'une nouvelle façade de l'église de sainte Pétrone. Il eut sans doute été nommé architecte de Rome, si sa santé ne se fût dérangée à tel point, qu'il succomba peu de temps après, le 1ᵉʳ novembre 1546, à l'âge de 54 ans.

POLIDORE CALDARA dit LE CARAVAGGE

— 1495 —

Polidore Caldara dit le Caravagge naquit dans le Milanais dans l'année 1495. Il était encore jeune lorsqu'il se rendit à Rome où il servit d'abord, comme manœuvre, les maçons qui travaillaient au Vatican. Son penchant naturel pour les beaux arts lui fit admirer les œuvres des grands maîtres de la peinture qui ornaient ce superbe édifice. Enfin, un jour qu'il regardait travailler Jean Udine et les autres maîtres occupés dans les loges, il fut frappé des merveilles exécutées par leur pinceau. Le génie des arts s'éveilla en lui comme un jet de flamme ; il ressentit un grand désir de devenir peintre. Il quitta donc son humble profession pour se livrer à l'étude de la peinture.

Il se lia d'abord étroitement avec Mathurin de Florence qui l'aida de ses conseils. Caravagge le surpassa bientôt et s'appliqua sans relâche à la perfection de son dessin, en prenant les antiques pour modèles. Raphaël l'employa dans les galeries du Vatican, et, sous les yeux de ce grand maître, il peignit d'excellentes frises.

Il se rendit ensuite à Venise où il étudia le Giorgone. Les œuvres de ce grand coloriste frappèrent d'abord son imagination et il en adopta la manière. Mais le rôle d'imitateur ne pouvait pas longtemps convenir au caractère fougueux et ambitieux du Caravagge. Il se posa lui-même en réformateur et se créa une manière qui lui acquit une immense réputation. On poussa l'admiration jusqu'à l'appeler le créateur d'une nouvelle école.

Mais l'opposition ferme d'Annibal Carrache et du Dominiquin, qui restèrent fidèles à la correction du dessin et à la noblesse des pensées, ne tarda pas à renverser l'idole devant laquelle tout semblait s'agenouiller.

A Messine, le Caravagge acheva un tableau à l'huile, représentant le Christ sur la croix, et dans lequel on remarque de fort belles figures : ce tableau prouve qu'il était capable de traiter les sujets les plus élevés.

Il approcha plus qu'aucun autre du style et de la manière des anciens, principalement dans l'imitation des bas-reliefs. Ses figures sont correctes et bien groupées, les positions sont naturelles, les têtes pleines d'expression et de caractère. Il maniait le clair-obscur avec supériorité et particulièrement celui qu'on nomma *sgraffito*. Il montra aussi beaucoup de talent comme paysagiste.

Le Caravagge a laissé un grand nombre de tableaux dans lesquels il fit preuve du plus grand talent : On trouve, dans l'Eglise de Saint-Louis-des-Français à Rome, la *Vocation* et le

Martyre de saint Mathieu, au palais Pitti *un Amour endormi*, sujet trop doux pour son âpre manière; une *Descente de croix* que l'opinion commune appelle son chef-d'œuvre, et où l'on trouve, en effet, sinon l'absence de ses défauts au moins la réunion de ses plus éminentes qualités; dans la galerie Sciarra, les *Joueurs*, ouvrage important qui représente un jeune gentilhomme volé au jeu par des escrocs, excellent dans ce genre, qui n'exige que la vérité, et la vérité sans noblesse; au musée Bourbon une *Judith* qu'on peut mettre au nombre de ses ouvrages les plus vigoureux et les plus énergiques. Le musée du Louvre possède quatre tableaux, dont le plus estimé est celui qui représente le *corps du Christ porté au tombeau par saint Jean et Nicodème, accompagné des trois Marie*.

Le Caravagge était d'un caractère emporté et violent; aussi n'eut-il point d'amis parmi les artistes ses contemporains. De plus, son ambition ne lui permettait pas de supporter de rivaux; ce qui amena sa querelle avec le *Josepin, chevalier d'Arpino*, qui jouissait à Rome d'une très-grande réputation. Il conçut une si grande haine pour cet artiste, qu'un jour, le trouvant sur son passage, il courut sur lui l'épée à la main et tua un jeune homme qui voulut s'interposer. Il dut à la protection d'un haut personnage de Rome, grand admirateur de ses œuvres, de ne pas être poursuivi par la justice. Son animosité ne s'arrêta pas là; il fit proposer à Josepin un duel, que celui-ci refusa, en lui opposant sa qualité de roturier.

La colère du Caravagge n'eut plus de bornes; il s'embarqua pour Malte où son caractère fougueux lui suscita de nouvelles querelles. Il fut même mis en prison pour avoir insulté un chevalier de l'ordre. Il parvint cependant à se faire nommer chevalier; c'était son but, et il revint aussitôt après en Italie, toujours animé du désir d'assouvir sa vengeance; mais il ne put exécuter son projet; il fut assassiné par son domestique, qui s'était laissé éblouir par l'argent de son maître; c'était en 1543.

JEAN HOLBEIN

— 1498 —

Né à Bâle, Jean Holbein fut surnommé *le Jeune*, pour le distinguer de son frère Sigismond et de son père, Jean Holbein, qui était un assez bon peintre de portraits.

Il n'eut pas d'autre maître que son père qu'il dépassa bientôt. Il se perfectionna de lui-même, et sa réputation s'accrut de jour en jour. Il déploya un grand talent dans des ouvrages publics auxquels il fut employé. Il peignit au marché, dit la *Poissonnerie*, de Bâle, une danse villageoise, et il décora le cimetière de la même ville de son fameux tableau de la *Danse des morts*, où il représenta toutes les conditions de la vie.

Holbein a traité toutes les manières de peindre avec beaucoup de succès : la fresque, la gouache, l'huile, même la miniature ; il dessinait au crayon et à la plume avec une rare facilité. La liste de ses ouvrages se trouve dans l'édition de l'*Encomium Mariæ* d'Erasme, avec des commentaires de Gérard Listrius, que l'on attribue à Erasme lui-même.

Holbein partit pour l'Angleterre muni de lettres de recommandation pour Thomas Morus, grand chancelier, auquel il présenta le portrait d'Erasme, son protecteur, qu'il avait peint. Morus le reçut avec distinction, le logea chez lui, et, ayant invité le roi Henri VIII à un festin, il exposa aux yeux de ce prince plusieurs chefs-d'œuvre de Holbein. Le roi, surpris de la perfection de ces ouvrages et de la ressemblance de quelques portraits, ne se lassait pas de les admirer. Morus le pria de les accepter. Peu de jours après, le chancelier le présenta au roi, qui le nomma son *peintre*, et répondit à son ministre :

— « Je vous laisse avec plaisir les présents que vous m'avez faits, puisque vous me procurez l'auteur. »

Il fit successivement le beau portrait en pied du roi, du prince Edouard et des princesses Marie et Elisabeth. Il peignit également Anne de Clèves, fille de Jean III, duc de Clèves et de Juliers; ce portrait fait aujourd'hui l'ornement du musée de Paris.

Erasme, dans sa préface de l'*Eloge de la folie*, traduit par Gueudeville, raconte une anecdote qui fait connaître le caractère de notre Suisse; elle mérite d'être rapportée.

— Travaillant à un certain ouvrage que le roi lui avait défendu de montrer à qui que ce fut, Holbein s'était enfermé dans son atelier. Un comte, curieux de lui voir manier le pinceau, vint frapper à sa porte, et le peintre de lui répondre qu'il ne lui était pas permis d'ouvrir : le comte ne se rebuta point, et le peintre tint ferme. Enfin Holbein importuné, la colère le prend; il se lève, il ouvre, et, saisissant le comte, il le jette du haut en bas de l'escalier, ce qui mit le seigneur en pitoyable état. Holbein, craignant pour sa peau, sauta par la fenêtre, et courant au roi, il lui conta ingénieusement l'histoire. Le roi lui fait grâce, à condition de demander pardon au comte, et il a la bonté de retenir le peintre, pour donner le temps à l'offensé de calmer la première fureur. Cependant le comte, tout brisé de sa chute, le visage tout ensanglanté, se fait apporter devant le prince et lui demande justice. Le monarque le plaint et l'exhorte à pardonner; mais, trouvant le seigneur insensible à cette morale, et prévoyant que tôt ou tard il ferait un mauvais parti à Holbein, il fit au grand cette terrible apostrophe: *Mon peintre n'est plus votre partie, c'est moi:*

je vous traiterai comme vous le traiterez, et par la considération que vous aurez pour lui, je jugerai du cas que vous faites de votre roi. Au reste, sachez que je puis élever sept paysans à la dignité de comte, mais que je ne puis faire de sept comtes un seul Holbein. Le seigneur, terrassé par cette foudre, se jeta aux pieds du prince, promettant non-seulement d'étouffer sa vengeance, mais d'être le protecteur du peintre.

On voit, au musée de Paris, un des plus beaux ouvrages de ce peintre, représentant *Jésus descendu de la croix*, accompagné des saintes femmes : au bas est une frise figurant la *Cène*, dont la composition, les gestes et l'expression des figures ont beaucoup d'analogie avec le magnifique tableau de Léonard de Vinci.

Holbein mourut à Londres, de la peste, en 1554, à l'âge de cinquante-six ans.

PARIS BORDONE

— 1500 —

Bordone naquit à Trévise, d'une famille noble, vers l'an 1500. Elève et imitateur du Titien, il finit par se faire une manière à lui. Son coloris n'est pas plus vrai que celui de son maître, mais il est quelquefois plus varié ; son dessin est fini, ses têtes ont de la vie, et sa composition est juste et pleine de méthode. Il a laissé un *saint André courbé sous la croix et couronné par un ange*, tableau peint pour l'église de Saint-Job ; mais son chef-d'œuvre est l'*Anneau de saint Marc*.

En 1538, Bordone vint en France sur l'invitation de François I*er*, et y peignit le roi et les plus belles dames de la cour. Il termina sa carrière en 1570.

FRANÇOIS MAZZUOLI dit LE PARMÉSAN

— 1503 —

François Mazzuoli, qu'on surnomma le *Parmésan*, fut peintre, graveur et alchimiste ; il naquit à Parme vers 1503. Il était d'une famille de peintres ; son père Philippe, ses deux oncles Michel et Pierre-Hilaire, et son cousin Jérôme, exercèrent la même profession que lui. Pour la plupart d'un talent médiocre, ces artistes contribuèrent cependant à fonder cette école que rendirent célèbre le Corrège et François Parmésan.

Il était encore tout enfant lorsqu'il perdit son père ; ses deux oncles, qui avaient pour lui la plus tendre affection, se chargèrent du soin de son éducation. Sa vocation se révéla de bonne heure : il était né peintre, et la nature l'avait organisé comme à plaisir pour qu'il devînt un jour l'un des maîtres de son art, qu'il n'aima pas assez. Dès qu'il put tenir une plume, il s'exerça d'instinct à dessiner tous les objets qui frappèrent sa vue. Ses oncles, étonnés des prodigieuses dispositions de leur neveu, le firent travailler d'abord dans leur école, et plus tard il se perfectionna, dit-on, en copiant les ouvrages du Corrège. Ses premières études furent si fructueuses, ses progrès si rapides et son talent d'une précocité si extraordinaire, que, dès l'âge de quatorze ou quinze ans, il peignit son fameux tableau, *Saint Jean baptisant le Christ*. Cette œuvre, que l'on admire encore en Italie, eut un succès dont s'enhardit beaucoup le jeune artiste ; il commença aussitôt pour une chapelle de couvent une décoration à fresque. Il réussit dans cette seconde épreuve au-delà de toute espérance, et sa réputation était déjà très-grande à Parme, lorsque l'invasion française de 1520 amena Prosper Colonna et son armée sous les murs de la ville. François se réfugia avec ses deux oncles à Viadana, village de l'état de Modène : dans cette retraite paisible, ils purent se livrer à leurs études, et François Parmésan y peignit en détrempe deux tableaux qui sont restés célèbres : *saint François recevant les stigmates* et le *mariage de sainte Catherine*. Quand la guerre fut terminée, il s'empressa de rentrer à Parme, où il retrouva dans son atelier des compositions qu'il avait été contraint de laisser inachevées, ; il les termina avec joie, puis exécuta à l'huile une *sainte Vierge portant l'Enfant-Jésus*.

C'est surtout à cette époque de sa vie qu'il imita les ouvrages du Corrége : la grande célébrité, le talent prodigieux de cet artiste séduisirent tout d'abord François. Il se fit avec ferveur le disciple du Corrége, et se fut sous la direction de ce grand maître qu'il décora, de concert avec Randini et Anselmi, une chapelle voisine de la célèbre coupole qu'il peignait alors pour l'église de Saint-Jean à Parme. Cependant, François voyait de jour en jour s'altérer toute l'originalité de son style ; il comprit fort à propos qu'il s'était engagé dans une voie difficile à suivre. Dès lors, il résista à ce penchant qui le conduisait à imiter une manière que le Corrége avait portée à son plus haut degré de perfection. Agé de dix-neuf ans à peine, le Parmésan prit confiance en ses propres forces : il savait qu'il se trouvait en face de redoutables rivaux ; il ne s'en effraya point, il eut l'ambition de se faire parmi eux une place au premier rang et visita toute l'Italie.

Dès son arrivée à Rome, il s'empressa de mettre sous les yeux du dataire de S. S. les trois compositions qu'il avait apportées de Parme. Ce prélat, jugeant de son talent le présenta au pape Clément VII, qui, à son tour, fut émerveillé de voir un artiste si jeune et pourtant d'un si grand mérite. En agréant ses œuvres, il lui adressa des paroles flatteuses et le chargea immédiatement de terminer la décoration de la salle des pontifes dans le palais du Vatican. Ce fut alors qu'il exécuta son tableau de la *Circoncision*, où la lumière est distribuée avec tant d'habileté. Le pape fut dans l'enchantement à la vue de ce tableau ; il jugea qu'il était un des plus remarquables de ceux qu'il possédait, et lui fit une place dans sa galerie.

François Mazzuoli s'était créé un style en imitant Michel-Ange et Sauzio. Vasari fait ainsi son portrait :

— « Era di bellissima arici, aveva il volto e l'aspetto graziozo, molto e puitosto d'Angelo che d'uomo. »

Il était beau de formes ; il avait le visage et l'aspect gracieux beaucoup plus de l'ange que de l'homme

Et il ajoute :

— « On se disait à Rome que l'âme de Raphaël était passée dans le corps du Parmésan. »

Il peignit à cette époque la *Madone et l'Enfant-Jésus, qu'adorent les anges*, et *un saint Joseph*.

Un grand événement vint l'arracher à ses études. En 1527, Rome fut prise par l'armée du connétable de Bourbon, il faillit périr pendant qu'on saccageait la ville. Renfermé dans son atelier, préoccupé de son travail, il n'entendait pas le tumulte des massacres et des incendies. Une troupe d'Allemands ivres brisèrent sa porte ; il ne quitta point ses pinceaux, et il allait être égorgé, si parmi ces soldats il ne se fût trouvé un homme qui se sentit pénétré en voyant les belles choses qu'il faisait.

— « Donnez-moi de vos dessins, dit-il au peintre, et je vous défendrai de la fureur de mes camarades. »

Le Parmésan se mit bientôt à la besogne, selon le désir de ce barbare, qui le gardait pendant qu'il travaillait pour lui.

Aussitôt qu'il le put, il quitta Rome avec son vieil oncle, mais, pendant leur voyage, ils tombèrent encore à la merci des Allemands qui leur prirent tout l'argent qu'ils possédaient. Ils arrivèrent à Bologne dans la plus triste position. Mais François trouva bientôt une ressource dans la variété de son talent : il s'était exercé à graver et avait même obtenu des succès dans cette nouvelle branche de l'art. Selon un procédé dont il était l'inventeur, et au moyen de deux planches en bois, il fit des gravures en clair-obscur qui se vendirent très-bien. Lorsqu'il se vit assuré de ses dépenses, il reprit sa peinture et se montra plus que jamais supérieur en exécutant, pour l'église Saint-Pétrone, un *saint Roch*, que Louis Carrache regardait comme un chef-d'œuvre, dont il voulut faire une copie. Dans le même temps, il peignit une *Conversion de saint Paul*. Il laissa encore dans cette ville un tableau d'autel représentant une *sainte Marguerite*, composition que le Guide plaçait dans son estime au même rang que la *sainte Cécile* de Raphaël.

Le Parmésan commençait à refaire sa fortune, lorsqu'un nouveau malheur vint l'accabler. Un artiste qui travaillait dans son atelier lui vola ses planches, ses gravures, et son argent. Désespéré de se voir ainsi poursuivi par sa mauvaise destinée, il retourna à Parme. Les travaux lui arrivèrent de tous les côtés : il peignit pour le couvent de la Steccata *un Moïse* remarquable par son style et son coloris. Mais, dégoûté de son art, il laissa inachevé un groupe d'*Adam et Eve* dont il avait reçu le prix d'avance. Il se passionna pour l'étude de la science occulte et passait les nuits et les jours à la recherche de l'absolu. En peu de temps sa santé s'altéra et sa ruine fut consommée.

Cependant les moines qui l'avaient payé d'avance pour peindre leur chapelle voulurent le forcer à tenir ses engagements ; il préféra se laisser mettre en prison que reprendre ses pinceaux. Il parvint à s'évader et s'enfuit à Casal-Meiggiore où il peignit, pour subsister, une Vierge dans l'église Saint-Etienne et *sa Mort de Lucrèce* que l'on considère comme son chef-d'œuvre.

Il revint à Parme et retourna à ses chimères. Mais bientôt la langueur et la mélancolie s'emparèrent de lui, et il mourut le 24 août 1540 à l'âge de trente-sept ans.

Il laissa de bons élèves, parmi lesquels se distinguèrent son cousin Jérôme Mazzuoli, et un certain Vincent Caccianemici, gentilhomme bolonais.

On a attribué au Parmésan l'invention de la gravure à l'eau forte ; ce fait n'est pas prouvé, mais il est sûr qu'il fut le premier peintre italien qui employa ce procédé pour reproduire quelques-unes de ses compositions

Le musée du Louvre possède deux tableaux du Parmésan : *une Sainte Famille et une Sainte Marguerite caressant l'Enfant-Jésus*, dans lesquels on admire la grâce qui fit la distinction de son talent.

PIERRE BREUGHEL

— 1510 —

Pierre Breughel est descendant de la célèbre famille de peintres flamands dont le chef tire son nom d'un village non loin de Breda. Pierre fut surnommé, d'après le caractère et la composition de ses tableaux, Breughel *le paysan* ou Breughel *le gai*. Il était né en 1510 (selon Mechel, en 1530), et élève de Pierre Kock Van Aelst. Il voyagea en France et en Italie, prit partout des points de vue ou des sujets naturels qui lui plaisaient, retourna se fixer à Anvers, et fut reçu dans la société de peinture de cette ville.

Dans ses noces de paysans, ses fêtes et ses danses champêtres, il a peint sous de vives couleurs la joie franche de l'homme des champs, telle qu'il l'avait observée de ses yeux d'artiste, et qui souvent n'est qu'apparente.

Pierre Breughel mourut à Bruxelles en 1570, selon d'autres en 1590.

Il laissa deux fils, Pierre et Jean, qui furent aussi d'excellents peintres.

Jean préférait les sujets où il y avait de grands contrastes à représenter; c'est pourquoi il a peint beaucoup de scènes de démons, de sorcières et de voleurs, ce qui lui attira le surnom de Hollen Breughel, c'est-à-dire, Breughel d'enfer. Il a également peint un *Orphée* charmant les dieux infernaux par les accents de la lyre et une *Tentation de saint Antoine*. Le premier tableau se trouve dans la galerie de Florence

Pierre son frère s'est distingué comme paysagiste et dans la peinture des petites figures. Sa mise ordinaire lui fit donner le surnom de *Sammet Breughel*, c'est-à-dire, *Breughel de velours*. Il fut un artiste très-fécond. On croit qu'il naquit en 1568, et qu'il mourut en 1640.

GIACOMO DA PONTE dit LE BASSAN

— 1510 —

Le Bassan né en 1510, dans la ville de Bassano, dont il porte le nom, reçut ses premières leçons de son père, Francesco da Ponte, qui travailla aux fresques du dôme de Saint-Barthélemy de Bassano. On voit au Louvre un de ses tableaux : c'est un marché aux poissons. Giacomo grandit vite de toutes les manières, et fut envoyé à Venise pour continuer ses études sous la direction de *Bonifacio*. La vue des œuvres du Titien, des Corrége et des Parmésan faisaient ses délices ; il s'adonna donc à leur étude avec une assiduité sans égale. Après avoir acquis le degré de perfection auquel il aspirait, il retourna dans sa ville natale.

Comme le Corrége, ennemi de l'intrigue et de la cabale, le Bassan comptait sur son seul mérite pour acquérir la célébrité. Aussi l'histoire de sa vie est peu connue.

Le musée du Louvre est riche en productions de ce maître.

On y voit ces neuf sujets : *l'Entrée des animaux dans l'Arche, Moïse frappant le rocher, l'Adoration des bergers, les Noces de Cana, Jésus accablé sous le poids de la croix, les Apprêts de la sépulture de Jésus ; les saintes Femmes et saint Jean pleurant Jésus mort, qui va être enseveli par Nicodème et Joseph d'Arimathie; Travaux de la campagne pendant la vendange; Portrait de Jean de Bologne, sculpteur célèbre.*

La contemplation de ces peintures rend le nom de Bassan, dont il a formé l'école, aussi immortel que ses œuvres.

Giacomo da Ponte mourut dans sa ville natale, en 1592, âgé de 82 ans. Il eut quatre fils qui furent tous ses élèves; deux surtout se sont fait distinguer. François, dont on confond souvent les œuvres avec celles de son père, acquit une grande réputation : il décora, en concurrence avec le Tintoret et Paul Véronèse, le palais de Saint-Marc à Venise.

D'un caractère inquiet, il croyait sans cesse qu'on voulait lui arracher la vie. Un jour qu'il travaillait seul dans son atelier, il crut entendre les pas de sergents qui, se figurait-il, allaient le conduire au supplice. Saisi de terreur, il s'élança par la fenêtre et se brisa le crâne sur le pavé. Il était âgé de quarante ans.

Léandre était comme son frère dévoré d'affreuses chimères. Il avait toujours peur d'être empoisonné. On voit au Louvre un de ses tableaux : *Les Juifs surpris de la résurrection de Lazare.*

Pierre, François, et François dit le Jeune PORBUS

— 1510 — 1540 — 1570

Pierre Porbus naquit à Gonda vers l'an 1510. Il a laissé un chef-d'œuvre représentant *saint Hubert*. Il leva également le plan des environs de Bruges qu'il peignit à la détrempe sur une grande toile. Le dernier de ses ouvrages dont on fasse mention est le portrait du duc d'Alençon.

François, son fils et son élève, l'éclipsa dans son art. Il étudia aussi sous Frank Floris. Ses portraits sont de la plus grande beauté. Il se fit aussi une grande réputation dans l'histoire et les animaux. Son mérite suprême est la vérité des formes et du coloris. Quant à l'invention, elle manque de chaleur. Son chef-d'œuvre est le *Martyre de saint Georges*, qu'il fit pour une confrérie de Dunkerque. On cite encore *la Circoncision, le Paradis terrestre, le Baptême de Jésus-Christ, Jésus au milieu des douleurs*, etc. Il naquit à Bruges en 1540.

François dit *le Jeune*, fils du précédent, naquit à Anvers en 1570, et surpassa les deux autres. Il vint à Paris, et c'est pendant son séjour qu'il exécuta pour l'hôtel-de-ville deux tableaux dont les sujets sont tirés du règne de Louis XIII : l'un représente le roi, encore enfant, recevant *les hommages des magistrats municipaux*, l'autre *la Majorité du roi*. Le musée du Louvre possède six de ses tableaux : *la Cène*, composition pleine d'harmonie et de richesse, le portrait du Garde-des-sceaux *Guillaume-du-Vair*, un petit portrait en pied de *Henri IV* ganté et cuirassé ; un *portrait de ce prince* habillé de velours noir; un portrait en pied de *Marie de Médicis*. Et enfin *saint François en extase recevant les stygmates*. Porbus le Jeune mourut à Paris en 1622.

GEORGES VASARI

— 1512 —

Vasari naquit à Arezzo en 1512. Sa famille était depuis longtemps avantageusement connue dans les arts, et ce fut dans la maison paternelle qu'il étudia les premiers principes du dessin; mais il eut aussi d'autres maîtres, et reçut des conseils de Michel-Ange et d'André del Sarto.

Conduit à Rome par le cardinal Hippolyte de Médicis, il se livra entièrement à Raphaël, et profita de ses conseils sans oublier ceux de Michel-Ange; à l'exemple de ce grand artiste, il fut architecte aussi bien que peintre.

Vasari mourut en 1574, à Florence. Rome, Rimini, Bologne, Naples, Ravenne, Venise, Pise et Florence, offrent de nombreux et beaux travaux exécutés par Vasari ou sur ses dessins. Il s'est surtout fait connaître par un ouvrage plus répandu et plus durable que ses tableaux : c'est lui qui, le premier, eut la pensée de publier des Notices biographiques et critiques assez étendues sur les artistes italiens, ses prédécesseurs ou ses contemporains. Cet ouvrage fut imprimé pour la première fois en 1550, à Florence, et a reçu depuis un grand nombre d'éditions.

JACQUES ROBUSTI dit LE TINTORET

— 1512 —

Jacques Robusti, dit le Tintoret, naquit à Venise, en 1512, dans une condition pauvre. Tintoret avait reçu du ciel un bien plus grand avantage, une heureuse organisation, qui se décelait par ses essais d'enfants, où l'on peut reconnaître une véritable vocation. Le surnom de *Tintoretto*, dont on a fait Tintoret, lui est venu de la profession de son père, qui était teinturier. Frappé des dispositions de son fils, le père n'hésita pas à le placer chez Titien ; il y était à peine depuis dix jours, qu'il avait employés à faire des dessins d'après son maître, lorsque celui-ci étant venu visiter son école, en vit quelques-uns. Après les avoir considérés attentivement, Titien demanda quel en était l'auteur : Jacques se nomma timidement ; mais le maître, qui semblait avoir jugé au premier coup d'œil que cet élève était appelé à devenir son rival, le renvoya sans lui dire le motif de cette étrange détermination.

Cette épreuve était rude, elle eût pu décourager tout autre que le Tintoret ; celui-ci, au contraire, puisa un nouveau courage dans ce qui était pour lui un véritable malheur ; il s'établit dans une mauvaise chambre, et, loin de méconnaître le mérite du grand peintre qui avait refusé de le recevoir pour élève, il se mit à l'étudier avec ardeur, joignant à cette étude celle des sculptures de Michel-Ange, dont il put se procurer des plâtres, et des productions de l'antiquité. Persuadé que l'examen attentif des formes et des mouvements du corps humain est la base de la peinture, il consultait le modèle avec un soin constant; il s'occupa même de mytologie; puis, pour se bien pénétrer des effets de la lumière, il faisait des petites figures en cire ou en terre, les mettait dans de petites cases, qu'il éclairait par un seul point, ou les suspendait au plafond pour mieux juger les raccourcis. Quand il quittait ses travaux solitaires, c'était pour se joindre, sans demander aucun salaire, à des peintres ouvriers dont il partageait tous les travaux; son but était d'acquérir une grande liberté de main. Il était heureux lorsque des peintres célèbres, tels que le Schiavone, par exemple, voulaient bien l'accepter pour aide

Parvenu à la connaissance complète de son art, il fallait trouver l'occasion de l'employer. Pour vaincre cet obstacle, le Tintoret ne trouva rien de mieux que d'offrir ses services sous la seule restriction de ses dépenses matérielles, et il est facile de comprendre qu'ils furent souvent acceptés. Cette manière de procéder lui suscita beaucoup d'ennemis : c'était la guerre, elle fut longue et acharnée ; mais il en sortit victorieux. Doué d'une fécondité vraiment incroyable, et d'une rapidité d'exécution qui secondait à merveille la vivacité de son imagination, le Tintoret exécuta un nombre de tableaux dont la nomenclature seule, dégagée de toute appréciation, serait extrêmement longue. Pour justifier tout ce qui vient d'être dit, il suffira de rapporter un trait qui caractérise l'homme et son talent de la manière la plus complète; ce récit est emprunté à Ridolfi, son compatriote.

Les religieux de Saint-Roch, voulant faire orner de peintures, les plus belles qu'il leur serait possible, la salle de leur couvent destinée à recevoir les étrangers, chargèrent plusieurs peintres célèbres, au nombre desquels était Tintoret, de faire, pour le plafond de cette salle, des dessins, parmi lesquels ils se réservèrent de choisir celui qui leur paraîtrait le plus convenable. Pendant que ses concurrents s'occupaient de leurs compositions, le Tintoret, ayant obtenu secrètement la mesure de l'espace qu'il s'agissait de remplir, fit un tableau dans lequel il représenta saint Roch reçu par le Père éternel, entouré d'anges qui portaient les insignes de son pèlerinage. Ce tableau terminé, il le fit mettre en place, toujours à l'insu des religieux. Le jour qui avait été fixé, Paul de Vérone, le Schiavone, Salviatti et Zuccaro, vinrent apporter leurs dessins; le Tintoret, auquel on demanda le sien, fit découvrir, pour toute réponse, le tableau qu'il avait exécuté, disant que, alors même qu'il n'obtiendrait pas la palme, il en ferait hommage à Saint-Roch, dont il avait reçu beaucoup de faveurs. Les peintres, étonnés à la vue d'une production si remarquable, quoique exécutée avec une rapidité qui tenait du prodige, reprirent leurs dessins en disant que le concours était fini; mais les religieux, blessés du subterfuge employé par le Tintoret, voulaient faire enlever son tableau; d'un autre côté, ils ne pouvaient pas refuser un don fait à leur patron : non-seulement ils finirent par se calmer, mais encore ils passèrent un traité avec le peintre, qui, moyennant une rente annuelle et viagère de deux cents ducats, s'obligea à compléter la décoration du couvent. Tintoret fut chargé par le Sénat de Venise de remplacer, dans le palais ducal, toutes les anciennes peintures dont il était orné : dans cette mission, il fut animé d'une double ardeur, l'amour de son art et la gloire de son pays.

L'exécution rapide, fougueuse même, ainsi que les Italiens la qualifient, du Tintoret, présentait un écueil qu'il ne sut pas éviter; il finit par ne plus étudier suffisamment ses ouvrages, et, dès-lors, il perdit l'estime des connaisseurs; il y a donc une grande différence entre les premières productions de ce peintre et celles de la seconde époque. Au reste, de même que ce n'est qu'à Anvers que l'on peut bien juger Rubens, ce n'est qu'à Venise, où tous les monuments publics sont ornés de ses peintures, que l'on peut apprécier le talent du Tintoret. Outre ses tableaux, le nombre des portraits qu'il a exécutés est vraiment incroyable; Rodolfi en donne la liste. Dans le nombre, il faut distinguer celui d'Henri III, qu'il peignit à son passage à Venise et qui voulut le nommer chevalier, honneur que le peintre refusa; il travailla aussi pour le duc de Mantoue, qui lui commanda huit tableaux, et pour plusieurs grands personnages de cette époque.

Tintoret comptait au nombre de ses amis toutes les notabilités littéraires et artistiques. On raconte qu'ayant appris que l'Arétin avait critiqué ses ouvrages de la façon la plus mordante, qu'il l'avait même calomnié dans sa vie privée, il résolut d'en tirer vengeance.

Un jour donc que le célèbre poëte était à dîner chez lui, il lui proposa de lui faire son portrait. Lorsque le Tintoret le vit dans la pose qu'il lui avait indiquée, il prit un pistolet qu'il tenait caché sous son manteau. L'Arétin se crut perdu et ne songea qu'à fuir; mais Tintoret le rassura en lui disant :

— Ne craignez rien, je ne veux que prendre votre mesure.

Puis l'ayant mesuré de la tête aux pieds :

— Vous avez juste, ajouta-t-il, deux fois la longueur de mon pistolet.

L'Arétin avait été si effrayé, qu'il ne parla plus de son ami qu'avec le plus grand respect.

Tintoret mourut en 1594, âgé de quatre-vingt-deux ans, inconsolable de la perte de sa fille, Marietta, qui avait un grand talent dans le portrait, et qui excellait également dans la musique.

JEAN COUSIN

— 1520 — 1590 —

Jean Cousin qui vivait dans le xvi° siècle, est le premier de notre école qui se soit fait une réputation comme peintre d'histoire. C'est à Soucy, auprès de Sens, qu'il reçut le jour : la date de sa naissance est inconnue, ainsi que l'époque de sa mort : on sait seulement qu'il a vu les règnes de Henri II, François II, Charles IX et Henri III.

Jean Cousin doit principalement la popularité de son nom dans les arts aux traités qu'il a publiés sur les sciences accessoires du dessin, dont il avait fait une étude spéciale; ses leçons de géométrie, de perspective, et son petit livre des proportions du corps humain, ont été longtemps le guide classique des élèves dans la peinture et la sculpture, qu'il cultiva lui-même avec un égal succès. Lorsque Jean Cousin parut, la peinture sur verre était en grande faveur pour la décoration des églises, et le clergé d'alors était presque le seul corps, vu ses immenses richesses, en droit d'exploiter utilement et convenablement le génie d'un homme de mérite. C'est surtout à ce genre de travail que Cousin eut l'occasion d'occuper son savant pinceau. Plusieurs chapelles de Sens et des environs de cette ville épiscopale s'enrichirent ainsi de compositions remarquables par l'éclat des couleurs autant que par les contours, ayant quelque chose des écoles florentine et romaine, quoique empreints parfois du caractère modifié de certaines œuvres gothiques des devanciers du peintre vitrier; c'est un mélange dont on peut se faire une idée en se rappelant que, n'étant pas allé visiter l'Italie, Cousin a eu cependant sous les yeux les tableaux que François Ier avait déjà fait venir de cette mère patrie des beaux-arts. Les vitraux du chœur de saint Gervais, à Paris, représentant le *Martyre de saint Laurent*, la *Samaritaine* et le *Paralytique*, offrent ce goût complexe dans les belles parties que l'on y rencontre. Un portrait en pied de François Ier, deux sujets tirés de l'Apocalypse, les grisailles provenant du château d'Anet, que Henri II fit bâtir pour la célèbre Diane de Poitiers, sont tracés d'une main hardie et habile : ces productions sur verre ont attiré l'attention des connaisseurs alors qu'elles ornaient ce riche musée, dispersé maintenant, où les siècles écoulés de l'ère française se résumaient dans les monuments authentiques qui s'y trouvaient réunis. Quelques historiographes ont cru devoir conserver à Jean Cousin le surnom de Michel-Ange français, qu'il reçut de son vivant. Si l'on veut exprimer par cette qualification la supériorité que notre peintre eut sur ses rivaux contemporains, la postérité ne peut que ratifier ce titre brillant ; mais si la comparaison repose uniquement sur l'appréciation respective des conceptions des deux artistes, il faut avouer que l'Italien est supérieur à celui qui lui fut opposé.

Comme Michel-Ange, Cousin a été bon architecte, et son mausolée de l'amiral Chabot atteste qu'en qualité de sculpteur il peut tenir une place honorable auprès de Jean Goujon, son émule et son ami. La figure de l'amiral, armé de toutes pièces, est couchée ; son attitude calme et majestueuse présente de la noblesse et ce recueillement propre à inviter l'âme au souvenir du héros qui n'est plus. Deux figures du même maître et de proportion demi-nature, que l'on a pu voir également au musée des monuments français, sont naïvement posées, et, sans accuser autant de correction que la précédente, montrent un faire élégant et gracieux, malgré le jeu trop maniéré des draperies, ajustées dans le goût de celles de Germain Pilon.

Cousin a produit peu de tableaux à l'huile : on cite parmi ses portraits celui de sa fille Marie, et celui du chanoine Jean Bouvier.

On retrouve aisément dans les œuvres de Cousin l'observation des sciences dont il a donné les préceptes : son coloris éclatant, mais médiocre, dans les vitraux de sa main, et qui se sont conservés jusqu'à nous ; c'est un coloriage éblouissant par la vigueur et la netteté des tons, que rehausse encore le jeu de la lumière qui les traverse. Son dessin participe souvent de celui de l'école de Michel-Ange, mais il a cette sécheresse que nécessite le genre auquel il s'est plus particulièrement livré ; ses compositions à l'huile ont plus d'harmonie, et nous devons dire, à cette occasion, que c'est Cousin qui, avant tout autre en France, s'est servi de ce procédé. Des expressions animées, des pensées hautes, de la facilité, de la fermeté, distinguent le talent de cet artiste, qui n'a point fait d'élève.

Pierre de Iode, a gravé de même grandeur, (1 mètre 46 centimètres, sur 1 mètre 42 centimètres,) le *Jugement dernier* de Jean Cousin, que possède actuellement la galerie du Louvre.

ALEXANDRE ET CHRISTOPHE ALLORI

— 1525 —

Alexandre Allori, plus connu sous le nom de *Bronzino*, naquit à Florence en 1525. Il fit ses premières études sous la direction de son oncle *Bronzino* qui est l'auteur de quelques tableaux remarquables qui décorent le palais Pitti à Florence, une *Sainte Famille*, les portraits du grand duc Cosme I*er*, de sa fille Lucrezia, de François I*er* et de don Garcia de Médicis. On reconnaît à ses ouvrages, à leur sévérité et à la vigueur du dessin surtout, l'élève de Michel-Ange.

Le Bronzino, avant d'être l'élève de Michel-Ange, avait étudié Jacopo da Pontormo, artiste original, capricieux, sauvage, qui ne travaillait que pour les personnes avec lesquelles il sympathisait, et de plus quand il lui plaisait. Son atelier et sa demeure était une chambre où l'on arrivait par une échelle qu'il retirait quand il était entré. Cependant Michel-Ange, voyant quelques-uns des ouvrages qu'il exécuta à dix-neuf ans, avait dit de Pontormo :

« Si Dieu prête vie à ce jeune homme, il élèvera notre art jusqu'au ciel. »

Pontormo ne confirma pas la prédiction de Michel-Ange et, on ne sait pourquoi, devint, d'éminent qu'il était, ridicule.

Quant au Bronzino, ses poésies, intitulées les *Capitoli* le rendirent aussi célèbre comme poète qu'il l'était comme peintre.

Alexandre Bronzino, dont on voit une *Prédication de saint Jean-Baptiste* au palais Pitti, se livra plus particulièrement à l'étude de l'anatomie. On lui doit un traité d'anatomie à l'usage des peintres. Il mourut en 1607.

Son fils Cristoforo étudia d'abord sous la direction de Grégoire Pagani et passa ensuite dans l'atelier de Cigoli, imitateur du Corrége. La plupart de ses ouvrages sont des paysages. Cependant la galerie des grands-ducs au palais Pitti renferme quelques œuvres qui méritent d'être mentionnées : *Une Cène d'Emmaüs*, un *Sacrifice d'Abraham ;* les plus remarquables sont *l'Hospitalité de saint Julien et de la Judith*. Le premier qui fut transporté à Paris, est une composition magnifique ; la *Judith* a une renommée qui dispense de tout éloge. Ce tableau dut son origine à une anecdote curieuse qui est rapportée par M. L. Viardot (*Musées d'Italie.*)

« Cette magnifique Judith, mais si impérieuse et si altière, est le portrait de la maîtresse d'Allori, nommée Mazzafirra. La suivante, qui porte le sac, est la mère de Mazzafirra; il s'est peint lui-même sous les traits d'Holopherne décapité. Il voulut représenter dans cette espèce d'allégorie, le supplice que lui faisaient incessamment éprouver l'orgueil capricieux de la fille et l'avare rapacité de la mère; d'autres disent plus simplement qu'Allori, mécontent des modèles qui ne rendaient pas à son gré le mouvement et l'expression des figures, avait l'habitude de poser lui-même et de se faire dessiner par son ami Pagani; ils ajoutent que, s'étant laissé croître la barbe et les cheveux, il posa ainsi pour la tête de son Holopherne. Quoiqu'il en soit, cette tête est certainement son portrait, et le tableau tout entier un admirable ouvrage.» (Viardot).

FRÉDÉRIC BAROCCIO ou BAROZZI

— 1528 —

Baroccio, natif d'Urbino, avait étudié à Venise et imité la manière du Titien. Lorsqu'il revint à Rome, il imita Raphaël. Il chercha aussi à imiter la manière du Corrège, mais avec beaucoup moins de succès. On lui reproche l'uniformité du coloris. On le blâme également de représenter les objets presque toujours comme à travers un nuage transparent, et de lier des couleurs opposées par le moyen des clairs.

Parmi les ouvrages les plus remarquables de Baroccio on cite : *Une Fuite d'Enée*, *un Incendie de Troie*, *une Descente de croix et une Sépulture*. Il mourut vers l'année 1612.

PAOLO CAGLIARI (PAUL VERONÈSE)

— 1532 —

Cagliari Paulo, plus connu sous le nom de *Paul Véronèse*, naquit à Vérone en 1532 (selon Zunetti en 1528). Son père, qui était sculpteur, voulait lui enseigner son art; mais le jeune homme, montrant plus de dispositions pour le dessin, fut confié aux soins de son oncle, le peintre Antonio Badile. Paul fit des progrès sous la direction de cet habile professeur; mais comme l'école de Vérone comptait déjà beaucoup d'artistes célèbres, tels que Forbicini, Giolsino, Ligozzi, Brusasorci et Farinato, il n'eut d'abord qu'une réputation peu répandue. Il alla à Mantoue, à Vienne, puis à Venise. D'abord, il s'efforça de marcher sur les traces du Titien et du Tintoret, puis il parut vouloir les surpasser par une élégance recherchée et par une plus riche variété d'ornements. On reconnut bientôt à ses ouvrages qu'il avait étudié d'après les antiques et d'après les gravures à l'eau forte de Parmésan et Albert Durer. Dans les premiers grands tableaux qui sont dans l'Eglise Saint-Sébastien à Venise, son pinceau paraît encore mal assuré; plus tard, un de ses tableaux à fresque dans la même église, qui représente l'histoire d'Esther, excita l'admiration générale, et l'on crut devoir lui confier des travaux plus importants, parmi lesquels il faut citer beaucoup de portraits dont il orna la Pinacothèque de saint Marc. Il se rendit ensuite à Rome avec l'ambassadeur vénitien Grimani, s'inspira par la vue des beaux modèles de Raphaël et de Michel-Ange, et peignit, à son retour, sa belle apothéose de Venise. Ses tableaux représentant des festins sont encore supérieurs à ce dernier. On en compte au moins six à Venise placés dans des réfectoires de couvents : les plus célèbres sont les *Noces de Cana* avec cent vingt figures, dont beaucoup de portraits et le *Repas de Jésus-Christ chez Simon*. Dans le premier, on blâme avec raison un luxe asiatique inconvenant, ainsi qu'un amalgame des personnages et des costumes les plus disparates ; dans le second, on lui reproche d'avoir donné à la figure du Christ un air de hauteur au lieu de la simplicité sublime qui lui convient, la transposition des personnages les plus importants dans un coin du tableau, et la couleur blanche uniforme du linge de table et de l'architecture. Dans ses *Pèlerins* d'Emmaüs, Paul Véronèse viole toute unité de temps, de lieu et d'action. Mais, à côté de ces défauts, quels brillants avantages ! quelle fécondité dans les idées ! quelle indépendance dans l'exécution ! que d'esprit dans les physionomies ! de noblesse dans les portraits ! et de brillant dans le coloris ! Cagliari mourut en 1588. Ses élèves sont ses deux fils Charles et Gabriel, son frère Beneditto, de plus, Michel Parrasio, Nandi-Maffei-Vérona et Francesco Montemezzano.

LOUIS, AUGUSTIN et ANNIBAL CARRACHE

— 1555 — 1558 — 1560 —

Louis Carrache naquit en 1555. Il était le fils d'un boucher et parut d'abord plus propre à broyer des couleurs qu'à les employer avec discernement. Cependant la lenteur qu'on lui reprochait n'était pas le résultat d'un esprit borné, mais bien la conséquence des efforts qu'il faisait pour parvenir à faire plus qu'on n'avait fait avant lui. Il détestait tout ce qu'on appelait l'idéal et ne voyait rien au-delà de l'imitation de la nature. Voulant se rendre compte de chaque trait de pinceau, il alla passer quelque temps à Florence, étudia sous André del Sarto et prit des leçons de Passignano. Il se rendit ensuite à Parme pour étudier le Corrége et revint à Bologne; mais comme il vit que ses principes, opposés à ceux du temps, n'obtenaient pas beaucoup de crédit, il chercha à se créer des partisans parmi les jeunes gens; à cet effet, il s'empressa de s'attacher deux de ses cousins, Agostino et Annibal, qui se consacrèrent également à la peinture.

En 1580, il les envoya à Venise et à Parme. Lorsqu'ils furent de retour à Bologne, les trois amis travaillèrent à se former une réputation. Il s'éleva un parti si puissant qu'ils furent sur le point d'abandonner leurs projets. Mais Annibal, le plus déterminé des trois, insista pour tenir bon, et proposa de n'opposer au torrent des humiliations dont on les abreuvait qu'une foule de bons ouvrages.

Cette idée frappa l'esprit de Louis ; elle fit sur lui l'effet de l'étincelle électrique ; il reprit courage et résolut d'ouvrir une académie de peinture sous le nom de *accademia degli incamminati* (*d'incamminare*, acheminer). Il posa pour premier principe l'observation de la nature, en prenant pour modèles les meilleurs maîtres. Bientôt il donna un exemple de l'application pratique de ses principes, dans son tableau de la prédication de *Saint-Jean-Baptiste*, aux Chartreux, où les figures détachées sont imitées d'après le style de Raphaël, Titien et Tintoret ; les plus beaux tableaux de Louis, qui ne manquèrent pas non plus dans le temps d'admirateurs, sont à Bologne. C'est un grand maître pour les vues architectoniques et pour le dessin ; en général, il était très-profond dans toutes les parties de l'art. On a pris de lui une quantité considérable d'idées nouvelles ; chacun pouvait imiter en lui l'objet pour lequel il se sentait le plus d'habileté. Louis jouit longtemps de sa gloire, du moins tant que vécurent ses cousins, qui l'honoraient beaucoup et lui demandaient souvent conseil. Il mourut en 1619, presque dans l'indigence, après avoir survécu dix-sept ans à Agostino et dix ans à Annibal. Le principal reproche qu'on peut lui faire est qu'il ne réunissait pas l'étude de l'antique à celle de la nature. On a également beaucoup blâmé son coloris.

Augustin Carrache naquit à Bologne en 1558. Il avait embrassé la profession de bijoutier, lorsque son cousin le détermina à apprendre la peinture. En peu de temps il devint un de ses meilleurs élèves, principalement sous le rapport de l'invention. Il s'occupa aussi beaucoup de gravure, et il a gravé plus de tableaux qu'il n'en a peint ; voici pour quels motifs ;

A son retour de Venise, il fut préféré à son frère dans un concours ; quelque temps après il donna son délicieux tableau de la *Communion de saint Jérôme*, qui excita l'approbation générale. Son frère, jaloux de ses succès, chercha, sous différents prétextes frivoles, à lui persuader qu'il devait plutôt se consacrer entièrement à la gravure. Augustin le fit par condescendance. Plus tard il l'accompagna à Rome, l'aida dans ses travaux de la galerie Farnèse, et lui donna plusieurs de ces idées poétiques qu'on y remarque avec plaisir. Comme le bruit se répandait que le graveur travaillait mieux que le peintre, Annibal éloigna son frère malgré les objections qu'on lui fit, alléguant que son style était élégant à la vérité, mais qu'il manquait de grandiose. Augustin se rendit alors à la cour du duc de Parme, où il peignit dans une salle l'amour céleste, l'amour terrestre et l'amour vénal. Il manquait encore une figure lorsque, épuisé par un travail excessif et par le chagrin, il mourut en 1604.

— « Augustin, dit Lanzi, qui avait cultivé la littérature, était continuellement parmi les savants, et il n'y avait point de science dont il n'eût quelque idée. Tour à tour philosophe, géomètre, poète, il se distinguait, en outre, par l'élégance de ses manières et par la finesse de ses réparties. Rien en lui ne rappelait les habitudes vulgaires. Annibal savait lire et écrire, mais son instruction n'allait pas au-delà. Une certaine rudesse naturelle le rendait taciturne; et s'il lui arrivait de parler, il était aussitôt porté à prendre le langage de la malveillance, de la dispute et d'une raillerie amère. Lorsqu'ils se furent adonnés à la peinture, les deux frères se trouvèrent encore en opposition dans cette même carrière. Le premier timide, recherché, lent à se résoudre, difficile à contenter, ne voyait point d'obstacle qu'il ne l'affrontât et ne s'efforçât de le vaincre. L'autre, comme la plupart des artisans, travailleurs expéditifs, ne pouvant supporter les lenteurs de la réflexion, cherchait tous les moyens d'échapper aux difficultés de l'art, de suivre les routes battues, et de faire beaucoup en peu de temps.

Augustin Carrache a composé un traité de perspective et d'architecture, qu'il a enrichi de commentaires. Ce traité avait été composé pour l'académie fondée à Bologne par lui et son cousin.

Annibal Carrache naquit à Bologne en 1560, et travailla d'abord au métier de son père, qui était tailleur. Ainsi que son frère il embrassa la peinture sur les avis de son cousin. Ses progrès furent rapides. Il commença par faire d'excellentes copies du Titien, du Corrége et de Paul Veronèse. Dans l'académie fondée en commun par les Carrache à Bologne, il expliquait les règles de l'arrangement et de la distribution des figures. Il passe pour le meilleur imitateur du Corrége. Il se fit d'adord connaître par son tableau de *saint Roch* distribuant des aumônes, lequel est actuellement dans la galerie de Dresde. On lui proposa de peindre la galerie Farnèse. Tout ce travail respire une élégance antique et la grâce de Raphaël. Le Poussin jugea que depuis Raphaël on n'avait rien composé d'aussi bien. Son *Génie de la Gloire* (à Dresde) est aussi fort renommé.

Chacun des Carrache a eu ses admirateurs. Peut-être qu'Augustin avait plus d'invention et Louis plus de talent pour l'enseignement, mais Annibal avait un esprit plus élevé et sa manière est plus noble et plus éloquente. Il mourut, en 1609, de chagrin de l'ingratitude du cardinal Farnèse, qui n'avait payé son travail de vingt ans que la somme médiocre de 500 écus d'or.

Il fut enterré dans l'église du Panthéon de Rome, à côté de Raphaël.

Les élèves des Carrache sont très-nombreux.

GUIDO RENI dit LE GUIDE

— 1575 —

Guido Reni, plus connu sous le nom du *Guide*, né à Bologne en 1675, fit comprendre de bonne heure ce qu'il deviendrait plus tard. Son père fit de vains efforts pour lui apprendre la musique; mais il n'en fut pas de même à l'égard du dessin. Il ne tarda pas à surpasser Denys Calvaert, peintre flamand qui lui donnait des leçons. Frappé de la supériorité d'Annibal Carache sur son maître, il voulut suivre ses leçons et, peu de temps après, il avait abandonné la manière flamande et la couleur sombre pour suivre l'école de son nouveau maître. *Orphée et Eurydice* attira à son auteur des félicitations générales; voulant acquérir de nouvelles louanges, il se mit à peindre la fresque. Après un travail opiniâtre, il établit d'une manière incontesté sa réputation, qui ne tarda pas à se répandre jusqu'à Rome. Encouragé par ses nombreux succès et désireux de visiter le sanctuaire des arts, il partit pour aller visiter Annibal Carrache qui travaillait à la galerie Farnèse. Son maître le présenta à Josepin, au Pomérancio et à Gaspard-Alio, qui accréditèrent à Rome la réputation du Guide, en opposition à celle du Carravagge, leur mortel ennemi. De là cette lutte incessante qui ne se termina qu'à la mort des antagonistes.

Le Guide eut beaucoup d'ennemis qui poussèrent la méchanceté jusqu'à l'empêcher de recevoir les sommes qu'on lui devait pour ses peintures. Le trésorier du pape lui-même, gagné par eux, lui suscita mille contrariétés. Le Guide, humilié, irrité en même temps, retourna secrètement à Bologne. Le pape Paul V ayant appris le départ du peintre, envoya sur le champ son nonce auprès de lui avec l'ordre formel de le ramener. Le pape le reçut avec beaucoup d'égards et le chargea d'importants travaux, entre autres du soin de décorer la chapelle de Monte Cavallo. Aussitôt ses engagements remplis, il quitta Rome de nouveau pour retourner dans sa ville natale et se mettre ainsi à l'abri de la jalousie de ses nombreux ennemis. C'est à cette époque qu'il fit ses tableaux les plus remarquables

Le Guide peignait avec une facilité étonnante : on dit que plus de deux cents tableaux de grande dimension sont sortis de son atelier. Voici ses principales compositions : *Les Travaux d'Hercule, la Toilette de Vénus, l'Enlèvement d'Europe, les Grâces couronnant Vénus, une Vierge, l'Annonciation, le Massacre des Innocents, saint Michel, le martyre de saint André.* Il amassa une belle fortune, mais une funeste passion eut bientôt englouti tout l'or qu'il avait gagné; il joua avec une effroyable frénésie.

Ruiné en peu de temps, le Guide voulut satisfaire à ses désirs et à ses besoins par le produit de ses peintures. C'est à cette insatiable soif de l'or qu'il faut attribuer la prostitution qu'il fit de son pinceau. Sa position devint affreuse. Pour surcroît de malheur, il tomba malade, et mourut en 1642, à l'âge de 67 ans, accablé de chagrin et de misère.

PIERRE-PAUL RUBENS

— 1577 —

Pierre-Paul Rubens naquit à Cologne, le 29 juin 1577, d'une famille noble et originaire de Styrie. Elle vint s'établir à Anvers à l'époque du couronnement de Charles-Quint. Destiné d'abord à la robe, il s'était déjà fait remarquer par de rapides progrès, lorsque son père mourut en 1587. Il acheva sa rhétorique avec éclat, et réussit à écrire et à parler le latin aussi facilement et aussi purement que sa langue maternelle. Placé en qualité de page chez la comtesse de Lalain, il ne tarda pas à prendre en dégoût cette vie nulle et vide, et supplia sa mère de lui laisser étudier la peinture. Il entra donc dans l'atelier d'Adam Van-Ort, dont les débauches et la brutalité l'éloignèrent bientôt pour suivre les leçons d'Otto Vonius, son rival à cette époque. Au bout de quatre ans, il n'avait plus besoin de guides. Il partit pour l'Italie au mois de mai 1600 ; visita d'abord Venise, pour y étudier Titien, Paul Véronèse et Tintoret. Sur l'éloge d'un gentilhomme du duc de Mantoue, qui logeait dans la même maison que lui, il obtint du duc le titre de gentilhomme et de peintre de la cour. Il gagna si bien la bienveillance et l'estime de ce prince, qu'il fut envoyé à la cour d'Espagne, pour offrir au roi Philippe III un carosse magnifique et un attelage de six chevaux napolitains. Au retour de sa mission, il se rendit à Rome. L'archiduc Albert lui commanda trois tableaux pour la chapelle de Sainte-Hélène. Il partit ensuite pour Florence, obtint l'accueil le plus bienveillant du grand-duc, qui lui demanda son portrait pour le placer dans la salle des peintres célèbres. C'est à Florence qu'il étudia Michel-Ange. Après avoir exécuté pour le grand-duc plusieurs travaux importants, il se rendit à Bologne pour y voir les *Carrache*, et revint à Venise, entraîné par sa prédilection pour les coloristes de cette école. Après de longues et sérieuses études dans les galeries de cette ville, il reprit le chemin de Rome. A peine arrivé, le pape lui demanda un tableau pour son oratoire de Monte-Cavallo. Les cardinaux Chigi, Rospigliosi, le connétable Colonna, la princesse de Scalamare, les Pères de l'Oratoire, imitèrent l'exemple du Saint-Père. Il visita Milan et Gênes. A Milan, il dessina la *Cène* de Léonard. C'est pendant son séjour à Gênes, où il fut comblé d'honneurs par la noblesse, qu'il apprit que sa mère était dangereusement malade : il prend la poste, et reçoit en route la nouvelle de sa mort. Il s'arrête dans l'abbaye de Saint-Michel, à quelques lieues de Bruxelles, s'abandonne à sa douleur, et s'occupe d'élever un tombeau à sa mère, dont il compose lui-même l'épitaphe. C'est aussi vers cette époque que l'archiduc l'appela à Bruxelles, et qu'il lui donna, avec une pension considérable, la clé de chambellan, avec la permission de vivre à Anvers. Il y acheta une maison, qu'il fit bâtir à la romaine, où il réunit une collection de peintures et d'antiques, et déploya une magnificence royale. L'archiduc lui demanda une *sainte Famille* pour son oratoire. Admis dans la confrérie de Saint-Ildefonse, il exécuta, pour la chapelle de l'Ordre, un chef-d'œuvre dont il refusa le prix : une *Vierge, sur un trône d'or, donnant la chasuble à saint Ildefonse*. Ce tableau était accompagné de deux volets, sur lesquels étaient peints les portraits d'Albert et d'Isabelle.

Après avoir enrichi sa patrie d'innombrables productions, il déploya un genre de talent inattendu. Les Jésuites d'Anvers voulurent bâtir une église ; Rubens donna les plans de l'édifice, et y peignit trente-six plafonds. Malheureusement la foudre a dévoré ces ouvrages en 1718.

Marie de Médicis le fit inviter de se rendre à Paris ; c'était en 1620. Après avoir reçu les ordres de la Reine, et lui avoir soumis ses idées, il repartit pour Anvers, et acheva, dans l'espace de vingt mois, vingt-quatre compositions, qui contiennent, sous la forme allégorique, toute l'histoire de la Reine. Marie lui demanda une suite pareille sur la Vie de Henri IV; mais cette esquisse ne fut pas achevée, la Reine s'étant de nouveau brouillée avec son fils.

Rubens ne fut pas seulement grand peintre, il fut aussi bon diplomate. C'est à lui qu'est due la réconciliation entre la couronne d'Espagne et celle d'Angleterre. Il se servit de son art pour arriver à ses fins. Le roi d'Angleterre, instruit de son arrivée, voulut le voir, l'interrogea sur le motif de son voyage, et lui demanda son portrait; c'était en 1627. Il profita de ces séances pour s'entretenir des difficultés qui divisaient les deux cours, s'expliqua nettement, et les bases de paix furent arrêtées. Pour lui témoigner sa reconnaissance, Charles Ier le créa chevalier en plein Parlement.

C'est pendant son séjour à Londres que, sur la demande du roi, Rubens fit neuf grands panneaux et un plafond pour la salle des Ambassadeurs du palais de Wite-Hall, et y représenta *les actions principales du règne de Jacques Ier, depuis son avènement au trône d'Angleterre.* Il fit, en outre, le portrait de Charles Ier sous la figure de saint Georges, et une histoire d'Achille en huit tableaux, qui furent ensuite reproduits en tapisserie.

De retour à Bruxelles, après avoir reçu les instructions de l'archiduchesse, il retourna à Madrid, où le roi lui donna la clé d'or et le combla d'honneurs et de présents. Rubens retourna à sa maison d'Anvers et reprit ses travaux accoutumés. Vers 1634, il éprouva des accès de goutte qui redoublèrent à tel point, que, dans les dernières années de sa vie, il ne pouvait plus tenir son pinceau. Il mourut le 30 mai 1640. Sa veuve lui fit élever un magnifique mausolée dans l'église de Saint-Jacques d'Anvers.

Quel autre que Rubens aurait pu reproduire, avec la verve et la profusion qui le caractérisent, les magnifiques étoffes, les pompeux ornements, les admirables parures qui se multipliaient sous son pinceau et semblaient ne lui rien coûter? Homme heureux, s'il en fut, il a pu librement et sans contrainte satisfaire tous les goûts élevés qu'il avait reçus de la nature. Il n'a jamais eu sous les yeux que les belles choses qu'il aimait à reproduire; il vivait au milieu de sa peinture. Le rôle de Rubens, dans l'histoire de l'art, est de la plus haute importance, non pas seulement à cause des élèves qu'il a formés, et qui seuls suffiraient à sa gloire; ses œuvres, malgré leur immense mérite, ne servent pas seules non plus à marquer sa place. Jordans, David, Teniers, Van-Thulden, Van-Dyck, et les treize cents tableaux connus par la gravure, constituent la valeur personnelle de Rubens. Mais dans l'histoire de la peinture, son nom a un autre sens, un sens indépendant du mérite de ses élèves et du nombre de ses œuvres. Il est le chef d'une école qui a changé et renouvelé la face de l'art.

Car, bien qu'il ait étudié avec un soin extrême les écoles romaine, florentine et vénitienne, et précisément peut-être à cause de ses études persévérantes, si l'on excepte ses premiers essais, il ne relève nulle part ni de Rome, ni de Florence, ni des Vénitiens. Sa manière est aussi éloignée de Paul Véronèse que de Raphaël. Il a surpris leurs secrets, mais il ne s'en est servi que pour trouver le sien. Ce que les maîtres lui ont enseigné disparaît sous l'individualité de ses procédés.

En quoi consiste l'individualité de Rubens? Comment se sépare-t-il de l'Italie? C'est que, le premier, il a cherché la grandeur et la beauté ailleurs que dans l'idéalisation de la partie harmonieuse et sainte de la figure humaine; c'est que le premier il a voulu tirer de la réalité, prise en elle-même et pour elle-même, tout ce qu'elle pouvait contenir de majestueux et de saisissant.

Il accepte franchement la nature qu'il a sous les yeux, pleine

7.

de sève et d'énergie, amoureuse de mouvement et de plaisir, loin de corriger ce qui semblerait d'abord exubérant, irrégulier, il exagère logiquement, et au profit d'une idée, le caractère du modèle. Il avait compris que Raphaël avait épuisé les ressources de l'expression idéale ; il avait senti qu'il n'y aurait pour lui aucune gloire à suivre ses traces dans une route déjà frayée. Il a mieux aimé s'ouvrir une voie nouvelle et y marcher. Rubens, contrairement à l'école romaine qui soumettait la couleur à la forme, choisit dans le modèle ce qu'il y a de plus immédiatement pittoresque, la couleur, et, au besoin, pour rendre ce caractère plus sensible et plus puissant, il l'exagère aux dépens de la forme, mais sans jamais s'écarter d'une logique admirable et que lui seul possède.

Si la peinture italienne est chaste et sainte, la peinture de Rubens est singulièrement hardie, et les mêmes nudités, qui, dans les *Loges*, n'éveillent aucune pensée profane, changent de caractère et de valeur sous son pinceau. C'est qu'il les prend et les reproduit par leur côté réel. Il y a jusque dans ces chairs palpitantes, pleines de sang et de vie, quelque chose de grand et d'élevé, de supérieur à notre nature. Il semble que les artères y battent plus vite, que les flots qui s'y pressent soient plus rapides et plus pourprés : Raphaël avait idéalisé l'ordre, Rubens idéalise le mouvement.

Rubens a vu l'Italie et ne l'a pas copiée. Il s'est instruit aux *Loges*, et ne semble pas s'en être souvenu. Il y a dans sa vie un conseil clair et manifeste. Il faut admirer l'*Histoire de Constantin*, les *Enfers*, la *Vie de Marie de Médicis* ; mais oublier de pareils chefs-d'œuvre, tous chefs-d'œuvre qu'ils soient, quand on veut peindre et créer sur la toile une œuvre durable et grande.

FRANCESCO ALBANI (L'ALBANE)

— 1578 —

Francesco Albani naquit à Bologne en 1578. Il est plus connu sous le nom francisé de l'Albane. L'Albane étudia son art sous le Flamand Denis Calvart, et fut bientôt compté au nombre des élèves les plus distingués de ce maître. L'amour de l'art et l'amitié le lièrent étroitement au Dominiquin, son émule, avec lequel il travailla quelques années : on remarque même beaucoup d'analogie entre eux sous le rapport du coloris. Mais, pour l'invention et les détails de la composition, l'Albane surpasse son ami, ainsi que tous ses rivaux de l'école de Calvart. Beaucoup d'amateurs le mettent au-dessus de tous les peintres pour l'étude des formes féminines, jugement que l'on ne peut approuver sans restriction. Ses compositions les plus estimées sont une *Vénus endormie, Diane au bain, Danaë sur sa couche, Galathée sur la mer*, et *Europe enlevée par le taureau*. Il a merveilleusement réussi à reproduire la véritable couleur des arbres et de la verdure, la limpidité des eaux et la clarté de l'air : mais il se complait trop souvent dans ces effets et les reproduit peut-être trop fréquemment. Il a peint peu de sujets religieux : cependant ses peintures dans ce genre sont remarquables par la beauté des têtes d'anges. On dit que, marié à une fort belle femme qui lui donna douze enfants également remarquables par leur beauté, il eut le bonheur de trouver dans sa propre famille ses plus gracieux modèles. En général, les tableaux de moindre dimension lui réussissaient le mieux. Après s'être formé dans sa ville natale, il alla à Rome où le Guide, comme le Dominiquin, devint son émule. A Bologne il avait ouvert une école : il en ouvrit une également à Rome, mais les élèves du Guide, dans cette dernière ville, et le Guide lui-même avec lequel il concourut, trouvent son style lâche et sans force. On lui reproche en effet de manquer de noblesse dans la peinture des formes masculines : c'est pour cela qu'il évita les sujets qui exigeaient de l'inspiration et du feu. Aussi, à raison de son genre de travail et de succès, lui donna-t-on le nom de *peintre des grâces* et celui de *l'Anacréon de la peinture*. Toutefois ayant vécu fort longtemps, son talent déclina dans la seconde moitié de sa vie, et il eut le chagrin de se voir surpasser par des rivaux, surtout par Annibal Carrache. Il mourut en 1660, à l'âge de 82 ans, après avoir survécu à sa gloire, et en laissant des écrits que nous a conservés Malvasia.

ZAMPIERI DOMINIQUE dit LE DOMINIQUIN

— 1581 —

Le Dominiquin naquit le 21 octobre 1581, à Bologne, où son père exerçait la profession de cordonnier. On le destinait à l'étude des belles-lettres, mais il préféra celle du dessin et entra chez Denys Calvaert, peintre flamand. Les brutalités de son maître le forcèrent à quitter son école pour passer dans celle de Louis Carrache, où, dès son début, il remporta l'un des prix d'encouragement que distribuait le professeur. C'est là que Zampieri reçut, à cause de la douceur de son caractère et de sa jeunesse, le surnom amical de *Domenichino*, consacré maintenant par la postérité.

Zampieri n'était pas doué de cette spontanéité de conception naturelle au génie des arts : une grande application, une observation soutenue, l'amour du travail et le désir ardent de réussir lui tinrent lieu de cette qualité native. Le Dominiquin était longtemps à méditer son sujet, mais une fois qu'il l'avait bien développé dans son esprit, il prenait son pinceau et rien ne pouvait plus entraver sa marche dans la mise en œuvre de sa pensée. Cette manière de procéder semblait provenir d'une extrême lourdeur d'intelligence, comme le prouve la qualification de *bœuf* donnée au Dominiquin par ses camarades; mais Annibal Carrache ayant eu l'occasion d'apprécier mieux son disciple, le vengea de cette épithète injurieuse en assurant que le *bœuf* tracerait tellement son sillon qu'il fertiliserait le champ de la peinture. En effet, *la Mort d'Adonis*, exécutée à la galerie Farnèse, attira l'attention publique sur le débutant et lui valut l'amitié de J.-B. Agucchi, frère du cardinal de ce nom. C'est de ce moment aussi que surgirent contre l'auteur applaudi la jalousie de ses rivaux et les persécutions incessantes dont il fut depuis l'objet. Cependant, *le saint Pierre en prison* éclaira le cardinal Agucchi sur le mérite injustement contesté de Zampieri; ce prélat s'empressa d'utiliser l'élève du Carrache à la décoration de Saint-Omfre.

Le Dominiquin avait produit *la Suzanne, le saint Paul ravi, le saint François à genoux devant un crucifix,* et *le saint Jérôme dans la grotte.* A la recommandation d'Annibal Carrache, le cardinal Odoard Farnèse chargea le Dominiquin de peindre divers miracles de saint Nil et de saint Barthélemy dans la chapelle de l'abbaye de *la Grotta-Ferrata*, et d'autres motifs religieux. C'est dans la *Visite de l'empereur Othon III* que le jeune Dominiquin a placé les traits d'une jeune fille de Frascati qu'il aimait.

Le Dominiquin était lié d'une étroite amitié avec l'Albane.

Cette amitié était pure de toute jalousie. Comme l'Albane était occupé à décorer le château de Bunano, il n'hésita pas à exécuter les dessins en commun avec son ami et son ancien camarade.

Le Dominiquin fit preuve d'un grand talent, ce qui augmenta de beaucoup sa réputation.

Il représenta quelque temps après la *Flagellation de saint André* dans la chapelle de Saint-André de l'église Saint-Grégoire, et la *Communion de saint Jérôme*. Cette création admirable a été regardée comme l'un des trois chefs-d'œuvre de la peinture. Le Dominiquin n'avait alors que trente-trois ans.

Ce brillant succès fut consolidé par le tableau d'*Apollon conduisant son char* et l'*Histoire de Jacob et de Rachel*. Il retourna enfin à Bologne, attiré par le besoin de revoir sa famille.

C'est à cette époque et dans cet endroit qu'il exécuta les deux grands tableaux de la *Vierge du Rosaire* et du *Martyre de sainte Agnès*. Les quatre figures colossales des *Evangélistes* dans l'église de Saint-André *Della Valle* sont du même peintre. Il devait peindre la coupole, mais la jalousie et les persécutions de ses rivaux lui firent perdre ce travail. Pour le dédommager, le cardinal Attavio Bandini lui fit obtenir la décoration de l'église de Saint-Sylvestre à Monte-Cavallo, où il peignit *Esther devant Assuérus, Judith, David jouant de la harpe devant l'arche sainte, et Salomon sur son trône*. Il enrichit encore de ses productions les églises de Sainte-Marie-de-la-Victoire, de San-Carlo-de-Catinari, de Saint-Jean-des-Bolonais, et la basilique de Saint-Pierre, où parut le *Martyre de saint Sébastien*, transporté depuis à Sainte-Marie-des-Anges. Tant de titres à l'estime publique irritèrent de plus en plus l'envie attachée au talent supérieur de Zampieri, qui, sur de pressantes sollicitations, consentit à se rendre à Naples pour y peindre la chapelle du trésor. Il ne put mettre la dernière main à cette œuvre gigantesque, à l'exécution de laquelle il s'appliqua sans relâche, malgré les obstacles suscités par ses rivaux. Ainsi, l'on avait gagné l'ouvrier commis au soin de confectionner les enduits; et ce misérable ajoutait de la cendre à la chaux, de manière à sillonner le fond de gerçures; l'Espagnolet, particulièrement, fit tous ses efforts pour réduire au désespoir l'homme qu'il ne pouvait égaler.

Enfin, excédé de tant de luttes, le Dominiquin s'échappa, mais l'attachement qu'il portait à sa famille, restée en otage, le mit dans la triste nécessité d'aller reprendre un train de vie qui le conduisit au tombeau. Le croira-t-on? l'acharnement contre le Dominiquin fut tel, que, dans les derniers instants de son existence torturée, il se vit obligé de préparer lui-même ses aliments pour ne pas être empoisonné par une main vendue à ses lâches bourreaux. Il succomba enfin à cette lutte incessante, et mourut le 15 avril 1641, âgé de soixante ans.

Ce qui distingue principalement ce maître, c'est la justesse et la vérité de ses expressions. Son coloris manque de fraîcheur, sa touche est pesante. Ses draperies ont souvent un aspect grandiose par la manière dont elles sont disposées; mais dans tous les détails de la composition, il est facile de constater que le Dominiquin doit moins aux inspirations du génie qu'à une grande persévérance de méditation le haut rang qu'il occupe dans la peinture.

On ne lui connaît que quatre élèves, Andrea Camassei, Antonio Barba-Longa, Francesco Cozza et Gio-Agnolo Cassini.

JEAN LANFRANC

— 1581 —

Son véritable nom est *Lanfranco*, mais il a été francisé en celui de Lanfranc, sous lequel il est toujours désigné. Il naquit à Parme en 1581. Page du comte Scotti, il dessinait sans cesse, et fut placé par ce seigneur dans l'atelier d'Augustin Carrache, qui alors travaillait à Parme. A la mort de son maître, il alla à Rome, où il aida Carrache, qui travaillait à la célèbre galerie Farnèse.

Lanfranc profita de son séjour à Rome pour étudier Raphaël et l'antique; cependant, il ne put parvenir à une grande pureté de dessin. Ses compositions sont vastes, nobles et d'un grand effet, mais ses figures sont souvent lourdes; ses raccourcis, qu'il multipliait à dessein, les empêchent d'être gracieuses. Lanfranc avait beaucoup de facilité pour produire, mais il n'avait pas la patience nécessaire pour exécuter sagement. Sans être bien vraie, sa couleur fait pourtant assez d'effet. Pour bien juger Lanfranc, il faut avoir vu ce que l'on nomme en Italie *les grandes machines*, où il développe avec hardiesse toute l'énergie de son talent.

Lanfranc a gravé à l'eau forte, mais, dans ce travail aussi, il mettait trop de précipitation. Il mourut à Rome en 1647, âgé de soixante-six ans, le jour même où l'on venait de découvrir sa peinture à la tribune de Saint-Charles de Cattenari.

DAVID ET TÉNIERS LE JEUNE

— 1582 —

Téniers (David) dit le Vieux, parce que l'un de ses fils porta le même prénom que lui, était né à Anvers en 1582. Il eut Rubens pour maître et commença par faire de grands tableaux ; mais la nature ne l'avait pas créé pour le genre historique. Il part pour Rome où il veut terminer ses études ; y trouve un Allemand nommé Elzheimer, qui ne fait que des petits ouvrages recherchés par les amateurs, et dès lors il ne fait plus aussi que des tableaux de chevalet. Après dix ans d'absence il revient à Anvers, et ne s'occupe plus qu'à représenter la nature flammande dans toute sa naïveté : des réunions de buveurs et de fumeurs, des charlatans, des kermesses ou fêtes de villages, des intérieurs de ménages rustiques ; tels sont les sujets auxquels il consacre son pinceau, et qu'il reproduit avec autant de talent que de fidélité.

Téniers le Vieux mourut dans sa ville natale en 1649, âgé de soixante-sept ans ; il laissa deux fils, David et Abraham, tous deux peintres, tous deux ses élèves ; mais, le dernier n'ayant jamais eu qu'un talent médiocre, on n'a conservé que le nom de son frère, qui fut surnommé *le Jeune* pour le distinguer de son père.

Téniers le Jeune reçut, dit-on, des leçons de Bauwer, d'Elzheimer, qui avait été l'ami et le condisciple de son père, et même de Rubens ; quoiqu'il en soit, dès qu'il eut acquis la pratique de son art, il se mit à copier, avec une merveilleuse habileté, tout ce qui s'offrait à lui ; il était tour à tour Bassan, Tintoret, et surtout Rubens. S'il est plus gris que les deux premiers maîtres, il retrouve la couleur, la touche et même l'élévation du dernier. Attaché à l'archiduc Léopold, qui le combla de bienfaits, il copia en petit tous les tableaux de la galerie de ce prince, et c'est, d'après ces copies, que cette collection fut gravée et publiée sous le titre suivant : *Theatrum pictorium* (Anvers, 1658 à 1684, en 245 planches). Cette publication eut lieu plus tard en France sous ce titre : *Le Grand cabinet de tableaux de l'archiduc Léopold-Guillaume, peint par des maîtres italiens, et dessiné* (c'est copié qu'il aurait fallu dire) *par David Téniers* (1755, in-folio.)

— Dans sa jeunesse, il lui arriva, comme à Lantara, de payer sa dépense avec son pinceau. Il était dans une auberge de village ; s'étant aperçu qu'il n'avait pas d'argent, il fit approcher un aveugle qui jouait de la flûte, le peignit rapidement, et vendit ce tableau trois ducats à un voyageur anglais qui s'était arrêté dans la même auberge pour changer de chevaux.

— Téniers sentit heureusement de bonne heure la nécessité d'être autre chose qu'un habile copiste ; il se retira dans un village entre Malines et Anvers, afin d'étudier la nature ; mais cette retraite champêtre fut bientôt le rendez-vous de toute la noblesse du pays, car, ainsi que le fait remarquer avec raison l'un de ses biographes, celui de tous les peintres flamands dont les ouvrages sont inspirés par les classes les plus populaires fut aussi celui qui vécut dans les plus hautes classes de la société.

— L'archiduc Léopold, dont j'ai parlé, l'avait fait gentilhomme de sa chambre ; la reine Christine lui donna son portrait avec une chaîne d'or ; le prince don Juan d'Autriche voulut être son élève ; enfin le roi d'Espagne, le prince d'Orange et plusieurs autres très-grands seigneurs l'honorèrent d'une protection éclairée et généreuse.

— Téniers le Jeune avait une extrême rapidité d'exécution ; il a fait un grand nombre de petits tableaux, qu'il appelait ses *après souper*, parce que c'était le soir, et comme par délassement qu'il les exécutait. Une grande vérité d'observation, une touche spirituelle et fini, une couleur bien dégradée, telles sont les qualités qui distinguent son talent et qui donnent encore un grand prix à ses ouvrages ; mais, comme on l'a déjà vu, ce sont presque toujours des sujets puisés dans la nature commune, et c'est ce qui explique pourquoi Louis XIV, qui aimait tout ce qui était pompeux, élevé, noble, s'écria, en voyant les tableaux de ce maître que l'on avait mis dans ses appartements : *Qu'on enlève ces magots*.

— Le musée possède assez grand nombre de tableaux de Téniers le Jeune. Né en 1610, à Anvers, il mourut à Bruxelles en 1694.

JOSEPH RIBERA dit L'ESPAGNOLET

— 1589 —

Joseph Ribera dit l'Espagnolet naquit à Sativa près de Valence. Les Napolitains s'obstinent à faire de Ribera un compatriote, lui donnant Gallipoli pour lieu de naissance et le désignant sous le nom de *il cavaliere Guiseppe Ribera*.

Issu d'une famille pauvre, ses parents l'envoyèrent de bonne heure à Valence pour y faire ses études; mais son penchant irrésistible pour la peinture lui fit bientôt renoncer aux belles lettres pour entrer dans l'atelier de Francisco Ribalta. Dès ce moment, son talent naturel devint une passion, et il ne rêva plus que l'Italie et ses merveilles. Il dit donc adieu à ses parents, à ses amis, à sa patrie, et arriva à Rome sans appui et sans ressources. Les privations de toute espèce qu'il eut à endurer ne purent le décourager; faisant de la rue son atelier et d'une borne son chevalet, dessinant les statues, les fresques, les passants eux-mêmes, il eut recours, pour subvenir à ses premiers besoins, à la charité de ses camarades, qui l'appelaient (lo Spagnaletto) l'Espagnol. Il lutta contre la misère, jusqu'à ce qu'un cardinal, ayant vu ses ouvrages, lui donna son palais pour asile, et fournit à ses besoins les plus urgents.

Ce changement inopiné de fortune altéra l'énergie de l'artiste au pinceau ferme et terrible; il quitta bientôt cette position pour retourner à ses anciennes habitudes et se rendit à Naples. Il était encore jeune. Sa réputation ne tarda pas à s'étendre. Le pape le nomma chevalier de l'ordre du Christ; l'académie de saint Luc, à Rome, l'admit au nombre de ses membres. De tels succès lui firent obtenir de nombreux travaux et acquérir de grandes richesses.

Contrairement au caractère des artistes, Ribera était très-positif, et on cite une aventure qui prouve combien il avait la conscience de son talent et combien ses ouvrages étaient recherchés. Deux de ses compatriotes vinrent un jour lui proposer de l'initier dans les secrets de l'alchimie et de l'admettre au partage de tous les avantages qui pourraient en résulter, s'il voulait avancer l'argent nécessaire pour se livrer à leurs opérations et produire de l'or. Ribera leur répondit avec le plus grand calme qu'il connaissait aussi le moyen d'en faire, et que s'ils voulaient prendre la peine de repasser le lendemain, il le leur montrerait. Les deux alchimistes ne manquèrent pas au rendez-vous. Ils trouvèrent Ribera mettant la der-

nière main à un tableau. Aussitôt qu'il fut terminé, il appela
un domestique et lui donna l'ordre de l'apporter chez un
marchand qui lui compterait 300 ducats. A son retour,
Ribera prit les rouleaux d'or et les jetant sur la table :

— « Voilà, messeigneurs, dit-il aux visiteurs, l'or que je
ais faire; si je m'y connais, il est de bon aloi et vaut bien celui
que peut produire l'alchimie.

Les ouvrages les plus remarquables de Ribera sont à Naples. Le musée *Dégli Studi* en a conservé quatre : un *saint Bruno* agenouillé devant l'enfant Jésus qui le bénit; un *saint Sébastien* attaché à l'arbre, très-belle figure d'adolescent; un *saint Jérôme dans sa grotte*, entendant l'ange sonner de la trompette et enfin le grand tableau de *Silène*, dans lequel le père nourricier de Bacchus est représenté couché à terre, recevant à boire des satyres qui l'entourent.

C'est dans ces deux derniers ouvrages que brillent, dans tout leur éclat, les qualités éminentes, souvent poussées jusqu'à l'excès, de ce grand peintre. Quelques biographes lui ont fait le reproche d'exagérer à dessein les oppositions de la lumière et de l'ombre pour produire quelques merveilleux résultats de clair-obscur; de chercher des têtes de vieillards chauves et barbues, des mains ridées et calleuses, des corps décrépits et contournés, pour mieux montrer sa science de l'anatomie musculaire; de chercher d'ordinaire dans le choix de ses sujets, dans les traits et les attitudes de ses personnages, dans tous les détails des scènes qu'il représente, ce qu'il y a de plus terrible, de plus hideux même et de plus repoussant, pour porter l'émotion du spectateur jusqu'à l'horreur et l'effroi. Mais il faudra bien cependant convenir que cette lumière et ces ombres, que ces têtes, ces mains et ces corps, que ces sujets enfin avec tous leurs détails, sont possibles, sont vraisemblables, ce qui suffit dans les arts pour être vrais; il faudra convenir ensuite qu'au point de vue adopté par l'artiste, ils sont rendus avec une fidélité merveilleuse, avec une incomparable énergie du pinceau, et que nul peintre, de nulle École, n'a porté plus loin, dans l'exécution matérielle de ses œuvres, la force, l'audace, la grandeur, l'éclat et la solidité...

Dans le *Silène* et *saint Jérôme* on retrouve la manière de Caravagge que Ribera prit pour modèle. On lit, au bas du *Silène*, l'inscription suivante : *Josephus Ribera, Hispanus Valentinus et coacademicus romanus, faciebat Parthenope* 1626. Elle est gravée sur une écriteau qu'un serpent semble mordre et déchirer, et fut l'emblème de la jalousie de Ribera qui s'entoura de spadassins pour chasser de Naples tous les artistes étrangers qui cherchaient à s'y fixer.

Le couvent de l'Escurial, en Espagne, possède un grand nombre de ces tableaux ; on en voit également quelques-uns en France, dont le plus admirable est *l'Adoration des bergers* que l'on voit au musée du Louvre.

On ne sait rien de positif sur l'époque ni la manière dont il finit sa carrière ; certains biographes croient qu'il se suicida à l'âge de soixante-sept ans.

LE GUERCHIN

— 1590 —

Son véritable nom était Gian-Francesco Barbieri. Celui de Guerchin lui fut donné parce qu'il louchait de l'œil droit (*Guercio*, louche). Les uns le font naître en 1597, d'autres au 2 février 1590. Il vit le jour à Cento, près de Bologne.

Contemporain des artistes les plus habiles de la belle Italie, le Guerchin avait besoin d'un rare mérite pour se faire jour au milieu de cette foule de talents ; il y parvint avec gloire

Il existe dans les tableaux du Guerchin beaucoup de rapport avec ceux de Caravagge pour le coloris. Son dessin es noble et hardi, bien qu'on remarque souvent peu de justesse dans les proportions des personnages. On lui a souvent reproché aussi d'être monotone dans la composition de ses sujets. Cette monotonie semble toute naturelle lorsqu'on examine sa vie privée, et lorsqu'au lieu d'une vie d'artiste, turbulente e passionnée, on a devant soi l'austère existence d'un cénobite. Jamais pour lui un jour ne passa sans prières. Jamais on ne le vit figurer dans de somptueuses orgies comme quelques-uns de ses confrères.

Parmi ses tableaux les plus remarquables, on cite : la *Mort de Caton d'Utique; Coriolan,* fléchi par les prières de sa mère; les *Enfants de Jacob* lui montrant la robe ensanglanté de Joseph; *sainte Pétronille, saint Pierre* ressuscitant *Tabite, saint Antoine de Padoue, saint Jean-Baptiste,* la *Vierge* apparaissant à trois religieux; la *Présentation au Temple; David et Abigaïl;* son plafond de l'*Aurore,* dans un salon de la villa Ludovisi, à Rome. On peut voir quelques-uns de ses tableaux à notre musée royal; on distingue surtout une superbe toile, représentant la *Paix des Sabins et des Romains.*

On assure qu'il était doué d'une si grande facilité que, dans une nuit, à la lueur des torches, il peignit un grand tableau qui lui avait été commandé par des religieux. On n'est pas impressionné d'abord à l'aspect de ses tableaux; on finit cependant par être saisi d'un saint recueillement. Le style mystique, qui règne dans ses compositions, l'harmonie sombre de sa peinture, nous paraissent venir de la manière dont il concentrait la lumière de son atelier : il faisait venir le jour d'une grande hauteur et par un orifice extrêmement resserré et produisait ainsi l'effet auquel il visait.

Le Guerchin mourut en 1666, à l'âge de soixante-seize ans.

NICOLAS POUSSIN

— 1594 —

Nicolas Poussin naquit en 1594, aux Andelys, en Normandie, d'une famille noble, mais pauvre. Il manifesta de bonne heure du goût pour la peinture, et commença l'étude de cet art sous des maîtres médiocres. Mais les hommes de génie se forment d'eux-mêmes. Poussin travailla avec ardeur, et ses progrès furent si rapides, son mérite perça si promptement, que sa vogue était déjà grande quand il partit pour l'Italie. A Rome, il se lia d'amitié avec le chevalier Marino, célèbre par son poème d'*Adonis*. Celui-ci lui donna du goût pour la lecture des poètes anciens et modernes, et Poussin y trouva beaucoup de profit pour ses compositions. Après la mort de son ami, Poussin, pour subsister, fut obligé de vendre à vil prix les ouvrages qu'il avait faits. Cette circonstance, au lieu d'affaiblir son courage, l'augmenta : il n'en travailla qu'avec plus d'ardeur. Sans cesse désireux d'acquérir de nouvelles connaissances, il apprit la géométrie, la perspective, l'architecture et l'anatomie. La perfection de ces parties de l'art dans ses tableaux, prouve à quel point l'étude de ces sciences est nécessaire au peintre. Sa conversation, ses lectures et ses promenades, avaient toujours trait à sa profession. Ce ne fut qu'après avoir vu la tête du Père Eternel, peinte par Michel-Ange, dans la chapelle Sixtine, que Raphaël se sentit animé du feu sacré. L'art doit donc au génie de Michel-Ange le beau génie de Raphaël. Or, peut-être au mérite de celui-ci devons-nous tout le mérite de Poussin. Ce qu'il y a de sûr, c'est qu'il étudia à Rome les statues antiques, les tableaux des grands maîtres, les fresques de Raphaël : et l'on se demande si, pour la profondeur des pensées et l'exactitude de la pantomime, il n'a pas surpassé son modèle? Raphaël élevait son imagination jusqu'aux cieux et sacrifiait aux grâces : Poussin, penseur profond, méditait sans cesse, et ne s'arrêtait qu'au positif. Raphaël a peint en homme de génie, et Poussin en mathématicien. Il faut le dire, à la honte de Richelieu et de Colbert, ce peintre, né français, manque à la gloire de notre Ecole. Ses plus beaux tableaux ont été faits en Italie, où il vécut de son talent, sous la protection du cardinal Barberini, plus heureux et cent fois plus grand dans sa misère que Charles Le Brun, entouré d'artistes, ses esclaves, et honoré des faveurs de Louis XIV. Poussin, avant de peindre, observait les hommes en particulier et dans toutes les classes de la société : il écoutait leurs discours, examinait leur physionomie et leurs gestes. Rentré dans son atelier, il crayonnait de mémoire ce qu'il avait appris de la nature. Ce que Poussin a écrit est parfaitement exprimé dans ses tableaux, et surtout dans celui où il a représenté le Général lacédémonien *Eudamidas au lit de mort, dictant ses dernières volontés*. Rien de plus simple que l'ensemble de ce bel ouvrage dans sa composition; rien de plus sublime dans ses détails. Admirez encore dans le tableau de la *Femme adultère*, qui est à notre musée impérial, l'abattement de l'accusée, et l'entretien de ses accusateurs sur la sentence pleine d'équité et de philosophie prononcée par Jésus-Christ. Le tableau de l'*Extrême-Onction* est un autre exemple de la connaissance approfondie que Poussin avait du cœur humain. Poussin se fit aussi, à Rome, l'ami du Dominiquin, dont il plaignait la triste destinée, et auquel il donnait les plus affectueuses consolations. C'était dans l'atelier de ce grand peintre qu'il allait dessiner le nu. Il défendit énergiquement son admirable ouvrage de la *Communion de saint Jérôme* contre les envieuses déclamations des Lanfranc, des Spada, des Ribera, et des autres peintres bassement jaloux de sa gloire.

Après avoir travaillé longtemps dans le silence et la retraite, et alors qu'il était dans la vigueur de l'âge, Poussin donna aux Romains l'occasion d'admirer ses productions et de s'énorgueillir de le posséder dans leur ville. Ses tableaux attirèrent les regards de la foule, quoique placés à côté des peintures des plus grands maîtres. Mais notre savant artiste ne se laissait pas enivrer par les éloges les plus flatteurs.

— C'est à la nature que je dois mes talents, disait-il, car ce n'est qu'en tremblant que je trace mes sujets sur la toile : et alors que je produis ma pensée dans mon atelier, je regarde en arrière ; je vois mes illustres prédécesseurs, et je suppose toujours que la postérité, assise près de moi, juge d'avance mes compositions. »

Lorsqu'il était en France, notre illustre artiste avait été jalousé par de nombreux rivaux, et quand il avait quitté la terre natale, il en avait emporté l'amour. Mais il lui restait l'espérance d'y revenir un jour. La renommée qu'il acquit à Rome ne pouvait manquer de se répandre dans sa patrie, témoin de ses premiers essais. Le surintendant des bâtiments de la Couronne, Desnoyers, les avait vus et appréciés : aussi ne pouvait-il souffrir qu'on laissât l'Italie jouir d'un talent dont la France devait à bon droit se glorifier. Il obtint du cardinal de Richelieu et de Louis XIII la permission de faire venir Poussin de Rome pour décorer la grande galerie du Louvre; mais le souvenir des intrigues de Paris fit hésiter le peintre. Il ne voulut quitter Rome que demandé par le Roi lui-même. Louis XIII lui écrivit. Ce fut en 1640 que Poussin revit la France. A son arrivée à Paris, comblé de gloire et d'honneur, il fut admis auprès du Roi, et lui présenta son immortel *Testament d'Eudamidas*. Louis XIII s'inclina, et lui remit le titre d'une pension de 3,000 livres. Cette scène fut mise en tapisserie et placée au Salon de 1817. Néanmoins, un peintre flamand, créature de la Reine, Jacques Fouquers, se mit en rivalité avec Poussin pour la galerie du Louvre : c'était ce que redoutait notre héros. Il lutta donc avec Fouquers, puis avec Le Mercier, architecte du roi, dont les décorations mal entendues gênaient Poussin. Vouët, un autre artiste, se réunit aux autres adversaires du peintre des Andelys, et alors Poussin, abreuvé de nouveaux dégoûts, fut forcé, pour la seconde fois, de quitter la France. Il en sortit en 1642. Mais avant de s'éloigner, il voulut se venger de ses ennemis, et fit une allégorie satirique, boutade du génie, qui a disparu depuis, mais qui fit alors la honte de la coterie Fouquers, etc.

Après la mort de Louis XIII, Poussin, quoique à Rome, n'en conserva pas moins le titre et les appointements de premier peintre du Roi. C'est à cette époque qu'il peignit *Moïse exposé sur les eaux du Nil*, chef-d'œuvre dans lequel on admirera toujours l'attitude et l'expression d'Amram, père de Moïse, se retirant après avoir abandonné son fils, et la composition si riche du paysage et du fond de ce tableau. On voit également au musée son superbe plafond : le *Temps qui délivre la vérité du joug de la colère et de l'envie;* la *Cène,* que Louis XIV lui fit peindre pour la chapelle du château de *Saint-Germain-en-Laye,* et le *Dictateur Furius Camillus faisant fouetter un maître d'école par ses propres élèves.*

Poussin, ne sentant de goût que pour le travail, vécut en vrai philosophe; sa maison était montée sur le ton le plus modeste. Un jour qu'il reconduisait lui-même, la lampe à la main, le cardinal Mancini, ce prélat ne put s'empêcher de lui dire :

— « Je vous plains beaucoup, Monsieur Poussin, de n'avoir pas un seul valet. »

— Et moi, répondit Poussin, je vous plains beaucoup plus, Monseigneur, d'en avoir un si grand nombre. »

— « Nicolas Poussin, dit Voltaire, fut élève de son génie; il se perfectionna à Rome : on l'appelle le peintre des gens d'esprit, on pourrait aussi l'appeler celui des gens de goût. Il n'a d'autre défaut que celui d'avoir outré le sombre du coloris de l'école romaine. Il était de son temps le plus grand peintre de l'Europe. Rappelé de Rome à Paris, il céda à l'envie et aux cabales; il se retira. Poussin retourna à Rome, où il vécut pauvre et content. C'est ce qui est arrivé à plus d'un artiste. Sa philosophie le mit au-dessus de sa fortune. »

C'est peut-être la seule fois que Voltaire ait parlé avec justesse à propos de peinture. Quant au sombre du coloris qu'il lui reproche, il a raison pour certains ouvrages, mais il en est d'autres dans lesquels Poussin a égalé la vigueur du Titien.

Ses longs travaux avaient affaibli sa santé; il la sentait décliner de jour en jour : travaillant à un tableau représentant la *Samaritaine conversant avec Jésus*, qu'il faisait pour M. de Chanteloup, il fut tout à coup comme anéanti, quitta brusquement ses pinceaux, et, prenant la plume, lui écrivit ces mots remarquables (c'était en 1662) :

— « Mon ami, je sens que je touche à ma fin, et que c'est le le dernier tableau que je fais pour vous... »

Il avait été frappé de paralysie.

Dans cet état, Poussin ne peignit que très-rarement; sa main, faible et tremblante, ne répondait plus à l'activité de son génie. Il eut néanmoins le courage de terminer les *Quatre saisons* qu'il avait ébauchées avant sa maladie. On reconnaît aisément, à la touche molle et incertaine, au coloris terne et sans vigueur, au dénuement entier des prestiges de l'art de ces quatre tableaux, l'affaiblissement des forces physiques du grand artiste, mais on y trouve encore son esprit tout entier et sa pensée toujours noble et sublime.

Mais, par un dernier effort, qui n'a peut-être pas d'exemple dans les arts, Poussin termina sa carrière pittoresque par un chef-d'œuvre : il fit son tableau du *Déluge*, qui, dans ses *Quatre saisons*, a le titre d'*Hiver*, et ce prodige de l'art, que l'on voit au musée, fut son testament de gloire.

Frappé presque aussitôt après d'une seconde attaque de paralysie, qui le priva de l'usage de ses mains, il attendit avec calme et résignation l'instant suprême. Enfin une troisième attaque enleva cet artiste, l'honneur de la France, en 1665, dans la soixante et onzième année de son âge.

La nouvelle de sa mort répandit la consternation et le deuil dans Rome. Les amateurs et les artistes se pressèrent autour de son tombeau pour rendre hommage à sa personne et pour déplorer la perte immense que les arts venaient de faire; tous les poètes de l'Italie, par des chants funèbres, déplorèrent d'un commun accord cette perte irréparable. Tout ce qu'a été Nicolas Poussin, on le retrouve dans un *Portrait*, peint par lui-même, qui figure si honorablement au musée.

JACQUES JORDAENS

— 1594 —

Jacques Jordaens, né à Anvers en mai 1594, fut d'abord élève d'Adam Van-Oort, et passa ensuite dans l'école de Rubens. Le maître sut apprécier le mérite de son élève; il s'en fit un ami et lui donna des avis si utiles que Jordaens, en imitant la manière de son nouveau maître en devint plus parfait.

On a vu à Paris, il y a quelques années, dans la galerie de madame de Frainays, un petit tableau de Jacques Jordaens, représentant une Bacchanale, dont le coloris clair, léger et la touche spirituelle, rappelle positivement la manière de faire de Rubens. Sa réputation croissait de jour en jour; le roi de Suède lui commanda douze grands tableaux représentant la *Passion du Christ*. Emilie de Salms, douairière du prince Frédéric Henri de Nassau, lui fit peindre les actions mémorables du prince son époux, en plusieurs tableaux aussi ingénieux par les allégories qu'expressifs par les couleurs et l'harmonie. On peut dire avec raison que le coloris des chairs de Jordaens a la suavité et le velouté d'une pêche; ce que l'on remarque dans les têtes du tableau du *Roi boit*, qui est au musée du Louvre, ainsi que dans celui des *Vendeurs chassés du Temple*, de la même galerie. On voit aussi chez l'électeur palatin une fuite en Egypte, et encore celui du *satyre qui voit souffler le chaud et le froid* : ces ouvrages sont regardés comme des chefs-d'œuvre.

Changez le naturel, il revient au galop,

a dit le bon Lafontaine : Jordaens justifie ce proverbe dans quelques-unes de ses peintures. Le genre d'éducation qu'il avait reçu, les habitudes des hommes de son pays, et le penchant pour le genre burlesque, l'ont fait tomber souvent dans une aberration de goût et de convenance qui déparent ses plus beaux ouvrages. *Le Jugement dernier*, du musée, par exemple, est un amas confus de figures nues des deux sexes, placées sans ordre, dans des attitudes peu décentes, et d'un dessin si négligé qu'elles repoussent le spectateur au lieu de l'attirer. Un autre tableau préférable à celui-ci, et dans lequel il y a aussi des écarts de goût, se trouve dans l'abbaye de saint Martin, à Tournai. Il représente l'évêque de Todi avant son élection au siége de saint Pierre. La composition de ce tableau est riche, large et digne de son sujet, mais seulement dans quelques parties. En définitive, les erreurs dont Jacques Jordaens s'est généralement rendu coupable dans ses productions, n'empêchent pas de rechercher ses tableaux. Ce peintre mourut à Anvers, le 18 octobre 1678, à l'âge de 84 ans.

PIERRE DE CORTONE

— 1596 —

Pierre de Cortone naquit à Cortone, en 1596. Son nom de famille était Pierre Berretti. Quelques biographes le placent parmi les maîtres de l'école florentine, parce qu'il commença ses études à Florence, sous Baccio-Carpi. Toutefois, ses ouvrages ne laissent aucun doute sur ses sympathies pour l'école romaine. Il fit le voyage de Rome, fort jeune, et fut élève d'Andréa Commodi. Les dispositions médiocres qu'il eut à vaincre, les difficultés élémentaires de son art lui firent donner le sobriquet de *tête d'âne*.

Le talent de Cortone se révéla tout à coup, et c'est particulièrement pour la peinture de décoration que la nature avait mis en lui des qualités brillantes ; il savait grouper avec un art remarquable de grandes masses de personnages, et son coloris puissant, son entente des effets de lumière, charmaient les yeux. Ses débuts heureux, dans une carrière que ses amis lui croyaient à jamais fermée, étonnèrent les plus habiles maîtres de cette époque. *L'Enlèvement des Sabines* et une bataille qu'il peignit dans le palais de Sachetti, lui acquirent une renommée qui ne fit que grandir à mesure qu'il s'enhardit dans sa manière ; c'est surtout dans le plafond de la grande salle du palais Barberini qu'on retrouve les belles qualités de sa peinture. Ce plafond est encore regardé comme une des merveilles de Rome.

Selon son habitude, il a eu recours, en cette occasion, aux grandes machines ; une ordonnance vaste et ingénieuse remplit l'espace sans l'encombrer ; l'accord général de la composition et de la couleur est des plus harmonieux et des mieux entendus; la lumière et l'ombre sont distribués par larges masses; le ciel est d'une pureté, d'une légèreté qui font illusion.

Pierre de Cortone, après un long séjour à Rome, voulut voyager. Il alla en Lombardie, habita quelques temps Venise, puis revint à Florence, où le grand duc Ferdinand II l'employa à peindre les plafonds du palais Pitti.

Ce prince regardait un jour avec attention un bel enfant que Cortone avait représenté tout en larmes. Le peintre d'un coup de pinceau, mit un gracieux sourire sur les lèvres de l'enfant, puis, avec une autre touche, lui rendit l'expression de douleur qui se peignait d'abord sur son visage.

— « Prince, vous voyez dit Berrettini, comme les enfants passent en une minute du sourire aux larmes ».

Victime des calomnies et des haines jalouses, il perdit son crédit à la cour et quitta Florence, laissant ses plafonds inachevés pour retourner à Rome, où il se mit à exécuter de ces grandes pages allégoriques pleines de cette *Vaghezza* qui était si fort du goût des Romains.

Cortone mourut à l'âge de 72 ans.

Le Musée du Louvre possède plusieurs ouvrages de Cortone: ce sont la *Réconciliation de Jacob et d'Esaü, la Nativité de la Vierge, Sainte Martine;* enfin le plus grand et le plus remarquable de ces tableaux représente *Romulus et Rémus* dans la cabane de Laurentia.

Pierre de Cortone laissa deux élèves qui se rendirent célèbres, le spirituel Romanelli et Ciro-Ferri.

ANTOINE VAN DYCK

— 1598 —

Antoine Van Dyck naquit à Anvers le 22 mars 1599, et selon d'autres en 1598. Son père qui peignait sur verre, était de Bois-le-Duc, et fut le maître de Thomberg le jeune. Après avoir suivi les leçons d'Henri Van Balen, Antoine entra chez Rubens. Van Dyck ne tarda pas à surpasser tous ses condisciples. Il dut à une circonstance toute particulière la prédilection du grand-maître.

Rubens venait de terminer sa fameuse *Descente de croix* et oublia, en sortant, de fermer la porte de l'atelier où il avait l'habitude de peindre. Les élèves, curieux comme tous leurs semblables, n'eurent rien de plus pressé que d'envahir la pièce ouverte, afin de connaître sa manière de travailler; mais un accident terrible vint jeter la consternation au milieu de nos jeunes étourdis; l'un d'eux effaça par mégarde le bras de la Vierge, le menton et la joue de la Madeleine. Ils étaient dans la désolation lorsque Van Dyck, n'écoutant que son inspiration, mit fin à leur anxiété. Il saisit la palette et le pinceau de Rubens et d'une main assurée répara le dommage. Il fit si bien que Rubens, en rentrant dans son atelier et admirant les parties que Van Dick avait réparées, s'écria :

« Cette tête et ce bras ne sont pas ce que j'ai fait hier de moins bien. »

Un contrat passé entre ce grand peintre et le serment des arbaletiers d'Anvers pour le fameux tableau de la *Descente de croix*, stipule quelques florins de pourboire en faveur de Van

Dyck, et ses condisciples. Van Dyck, après avoir voyagé en Italie, revint dans sa patrie avec un talent mûri par le travail, et l'étude réfléchie des bons modèles. Supérieur dans le genre historique, il ne dut la gloire dont il jouit de son vivant qu'à ses admirables portraits. Charles Ier, qu'il peignit, le créa chevalier, et le duc de Buckingham lui fit épouser la fille de lord Ruthwen, qui, par malheur, ne lui apporta en dot que sa haute naissance et sa beauté. Varillas, qu'il ne faut pas toujours croire, dit que Van Dyck demanda au roi d'Angleterre trois cent mille écus pour des cartons de tapisserie; qu'il vivait d'une manière magnifique, et qu'il avait une troupe de comédiens et un équipage de chasse à lui. Il mourut de phthisie à Londres, en 1641, et quoiqu'il eut dilapidé sa fortune en donnant dans les prestiges alchimistes, il laissa encore à sa veuve des sommes considérables.

On ne peut comprendre qu'un artiste mort si jeune ait laissé un si grand nombre de tableaux. Van Dyck a souvent égalé Rubens par la richesse de l'ordonnance et la vivacité du coloris; souvent aussi il l'a surpassé par la délicatesse des teintes, la belle fonte des couleurs, la pureté et la finesse du dessin. Le tableau de *saint Augustin en extase* a été gravé par P. de Jode; *le Couronnement d'épines*, et *Jésus élevé en croix*, par Bolswert. Van Dyck, qui lui-même gravait fort bien au burin, a fait paraître un recueil de planches, représentant des personnages dont il avait fait le portrait d'après nature. Ce recueil, in-folio, vit le jour à Anvers vers 1636; il a été augmenté depuis, et on a fait de nouveaux tirages des estampes.

FRANÇOIS ZURBARAN

— 1598 —

Zurbaran, d'après Cean Bermudez, biographe des peintres espagnols, naquit à Fuente-de-Cantos, bourg de l'Estramadure, le 7 novembre 1598. Le nom de cet artiste, auquel se rattache le souvenir d'une foule de compositions originales, était resté ignoré de bien des peintres. C'est à l'heureuse idée de l'établissement d'un musée espagnol à Paris, et peut-être encore à la participation intelligente de M. Taylord à cette œuvre, que nous devons de connaître et d'apprécier le génie de Zurbaran.

Parmi les peintres ses contemporains, il n'en est pas qui soit, plus que lui, demeuré étranger, par sa pratique ou la nature de ses conceptions, à la manière italienne ou flamande. Il est Espagnol par tempérament, comme Caldéron ou Lopez de Véga; à ce titre surtout, et quand même il se recommanderait moins à nos yeux par ses qualités éminentes de dessinateur et de coloriste, il est digne d'occuper une place dans l'histoire de l'art entre Velasquez et Murillo.

Fils de pauvres ouvriers, Zurbaran était, sans doute, destiné à partager les obscurs et pénibles travaux de ses parents. A défaut de détails écrits sur son enfance, on suppose que le germe de la vocation se développa de bonne heure en lui, d'une manière assez positive pour attirer les regards de ses parents, et triompher des difficultés inhérentes à tout début dans la carrière des arts. Le fait est que, après avoir, sans doute, charbonné bien des murailles, il entra comme apprenti dans l'atelier d'un peintre obscur, disciple de Moralès, surnommé *le Divin*. Plus tard, il fit le voyage de Séville, où il perfectionna son talent à l'école du clerc Juan de las Roëlas. Le jeune artiste fit de rapides progrès sous la discipline de ce maître, qui, voyant son application au travail, le prit en affection, et ne tarda pas à le produire comme son meilleur élève. Encouragé par ses premiers succès, il redoubla de zèle et d'ardeur dans ses études, dirigées principalement vers la nature et la vérité. Il s'imposa le devoir d'approfondir, avec une scrupuleuse conscience, tous les procédés matériels, toutes les ressources de son art ; personne n'a mieux rendu que lui le jeu, la souplesse, la variété des tissus blancs : notre musée espagnol possède un bon nombre de ses études en ce genre

Très-jeune encore, et déjà le plus habile peintre de Séville, il devint l'époux de dona Leonor de Jordera, femme de qualité pour laquelle il ressentait un amour profond; mais, peu après ce mariage, il s'abandonna à des excès de découragement : il voulut renoncer à la pratique de son art, vivre dans le calme et le silence.

Palomino raconte qu'il s'était retiré à Fuente-de-Cantos, dans le village qui l'avait vu naître; mais les magistrats municipaux de Séville lui envoyèrent une députation, composée de ses amis et de ses admirateurs, pour l'engager, par toutes sortes d'instances, à revenir parmi ceux qui s'étaient habitués à le regarder comme un de leurs plus illustres compatriotes. Zurbaran ne sut pas résister à un témoignage d'estime si honorable, si affectueux, et reprit ses travaux avec une nouvelle ardeur.

On s'accorde à dire que la vie de ce grand maître ne fut pas mondaine et brillante comme celle de Velasquez, mais paisible et laborieuse ; de la sorte, on s'explique cette prodigieuse fécondité, qui fut l'un des caractères distinctifs de son génie. Le catalogue de tableaux exécutés par Zurbaran est si considérable, dit Palomico, *que parccen no tener numero*, qu'ils semblent être innombrables. Mais si douce, si cachée, si ignorée qu'on se soit plu à nous représenter son existence, elle fut pourtant troublée, à une certaine époque, par une aventure tragique. Il eut un duel, dont les suites durent être assez graves, puisqu'il fut condamné par le roi à aller expier sa faute dans un cloître. On assigne ce temps de retraite pour date à son admirable et sombre collection des *Missionnaires martyrs dans les Indes occidentales*.

Comme Eustache Lesueur, auquel on pourrait le comparer sous quelques rapports, Zurbaran ne quitta jamais son pays, et ne connut de peintures italiennes ou flamandes que celles qui furent apportées en Espagne par Velasquez ou d'autres artistes voyageurs.

C'est à tort qu'on s'est cru autorisé à lui donner le surnom de *Caravagge espagnol* : s'il suivit la même voie que ce maître, ce fut par hasard; et ses ouvrages, originaux et conçus à sa manière, n'ont rien qui rappelle un système d'imitation.

S'il y a une école à Séville, Zurbaran doit en être regardé comme le chef, de préférence à Murillo.

D'après les biographes, il ne serait pas venu à Madrid avant l'année 1650. Cependant, dès 1633, il était peintre du roi, titre qui accompagne son nom apposé au bas des peintures qu'il exécuta, à cette époque, pour le rétable de la Grande-Chartreuse de Xérès. Son tableau de *l'Adoration des bergers*, qu'on voit au Louvre, est daté de 1638, et porte encore cette signature : *Franc. de Zurbaran, Philippi III regis pictor, faciebat*.

En 1625, à l'âge de 27 ans, il termina ses grandes peintures du rétable de Saint-Pierre, à Séville; en 1650, il peignait, dans le palais de Buen-Retiro, *les Travaux d'Hercule*. A cette occasion il fut honoré d'un compliment très-flatteur de la part du roi Philippe IV. Ce prince entra sans bruit, un jour, dans l'atelier de Zurbaran au moment où il apposait son titre et sa signature au bas d'un tableau terminé. Comme il écrivait *peintre du roi*, ajoutez et *roi des peintres*, dit Philippe, en appuyant, avec une familiarité cordiale, sa main sur l'épaule de Zurbaran.

Ce grand artiste termina sa carrière en 1662, à l'âge de soixante-quatre ans. Il paraît qu'il ne laissa point d'élèves à Madrid; mais à Séville, Ayala, les Polancos, et quelques autres bons peintres, se formèrent sous sa direction. La galerie de M. Aguado, marquis de las Marismas, compte huit tableaux de Zurbaran; le musée du Louvre en possède soixante-quinze; la plupart de ces toiles sont remarquables par une large composition, par une admirable entente de la lumière et de la couleur, par un style noble, ferme et plein d'élégance; qualités qu'on retrouve à un haut degré dans les sept grands tableaux qui ont appartenu à la Grande-Chartreuse de Xérès; la *Judith* surtout est un chef-d'œuvre.

JEAN-LAURENT BERNIN

— 1598 —

Jean-Laurent Bernin naquit à Naples en 1598. Son père, Pierre Bernin, assez bon sculpteur, appelé à Rome par Paul V, s'établit dans cette ville avec sa famille.

— Le jeune Bernin montra de très-bonne heure du goût et des dispositions pour l'art du dessin. Dès l'âge de dix ans, il exécuta des sujets de sculpture qui firent l'étonnement de Paul V. Ce pontife chargea le cardinal Maffei Barberini de diriger ses études, prévoyant déjà que cet enfant serait un jour le Michel-Ange de son siècle. Les pressentiments de Paul furent justifiés : Le Bernin fut bon peintre, bon sculpteur et grand architecte. Son activité était extrême. Pendant le cours de sa longue carrière (quatre vingt-deux ans) il ne se donna presque jamais de repos ; le désir de se faire un grand nom par ses ouvrages le tourmenta dès son enfance. Annibal Carrache, se trouvant un jour dans l'église de Saint-Pierre, dit aux artistes qui l'accompagnaient (Bernin était du nombre) :

« Il ne faudra pas un médiocre effort de génie pour élever sous la coupole de ce temple un baldaquin qui en soit digne. »

— Dieu veuille, reprit le Bernin, que je sois chargé d'une si belle entreprise ! »

Ses désirs furent satisfaits. Après la mort de Gregoire XV, le cardinal Maffei, son protecteur, étant parvenu au souverain pontificat, fit appeler notre artiste, et lui dit :

« Si vous êtes satisfait de me voir pape, je ne le suis pas moins de ce que vous viviez sous mon règne. »

Dès ce moment il lui fit part de ses projets d'embellissement pour la ville de Rome, et lui commanda la *Confession au Baldaquin de saint Pierre*. Le Bernin s'acquitta de cette entreprise avec un rare bonheur, quoique les difficultés qu'il eut à vaincre fussent grandes et nombreuses, car on pouvait demander s'il était dans les convenances de construire un édifice dans un autre édifice pour couvrir un autel qui était déjà parfaitement à l'abri sous la magnifique coupole du temple. L'artiste pouvait-il se flatter de donner à son baldaquin des proportions qui fussent en harmonie avec l'ensemble de l'immense basilique ?

— Le Bernin fut ensuite chargé de décorer de niches et de statues les quatre piliers qui soutiennent le dôme de saint Pierre ; il pratiqua en même temps des escaliers dans l'intérieur de ces piliers pour monter dans les tribunes. Quoique les constructeurs de ces masses eussent ménagé des vides dans l'intérieur, Bernin n'en fut pas moins accusé par ses ennemis d'être la cause des lézardes qui s'étaient manifestées en plusieurs endroits de la coupole.

— Le Bernin répondit à ses envieux par le palais Barberini, où l'on admire, entr'autres beautés, un magnifique escalier en vis, dont le plan est elliptique.

— Urbain VIII chargea ensuite notre artiste de la construction de deux campanilles qui devaient orner le portail de Saint-Pierre. Le succès de cette construction ne répondit pas au talent de l'architecte ; mais il n'y eut pas de sa faute si les murs menacèrent ruine : la mauvaise confection des fondements en fut cause. Néanmoins les envieux profitèrent de cette circonstance pour le perdre auprès des papes ; ils y réussirent. Mais la puissance du génie de Bernin ne tarda pas à triompher de la prévention de Léon X. Voici à quel propos il fut contraint de rendre ses bonnes grâces à l'habile artiste. Il avait l'intention de décorer la place Navone d'une fontaine surmontée d'un obélisque qui était enseveli sous les ruines du cirque de Caracalla. Tous les artistes, à l'exception du Bernin, furent invités à présenter des projets ; mais Ludovisi, neveu du pape, qui avait toujours affectionné le Bernin, lui dit de composer secrètement son modèle : quand il l'eut fait, il le plaça dans une salle que le pape devait traverser en sortant de table. Le pontife fut si enchanté de l'excellente composition de ce projet, qu'il s'écria :

« Il faudra donc à toute force employer Bernin ! »

Il le chargea de l'exécution de la fontaine. L'ouvrage était sur le point d'être terminé, quand le pape alla le visiter ; il demanda, en se retirant, à l'artiste dans combien de temps les eaux commenceraient à couler ?

« Le plus tôt possible, répondit celui-ci. »

A peine Léon X était-il sorti de l'enceinte des travaux que le murmure des eaux le fit revenir sur ses pas. Ce trait prouve que Bernin était aussi fin courtisan qu'habile artiste.

— Le chef-d'œuvre de Bernin est sans contredit la magnifique colonnade dont il décora la place qui précède l'entrée de Saint-Pierre de Rome. Rien de si magnifique, comme pure décoration, ne s'est fait depuis les anciens. Ces colonnes sont doriques, mais leurs entablements n'ont point de triglyphes. La chaire de saint Pierre, ouvrage colossal en bronze, est aussi l'œuvre de Bernin. Il serait trop long d'énumérer et surtout de décrire les statues, les tableaux, les palais, les églises, les mausolées etc., que l'on doit au génie de cet artiste.

— Vers 1664, Louis XIV résolut de terminer le Louvre sur un plan qui fût digne de la partie magnifique que François Ier avait fait élever sur les dessins de Pierre Lescot. La réputation de Bernin était tellement européenne, que Colbert prit la résolution de le faire venir en France, et le roi lui-même lui écrivit la lettre la plus flatteuse pour l'inviter à venir.

— Les honneurs que l'on fit au cavalier Bernin, dit Perrault, sont incroyables. Il salua le roi à Saint-Germain le 4 juin 1665, jour de la Fête-Dieu. Il fit d'abord le portrait et le buste de Sa Majesté, puis il s'occupa des plans du Louvre, qui furent goûtés, moins pour leur mérite qu'à cause de la renommée de l'auteur. Cependant, après diverses contestations, on jeta, suivant ses dessins, les fondations de la façade orientale de ce palais; après quoi il demanda à s'en retourner, prétextant la rigueur de l'hiver de notre climat. De retour à Rome, il continua pendant douze ou treize ans ses travaux comme peintre, sculpteur et architecte. Son dernier ouvrage de sculpture fut un Christ, demi-figure, qu'il offrit à la fameuse Christine, reine de Suède, qui ne voulut pas l'accepter, par la raison qu'elle se croyait incapable de reconnaître dignement un tel présent. Bernin le légua par un testament. Il était occupé à la restauration de la chancellerie, lorsqu'une attaque d'apoplexie, précédée d'une fièvre lente, l'enleva aux arts et à ses admirateurs, le 28 novembre 1680

Don Diego Rodriguez de Sylva y VÉLASQUEZ

— 1599 —

Vélasquez, que les artistes, ses contemporains, honorèrent du titre un peu fastueux de *prince des peintres espagnols*, naquit à Séville en 1599. Sa mère s'appelait Geronima Vélasquez; son père, Don Rodriguez de Sylva, descendait en ligne directe de la très noble maison de Sylva, originaire du Portugal.

Ceux qui savent apprécier la belle peinture doivent quelque reconnaissance à ce gentilhomme, qui, surmontant les préjugés de caste dans un pays où ils étaient enracinés, ne crut pas déroger en permettant à son fils de cultiver d'une manière exclusive ses dispositions pour les beaux arts.

Ainsi, après avoir fait d'excellentes études littéraires et philosophiques, Vélasquez vint apprendre la peinture dans l'atelier d'Herrera-le-Vieux, alors en grand renom à Séville, mais les façons brusques du maître étaient peu faites pour inspirer le goût de son art. D'un caractère timide et doux, d'un tempérament faible et délicat, Vélasquez ne put s'habituer à ce régime de gourmades : ce fut, toutefois, à regret qu'il se vit contraint de fuir les leçons d'Herrera, car il professait pour ce peintre une admiration profonde, et, dans les tableaux de sa première manière, on retrouve jusqu'à un certain point les qualités dominantes de son style. Ne se sentant pas encore en état d'aborder seul les difficultés qui lui restaient à vaincre, il devint disciple de François Pacheco, artiste savant et consciencieux, d'une instruction variée et d'un commerce facile, dont la maison, pour nous servir de l'expression de Palomino, le *Vasari* de l'Espagne, était la prison dorée de la peinture, une académie et une école ouverte aux meilleurs esprits de Séville. Là, il ne tarda pas à fixer l'attention du maître, qui, charmé de trouver en lui une éducation soignée, une imagination féconde, prit plaisir à surveiller tous ses progrès, et à faciliter le développement de sa rare intelligence. Plus tard, ces deux hommes songèrent à resserrer encore les liens de leur étroite amitié : Vélasquez devint le gendre de Pacheco.

Pour ne pas démentir les hautes espérances qu'il avait fait concevoir, il se voua au travail le plus assidu, et étudia la nature avec une persévérance admirable. Il avait pris à son service un jeune paysan, qu'il faisait poser à toute heure du jour, soumettant la force naïve de ce pauvre hère aux impressions les plus étranges et les plus variées, la faisant rire ou pleurer, l'étonnant ou l'effrayant : il s'exerçait aussi à dessiner tous les objets qui frappaient sa vue, de sorte qu'il parvint à peindre avec une égale facilité des intérieurs, des paysages, des animaux, des représentations de la nature morte, des portraits, des compositions d'histoire et de genre. La direction imprimée à ses études préliminaires, son habitude de prendre ses modèles à tout hasard, son ignorance absolue des chefs-d'œuvre de l'école italienne, son amour pour le genre d'Herrera, qui recherchait surtout la vérité, donnèrent à ses premières productions un cachet vulgaire; elles rappellent parfois les œuvres des maîtres flamands ; tels sont : *le Porteur d'eau, une Adoration des bergers, des Buveurs*, tableaux qu'il peignit avant de quitter Séville, et qui commencèrent sa réputation. Mais il ne devait pas longtemps persister dans cette voie d'imitation toute matérielle. Ses idées se modifièrent à la vue des peintures italiennes et des travaux de Luis Tristan, disciple de Dominique Greco, peintre de Tolède : il envisagea d'un coup d'œil tout ce qui lui restait à savoir, et dès lors sa résolution fut prise ; il partit pour Madrid. Il arriva, en 1622 dans cette ville, où il avait déjà des admirateurs. Les deux frères, don Luiz et don Melchior d'Alcazar, l'accueillirent avec une bienveillance affectueuse, mais sa meilleure recommandation auprès des familles nobles fut, après son talent, l'amitié toute particulière que lui voua don Juan de Fonseca, grand dignitaire de la cour de Philippe IV.

Le premier séjour de Vélasquez à Madrid ne fut pas de longue durée ; sa femme et son beau père Pachéco, qu'il avait laissés à Séville, le rappelèrent bientôt. Mais don Juan de Fonséca, le détermina à venir se fixer avec sa famille à Madrid, où l'attendaient les honneurs et la fortune : le ministre, duc d'Olivarez, lui accordait une pension, et devait le présenter à la cour.

Dans sa reconnaissance, il fit le portrait équestre de son *Mécènes* : le fond du tableau représente une bataille. Il peignit encore le cardinal Fonséca, plusieurs grands dignitaires du royaume, les enfants de Philippe IV, et Philippe IV lui même, à cheval, et couvert de son armure. Ce tableau, l'un des chefs-d'œuvre de Vélasquez, lui valut le titre de premier peintre du roi, et une gratification de trois cents ducats d'or.

Bientôt il exécuta, en concurrence avec Caxes, Carducho et Angelo Nardi, l'esquisse d'un sujet historique, destiné à figurer dans les appartements royaux et représentant l'expulsion des Maures de l'Espagne. La composition de Vélasquez fut jugée supérieure aux autres, et il obtint, outre le prix de son œuvre, les places d'huissier de la chambre et de fourrier du palais. Alors commença pour lui cette existence magnifique et digne d'envie que purent mener quelques-uns des artistes ses contemporains. En 1628, il se lia avec Rubens, ambassadeur d'Angleterre à Madrid : ces deux hommes, les deux plus grands peintres de leur époque, étudièrent souvent ensemble les chefs-d'œuvre que renfermaient les galeries du Pardo et de l'Escurial ; mais, dans leurs entretiens familiers sur la peinture, Rubens parlait toujours de l'Italie, de Raphaël et de Michel-Ange, et toujours Vélasquez se berçait de l'idée de faire un voyage à Rome. Enfin, il demande avec instance à Philippe IV l'autorisation de visiter cette patrie des arts, dont on lui à conté tant de choses merveilleuses, et le roi consent à le laisser partir; il lui donne même, en cette circonstance, de nouveaux témoignages de sa générosité; il veut le mettre à même de tenir, à l'étranger, le rang d'un envoyé diplomatique, et Vélasquez reçoit 400 ducats d'or et deux années de traitement de toutes les charges qu'il occupe à la cour.

Le peintre du roi, l'ami du duc d'Olivarez, s'embarqua à Barcelone le 10 août 1639; il séjourna quelque temps à Venise, où il étudia avec une religieuse admiration les œuvres du Tintoret et du Titien. Mais la guerre de la succession éclata entre la France et l'Espagne; alors, il se vit forcé de quitter Venise et de partir pour Rome, où il fut parfaitement accueilli par le pape Urbain VIII. Logé au Vatican, il put admirer à son aise, et à toute heure, les peintures qui ornent Saint-Pierre de Rome, et les salles du palais pontifical. Il copia au crayon le *Jugement dernier* de Michel-Ange, et *les Loges* de Raphaël. Dans l'espace d'une année, outre cette prodigieuse quantité d'études, à laquelle il consacrait la majeure partie de son temps, il fit son portrait, qu'il envoya au vieux Pacheco, *les Forges de Vulcain*, et *la Tunique de Joseph*, deux tableaux qui font la gloire de l'école espagnole.

Philippe IV avait pris Vélasquez en si grande affection qu'il ne voulut pas lui permettre de prolonger son séjour en Italie : il avait hâte de le revoir. Il lui assigna une époque fixe à laquelle il devait reprendre ses fonctions à la cour. Vélasquez eut encore le temps d'aller visiter à Naples le célèbre Ribeira, et revint en grande diligence à Madrid, où le roi, qui l'attendait avec impatience, témoigna la plus grande joie de son arrivée, et lui donna sa main à baiser, en l'assurant que, pendant son absence, il n'avait posé devant aucun peintre, faveur qu'il réservait à lui seul.

Les tableaux qu'il peignit, dans la suite, furent presque exclusivement consacrés à reproduire des faits à la gloire de son souverain, et les traits des personnes de sa famille ou des seigneurs de sa cour. Philippe IV, qui se piquait d'être artiste, à l'exemple de ces prédécesseurs, Philippe II et Philippe III. passait des heures entières dans l'atelier de Vélasquez : on cite un de ses portraits, auquel le roi mit la main pour peindre un accessoire, la croix de l'ordre de Saint-Jacques, dont il avait été décoré. Ce monarque nourrissait depuis longtemps le projet de doter sa capitale d'une école des beaux arts; son peintre favori fut chargé de présider à la fondation de cet établissement, et entreprit, dans le but d'accomplir cette honorable mission, un second voyage en Italie pour acheter des statues, des tableaux, et faire mouler les plus belles productions de la sculpture antique. Il revint à Madrid en 1651, et cette ville reçut avec enthousiasme l'artiste qui lui rapportait une collection de modèles que l'Italie avait eu seule jusqu'alors le privilège de posséder.

Il reçut de Philippe IV, en récompense de ce nouveau service, le titre de maréchal des logis du palais, et assista en cette qualité, le 7 juin 1660, à l'entrevue de Philippe IV et de Louis XIV, lorsque ce dernier vint en Espagne chercher sa fiancée, l'infante Marie-Thérèse. Ce fut lui qui alla décorer l'île des Faisans, où devaient se réunir les deux souverains : on dit que les fatigues qu'il éprouva durant ce voyage lui occasionèrent la maladie dont il mourut, en 1660, à l'âge de soixante-un ans.

La galerie du Louvre ne possède de ce peintre, regardé comme le chef de l'école de Madrid, que le portrait de dona Marguerite, fille de Phillippe IV et de Marie-Anne d'Autriche, et deux dessins : *le portrait d'un cardinal*, et *la mort de saint Joseph*; cependant, dans la salle des bains du Louvre, on voyait autrefois plusieurs portraits de sa main, et représentant les princes de la maison d'Autriche, depuis Philippe Ier jusqu'à Philippe IV. Que sont devenues ces peintures?

On compte, dans notre galerie espagnole, dix-neuf tableaux attribués à Vélasquez, parmi lesquels on remarque un petit portrait de l'auteur, exécuté par lui-même : ce précieux morceau, dont on ne peut révoquer en doute l'authenticité, est de la meilleure manière de Vélasquez, et peut rivaliser avec tout ce que les maîtres coloristes ont créé de plus accompli. Jamais on n'admira une touche plus vigoureuse, un modèle plus fin, des tons rendus avec plus de fraîcheur et de vérité. La main de l'artiste ne paraît avoir eu aucune part à l'exécution de cet ouvrage ; il semble créé par un acte pur de la volonté : on peut dire, à coup sûr, que c'est là une production unique en son genre.

CLAUDE GELÉE dit LE LORRAIN

— 1600 —

Claude Gelée dit le Lorrain naquit au château de Chamagne en Lorraine. Cet artiste est une des gloires de l'école française, et c'est à tort que, dans le musée degl'Uffizi, on le fait figurer comme appartenant à l'école flamande. Claude Lorrain ne se fit connaître que par ses paysages, qui lui valurent le nom du Raphaël du paysage, et qui, comme le dit M. Viardot, dans ses Musées d'Italie, ressemble à ce grand artiste en ce que sa nature aussi est poétique, idéale, plutôt vraisemblable que vraie, non copiée d'un point de vue réel, mais d'un rêve de l'artiste, et plus belle d'habitude que la nature même, précisément comme les vierges du divin jeune homme, qui, sans sortir des proportions de la femme, n'ont pourtant pas de modèles dans la race humaine.

Le musée de Florence renferme un ouvrage très-important de Claude Lorrain, qui lui fut commandé par les Médicis. C'est une marine au soleil couchant, avec des vaisseaux, un môle, des palais à colonnes, éclairés par les derniers rayons du soleil. A droite, est la *Villa Medici* de Rome, et les armes de cette famille, répétées de l'autre côté sur un cadran d'horloge, ne laissent aucun doute sur la destination du tableau.

On voit également dans la galerie Doria son célèbre tableau des *Noces de Rébecca*, plus connu sous le nom du *Moulin*, le *Temple de Delphes* et trois autres petits paysages.

Presque tous les ouvrages de Claude Lorrain sont aujourd'hui entre les mains des Anglais.

Cet artiste, qui fut le premier dans son genre, termina sa brillante carrière à Rome, le 21 novembre 1682.

JACQUES LE PÈRE ET LE JEUNE VAN OOST

— 1600 — 1637

Jacques Van Oost, surnommé le *père*, naquit à Bruges vers l'an 1600. Contemporain de Rubens, Jordaëns et Van Dyck, imitateur habile et souvent émule de ces illustres maîtres, il produisit un grand nombre d'ouvrages qui lui valurent une réputation de coloriste et de dessinateur. Toutefois, ses tableaux, pour la plupart du genre historique et religieux, sont peu connus ailleurs qu'en Flandre, où ils ornent les hôtels-de-ville, les églises et les couvents. Son faire large, ses effets d'ombre et de lumière, calculés sur de grandes proportions, sa manière heurtée, ne convenaient pas aux petits sujets d'intérieur, aux scènes familières. Ses vastes toiles avaient besoin d'espace et n'étaient, en aucune façon, de nature à passer avec facilité dans le commerce ou à figurer dans les galeries particulières; aussi, le nom de cet artiste, l'un des plus grands dont s'honore l'école flamande, n'interesse-t-il que médiocrement les amateurs du précieux et du fini.

Issu d'une famille riche, il avait reçu une brillante éducation. Son amour pour les arts s'était révélé de bonne heure et dès qu'il avait pu comprendre les poètes et les écrivains de l'antiquité. On ne sait pas dans quel atelier ni sous quel maître il étudia les principes du dessin; aucun artiste ne le revendique comme son élève, et ses premiers ouvrages, sans être d'un pinceau trop indépendant, ne portent pas ce caractère d'imitation timide, ne présentent pas cet assortiment classique de réminiscence qu'on retrouve d'ordinaire dans les essais des jeunes gens qui n'ont pas eu le temps ou l'audace d'oublier les leçons d'un trop habile professeur. Les débuts de Van-Oost annoncent qu'il avait essayé plusieurs manières avant de quitter son pays.

Notre jeune artiste, à l'âge de vingt-un ans, après huit années d'un travail soutenu, sentit le besoin de mettre au jour les productions de son pinceau. Le 18 octobre 1621, les habitants de Bruges s'empressèrent autour d'un tableau religieux qui était exposé dans une des églises de leur ville, un coin de la toile était signé du nom obscur de Van-Oost, sans quoi on eut, pour sûr, attribué cette œuvre aux plus grands maîtres d'alors, tant on y trouvait de savoir et de riche couleur. Sa réputation fut ainsi faite par un premier succès. Van-Oost sentit cependant lui-même qu'il lui restait beaucoup à faire pour mériter le titre de maître; il partit donc pour l'Italie. Après avoir visité la plupart des villes de ce pays, il fixa sa résidence à Rome. Sous ce beau ciel, il trouva l'activité, l'inspiration, qui lui manquaient. Il aima cette chaude nature où se rencontrent à chaque pas tant d'illustres souvenirs, tant de traces imposantes des arts à toutes les époques. Les tableaux, les statues, les ruines monumentales, il copia tout ce qu'il vit; tout lui parut beau, utile et digne d'être étudié, il mit une candeur étonnante à se dépouiller de la forme flamande, et s'initia d'abord aux principes du goût moderne italien, en fréquentant les deux frères Carrache, Annibal et Augustin, qui tenaient à Rome le sceptre des arts. En Flandre, il avait aimé la couleur de Rubens et la belle ordonnance qui règne dans ses tableaux; en Italie, il se passionna pour Annibal Carrache.

Quand il connut à fond la science, les procédés de ce dernier, il s'appropria les plus belles qualités de son faire, et abandonna ses défauts, de même qu'il avait conservé de ses premières études, d'après Rubens, une parfaite intelligence de la lumière et de la couleur.

Il sentit cependant le besoin de revoir sa ville natale, où il reçut l'accueil le plus flatteur. Les couvents, les confréries lui demandèrent des tableaux. Les riches bourgeois, les magistrats, les plus grands seigneurs voulurent se faire peindre par Van Oost. Il exécuta tant et tant de portraits qu'il acquit bientôt en ce genre une véritable supériorité.

Van Oost fut d'une prodigieuse fécondité. Parmi ses ouvrages remarquables, Descamps cite la *Résurrection* de notre Seigneur, vaste et riche composition, qui, tous les ans, après la semaine de Pâques, était placée pour quelques mois au-dessus du maître-autel. C'est à l'église des Jésuites de Bruges qu'appartenait une célèbre descente de croix, où se voient des figures savamment groupées; et la *Présentation au Temple*, le *Mystère de la Sainte-Trinité*, deux belles copies d'après Van-Dyck, étaient placées dans l'abbaye des Dunes. Il serait trop long d'émunérer toutes les belles productions de Van-Oost, mais on ne saurait oublier son *saint Charles Borromée* administrant le sacrement de la communion aux pestiférés de Milan, qui se voit dans notre musée du Louvre.

Van Oost peignit jusqu'à ses derniers moments et ne termina sa longue carrière qu'en l'année 1671.

Jacques Van Oost, surnommé le *Jeune*, fils et élève du précédent, naquit à Bruges en 1637. La vocation fut aussi précoce, aussi dominante chez lui que chez son père. Dès qu'il put tenir un crayon, il s'exerça à dessiner et devint bientôt un des plus forts élèves de l'atelier paternel. Le maître prenait plaisir à diriger les travaux du fils dont les progrès lui faisaient honneur.

A peine avait-il atteint l'âge de vingt ans qu'il le laissa

voyager à son gré. Van Oost le jeune vint en France, et demeura pendant deux ans à Paris ; puis, il partit pour l'Italie et se fixa pendant quelque temps à Rome où il copia les grands maîtres. Après plusieurs années de voyages et d'études, il revint à Bruges, où il exécuta, pour les églises, quelques tableaux qui eurent un très-grand succès et firent espérer qu'un jour il soutiendrait dignement le nom de Van Oost. Les habitants lui firent les offres les plus flatteuses pour l'engager à se fixer au milieu d'eux, mais il avait eu idée de revenir à Paris, où s'élevaient des écoles tout aussi fameuses que celles d'Italie, et où quelques peintres flamands avaient déjà fait de brillantes fortunes. La rencontre qu'il fit à Lille de quelques amis, artistes comme lui, le retint dans cette ville. Il y exécuta quelques tableaux dont les Lillois furent enchantés. Le succès de ces ouvrages l'encouragea à en commencer d'autres qu'on se disputait avant d'être terminés. Jacques Van Oost réfléchit qu'il valait mieux vivre au premier rang à Lille qu'ignoré à Paris. D'un autre côté, il était épris de Mlle Bourgeois, dont il demanda la main. Pendant quarante-un ans il vécut très-heureux dans sa nouvelle patrie qu'il n'aurait jamais quittée sans la mort de sa femme. Van Oost, devenu veuf, retourna tristement à Bruges, où il mourut le 29 décembre de l'année 1713 à l'âge de soixante-seize ans.

Les compositions de Van Oost le Jeune ne sont pas abondantes et riches, mais sagement conduites; ses figures son correctes et expressives, son goût du dessin est de la grande école.

REMBRANDT

— 1606 —

Rembrandt naquit en 1606, sur les bords du Rhin, à quelques lieues de Leyde, entre les villages de Leyendorp et de Koukerck, et mourut en 1674 ; son père était meunier, et le nom de sa famille était Gerretsz. On voulut lui faire apprendre le latin, dans l'intention de lui donner une profession savante, l'Eglise ou la robe peut-être. Il montra peu de goût pour ces études, qui flattaient la vanité paternelle. Au bout de quelques mois, sa répugnance pour la grammaire et la littérature latine devint formelle et manifeste. Il montra pour le dessin un goût très-prononcé, et obtint, non sans peine, de son père, la permission d'entrer dans l'atelier d'un peintre de la ville voisine, aujourd'hui très-obscur, et dont l'enfance de Rembrandt a seule conservé le nom, Jacques Zvaanenburg. Il resta trois ans sous la direction de ce premier maître ; en le quittant, il partit pour Amsterdam, et suivit assidûment les leçons de Pierre Lastman et de Jacques Pnias. Quand il se fut rompu à toutes les ruses du métier, qu'il eut acquis la faculté de faire comme eux, aussi vite qu'eux, ce qu'ils savaient faire ; quand il fut sûr de sa palette et de son pinceau, et qu'il fut à bout d'obéissance, il ne commença pas comme Rubens son tour d'Italie, il ne visita pas les galeries de Florence, de Rome et de Venise, il ne tenta pas de s'initier par une contemplation de tous les jours aux mystérieux génies de Léonard et de Paul Véronèse : il n'en avait d'ailleurs ni le goût ni les moyens. Il revint au moulin, et n'eut plus désormais d'autre maître ni d'autre modèle que la nature. Son premier ouvrage piqua vivement la curiosité ; il n'y eut qu'une voix sur l'avenir qui lui était réservé. D'après le conseil de ses amis, il partit pour La Haye, où il vendit son tableau cent florins, somme très-modique assurément, mais suffisante pour l'encourager à son début. Il se fixa dans la capitale de la Hollande, où il fonda une école de peinture qui fut une des sources principales de sa richesse. Malgré ses rapides et brillants succès, il ne rechercha jamais les éloges dus à son talent. Il restreignit tous ses désirs, toute son ambition dans le cercle de son art.

« Ce n'est pas l'honneur que je cherche, disait-il souvent, c'est le repos d'esprit et la liberté. »

Il aurait pu ajouter, si l'on peut ajouter foi à tous les témoignages de ses contemporains :

— L'or et l'argent. »

Les expédients qu'il mettait en usage pour augmenter ses revenus semblent du reste les justifier. Ainsi, afin d'obtenir un prix plus élevé de ses dessins, il exigeait de son fils, qui était chargé de les vendre, qu'il feignît de les avoir dérobés.

— « Va, mon fils, lui disait-il, du courage, la vie est pénible, il faut bien chercher à l'adoucir le plus possible. Surtout ne me trompe jamais sur l'argent que tu auras reçu ; car, vois-tu bien, le mensonge c'est la pire des choses, et moi, pour tout l'or du monde, je ne mentirais pas. »

Mais la plus fantasque de ses imaginations en ce genre, qui s'élève jusqu'à la bouffonne comédie, c'est la supposition de sa mort : sa femme, qui partageait sa passion pour l'argent, fut de moitié dans le stratagème, et répandit le bruit qu'il avait cessé de vivre. Du jour au lendemain le prix de ses œuvres fut quadruplé ; les collectionneurs se pressèrent dans ses ateliers ; puis, quand ils eurent fait maison nette, le nouvel Épiménide se réveilla, et vint compter les florins de ses admirateurs. Rembrandt avait une très-grande bizarrerie de caractère, mais ce qu'il y a de plus curieux à connaître, ce sont ses caprices d'entêtement qu'il suivait sans dévier jusque dans ses relations avec les personnages les plus élevés. Le portrait, une des faces les plus éclatantes et les plus incontestables de son talent, l'obligeait souvent d'écouter les observations de ses modèles, qui, pour la plupart, appartenaient aux premières classes de la société. Mais, s'il est vrai qu'on doit mépriser tranquillement les remontrances d'un ignorant, il n'en est pas de même pour ce qui advint une fois à Rembrandt. Il composait un tableau de famille; les principales têtes de sa toile étaient groupées dans une attitude heureuse, à la grande satisfaction de ses modèles et de leurs amis, et déjà il recueillait les éloges les plus flatteurs, lorsqu'on vint lui annoncer qu'un singe qu'il aimait venait de mourir. Un soupir de regret s'échappe de sa poitrine, et, sans mot dire, il esquisse la figure du défunt et achève l'apothéose du singe bien-aimé. La noble famille s'emporte, exige qu'il efface les traits de l'ami singulier dont il venait d'assurer l'immortalité. Rembrandt refuse et préfère emporter chez lui la toile inachevée.

Les élèves de Rembrandt qui suffiraient à sa gloire sont Gérard Dow, Fluick et Eeckhouty.

Le procédé de Rembrandt n'a aucune analogie avec ceux connus avant lui dans l'histoire de la peinture. Il se sépare plus nettement encore que Rubens des grandes écoles d'Italie. Bien qu'il rivalise avec les Vénitiens pour l'éclat et le charme de la couleur, on ne peut pas identifier ces deux manières; car ce qui distingue les maîtres de Venise, c'est une couleur franche, vive, mais nette, et l'on peut même dire, dans un grand nombre de cas, saisissante jusqu'à la crudité. Rembrandt n'a pas suivi leur exemple. Il se complaît surtout dans l'étude attentive et minutieuse des détails de la nature. Comme il n'a pas promené ses yeux sur un grand nombre d'objets, il tire de tout ce qu'il voit un parti merveilleux. Dans l'imitation de ses modèles, il n'omet aucune circonstance, frivole en apparence, mais importante dans l'exécution. La critique vulgaire, celle qui ne voit dans l'histoire de l'art qu'une époque déterminée, à l'exclusion de toutes les autres, accuse les plus belles compositions de Rembrandt de trivialité; *la Descente de croix*, une des plus belles créations de la fantaisie humaine, lui semble un tableau de genre. A cette sorte d'opinion, la compassion est le seul devoir. N'est-ce pas, en effet, un malheur très-réel que cet aveuglement obstiné qui se prend à des vétilles, et qui refuse à Rembrandt le titre glorieux qu'il a mérité, parce que, dans sa préoccupation pour la vérité, il lui a plu de copier, jusque dans l'exécution des sujets bibliques, les costumes qu'il avait sous les yeux; parce qu'il a naïvement affublé un proconsul romain de la redingote à brandebourgs d'un bourguemestre hollandais? Comme si l'art élevé, l'art vrai, l'art profond, dépendait de pareilles vétilles! A coup sûr, aujourd'hui, ce serait un étrange et ridicule caprice d'omettre volontairement une étude qui prend quelques jours à peine; mais au temps de Rembrandt, où ces renseignements vulgaires étaient assez difficiles, il est très-naturel qu'un maître tel que lui s'en soit passé sans trop de répugnance. La vérité humaine n'est-elle pas la première et la plus indispensable condition d'une œuvre pittoresque?

On a reproché à Rembrandt de manquer d'élévation, de prodiguer à tous propos et jusque dans les sujets les plus graves, les types de taverne. Cette inculpation paraît très-acceptable, si l'on entend par élévation les lignes pures, mais systématiques, qui se voient aux loges. On comprend très-bien qu'on accuse de trivialité la canaille qui regarde mourir Jésus en croix, si l'on a décidé à l'avance que la *Vierge à la chaise* doit servir de modèle à toutes les femmes et que tous les hommes doivent ressembler aux hommes du Vatican. On ne saurait parquer le génie humain dans un type donné.

Rembrandt, comme toutes les imaginations d'élite, devait rencontrer bien des exclusions, parce qu'il est exquis dans la forme qu'il a choisie et qu'il n'est accessible qu'aux esprits à qui cette forme agrée pour elle-même et par elle-même, non pas pour la pensée qu'elle enveloppe, mais pour la combinaison qu'elle exprime. Par sa naïveté même, par son incomparable simplicité, il s'éloigne de toutes les intelligences vulgaires. Le mécanisme de sa composition n'appartient qu'à la peinture et n'a aucune parenté avec les autres expressions de la pensée. Il ne trouve pas à l'avance une idée qui pourrait, au besoin, se traduire en marbre et devenir statue, ou en paroles, et devenir poëme. Il aperçoit du premier coup un groupe lumineux, mais d'une lumière mystérieuse et capricieusement découpée, puis au centre une tête ou deux tout au plus éclairées en plein, vives, saillantes, et sur lesquelles convergent tous les rayons. Cette idée, qui ne peut-être ni ciselée en carrare, ni versifiée dans aucune langue humaine, il demande à sa palette les moyens de la rendre, et sa volonté toute puissante la confie à la toile. Il est dans la destinée de la pensée de n'être puissante qu'autant qu'elle est volontaire, et volontaire qu'autant qu'elle est circonscrite et spéciale. Il lui faut des habitudes, des goûts, des prédilections. Autrement, elle demeure à l'état de rêverie, et se prête avec une égale et constante facilité à toutes les formes qu'on veut bien lui donner.

Toutes les œuvres de Rembrandt sont l'œuvre de l'inspiration, et c'est pour cette raison qu'elles ont peu d'imitateurs. Quelle plus belle composition, en effet, que son *Tobie* ! Qu'on étudie attentivement chaque figure de cette toile inestimable, qu'on essaie de remonter par la réflexion à l'existence primitive de chacun des acteurs avant que son rôle ne fût réalisé, et qu'on se demande, après une sévère et patiente analyse, si Rembrandt n'a pas dû voir au dedans de lui-même, comme en un rêve, une lumineuse auréole, comme celle dont il est parlé dans la Bible ; s'il n'a pas dû voir la masse avant de voir les figures. Cette manière de procéder est certainement la plus difficile ; mais c'est la seule à l'usage des hommes éminents. C'est une méthode que l'enseignement ne pourra jamais révéler, méthode instinctive, immédiate, à laquelle le travail et la réflexion peuvent venir en aide, mais qu'ils ne peuvent jamais suppléer.

NICOLAS et PIERRE MIGNARD

— 1608 — 1610 —

Les Mignard sont originaires de l'Angleterre ; leur nom était *More*. Cette famille s'était établie en France vers l'an 1500. Ils étaient deux frères, Nicolas et Pierre : tous deux furent des peintres habiles. Leur père servait, avec six de ses frères, dans les troupes de Henri IV, pendant les troubles de la Ligue. Le prince, frappé de la beauté de leur figure, demanda leur nom, et, l'ayant appris, il répondit gaiement :

— « Ce ne sont pas là des More, ce sont des Mignards. »

Ce nom leur demeura.

Nicolas Mignard, qui était l'aîné, naquit à Troyes, en Champagne, en 1608. Il fut plus habile pour le portrait que pour l'histoire, qu'il peignit rarement; on lui donna le surnom d'*Avignon*, autant pour le distinguer de son frère qu'à cause du long séjour qu'il fit dans cette ville.

Le cardinal Mazarin, malade à Avignon, rêvait la tiare ; Nicolas Mignard, peignant le prélat, d'un coup de pinceau lui donna les insignes de la papauté. Louis XIV et toute sa cour applaudirent à cette flatterie : ce fut l'époque de la fortune du peintre, qui vint à Paris, où il mourut recteur de l'Académie royale de peinture en 1688.

Pierre Mignard, qui avait vu le jour dans la même ville que son frère, en 1610, montra, dès son enfance, un penchant décidé pour le dessin : à onze ans, il faisait au crayon des portraits si ressemblants, que chacun voulait se faire dessiner par lui. Il prit successivement des leçons d'un peintre, nommé Boucher, peintre à Bourges, de François Gentil, habile sculpteur, et enfin de Simon Vouët, alors premier peintre du Roi.

Mignard sentit enfin les besoins d'aller à Rome pour se perfectionner. Arrivé dans cette ville, en 1636, il se livra à des études sérieuses. En 1642, il se rendit à Parme, où il peignit dans un seul tableau la famille de Hugues de Lionne, envoyé par la reine Anne d'Autriche; il fit ensuite le portrait du pape Urbain VIII. Ce fut peu de temps après qu'il peignit le superbe tableau de *saint Charles Borromée donnant la communion aux pestiférés de Milan*.

Après qu'il eut peint à Florence le grand duc et toute la famille de l'illustre maison des Médicis, le pape Alexandre VII l'appela au Vatican pour se faire peindre lui-même.

La réputation de Mignard était parvenue à la cour de France : Louis XIV le fit venir à Paris, où il peignit plusieurs fois ce prince et la famille royale. Le Roi l'anoblit en 1687, et, après la mort de Le Brun, arrivée en 1690, le nomma son premier peintre; le même jour, il fut reçu, à l'Académie royale de peinture, professeur, recteur, directeur et chancelier.

Les ouvrages les plus remarquables de Mignard sont ses peintures de la *Petite galerie de Versailles*, les *Plafonds* de la grande galerie du château de Saint-Cloud, et le *Dôme* du Val-de-Grâce, qu'il a peint à fresque, représentant le *Paradis*, où se trouvent les archanges, les anges, avec tous les saints. Ce qu'il y a de plus remarquable dans la Vie de ce peintre, c'est d'avoir été l'ami intime de Molière, et d'avoir laissé à la postérité le portrait de ce grand philosophe.

On voit au musée plusieurs beaux tableaux de ce peintre célèbre, entr'autres son portrait en pied avec sa fille, un *Portement de Croix*, une *sainte Cécile*, une *sainte Famille*, etc. Son autre tableau de la *Peste des Philistins* passe pour un de ses chefs-d'œuvre.

Pierre Mignard mourut à Paris, en 1690, à l'âge de quatre-vingt-cinq ans, comblé d'honneurs et de fortune. Le Roi honora de ses regrets la perte que faisaient les arts ; il dit publiquement :

— « Je ne veux plus de premier peintre, les deux grands hommes qui ont eu successivement cette charge ne pouvant être remplacés par personne. »

ADRIEN VAN OSTADE

— 1610 —

Adrien Van Ostade, né à Lubeck en 1610, mourut à Amsterdam en 1685. Il était élève de François Hals. Van Ostade imita la manière de Brauwer et celle de Téniers, mais il les imita avec originalité. Les habitudes ignobles, l'expression grossière des passions brutales, les mœurs dégradées de la populace, tels étaient ses sujets de prédilection, et il les a rendus avec une énergie si saisissante, une touche si spirituelle, un coloris si plein de vie, des effets de clair-obscur si parfaits, que la magie d'exécution relève la bassesse de la pensée fondamentale. La galerie du Louvre possède plusieurs morceaux de Van Ostade. Le *Maître d'école*, un *Marché aux poissons*, l'*Intérieur d'un ménage rustique*, le *Notaire dans son étude*, un *Fumeur* et un *Buveur*.

On voit également au musée trois tableaux de son frère Isaac, né à Lubeck, en 1612, et mort jeune. Ce sont : une *Halte de voyageurs*, un *Paysan dans sa charrette à la porte d'un cabaret*, des *Patineurs*.

Parmi les élèves ou imitateurs d'Adrien, on compte, indépendamment de son frère, Corneille Dusart, Corneille Béga, Brakemburg, C. de Hyeer.

BONAVENTURE VAN OVERBEECK

Overbeeck mourut à Amsterdam à l'âge de quarante-six ans, usé par les débauches de toute espèce. Sa patrie lui doit une magnifique collection de dessins qu'il rapporta de Rome, où il avait étudié l'antique. Ce fut aussi dans cette ville qu'il exécuta ceux de son livre le plus important, qui parut à Amsterdam (1709), en un grand in-folio, avec cent cinquante planches, sous le titre de *Reliquiæ antiquæ urbis Romæ*. Cet ouvrage fut traduit en français la même année et réimprimé à la Haye (1763, trois parties in-folio).

Overbeeck ne fut pas seulement l'un des plus célèbres peintres qu'ait eus la Hollande, il est également cité comme un de ses principaux antiquaires.

GÉRARD DOW

— 1613 —

Il naquit à Leyde, en 1613 ; son père était vitrier ; le jeune Gérard étudia donc d'abord la peinture sur verre ; mais il l'abandonna à l'âge de quinze ans, pour entrer dans l'atelier de Rembrandt, Shakspeare de l'école hollandaise ; il n'y resta que trois ans, et prit immédiatement son essor.

Tous les biographes qui se sont occupés de Gérard Dow s'étonnent qu'un élève du peintre le plus fougueux, le plus poétique et le moins fini se soit borné à reproduire des scènes calmes, dans lesquelles il ne fait entrer qu'un petit nombre de figures, et qu'il n'ait quitté le pinceau que lorsqu'il avait épuisé, pour ainsi dire, tous les détails du modèle qu'il avait sous les yeux. Mais c'est à lui, sans nul doute, qu'il doit cet éclat de couleur et cette entente du clair-obscur qui donnent tant de prix et de charme à ses tableaux. Gérard Dow débuta par faire des portraits, mais sa manière était minutieuse et lente; il fatiguait ses modèles, l'ennui les gagnait souvent, et leurs traits s'altéraient; il s'enferma alors dans son atelier et se livra à son goût dominant, celui de donner à ses ouvrages tout le fini qu'une étude attentive et prolongée peut produire; mais, et c'est là le grand mérite de Dow, s'il a mis un temps considérable à exécuter ses tableaux, nulle part, cependant, on ne sent la fatigue; partout, au contraire, son pinceau est délicat sans sécheresse.

On raconte que, pour s'aider dans son travail, il mettait un chassis de carreaux devant les modèles ou les objets qu'il voulait peindre, et qu'il divisait sa toile d'un même nombre de carreaux proportionnellement réduits; qu'il broyait lui-même ses couleurs; qu'il faisait ses pinceaux; que, lorsqu'il cessait de peindre, il renfermait ses tableaux et sa palette, et, qu'avant de les reprendre, il restait quelque temps immobile pour laisser tomber la poussière. Chaque artiste à ses manies, chaque époque à ses procédés; et ceux de Gérard sont d'autant plus à respecter qu'on leur doit peut-être la fraîcheur que ses tableaux ont conservé; il n'a donc pas pris une peine inutile, et c'est, sans contredit, un avantage incontestable.

Le musée renferme un assez grand nombre d'ouvrages de ce peintre; le plus important est celui qui représente *la Femme hydropique*. Ce tableau, dans lequel Gérard Dow est sorti de son genre habituel, quant au caractère de la scène, fait regretter qu'il n'ait pas entrepris plus souvent des ouvrages de cette nature. Trois personnages composent cette scène, et chacun d'eux, par une expression simple, vraie et bien sentie, concourt à l'effet général, qui ne laisse rien à désirer. Le médecin est grave et tout occupé de son art; la pauvre mère éprouve, tout à la fois, de l'accablement et de la résignation; on voit qu'elle connaît le sort qui l'attend, et qu'elle n'est plus occupée que de sa fille, dont les larmes trahissent les angoisses.

Les principaux élèves de ce peintre, qui a fait école, sont: Sckhalken, Mieris et Metzu.

On ne connaît pas d'une manière positive la mort de Gérard Dow; il vivait encore en 1664, puisque l'un des tableaux du musée, *le Peseur d'or*, porte cette date. M. Lecarpentier, auteur d'une galerie des peintres célèbres, dit qu'il mourut en 1680, mais il n'indique pas la source où il a puisé ce renseignement.

GABRIEL METZU

— 1615 —

Metzu naquit à Leyde, en 1615. Son nom est demeuré longtemps ignoré en France, et ses œuvres n'ont été appréciées que fort tard. On ne sait pas quelle fut sa famille, ni sous quel maître il étudia les principes de son art. On s'accorde à dire qu'il était très jeune lorsqu'il quitta Leyde pour aller à Amsterdam, où il acquit, en peu de temps, une petite célébrité près des bourgeois. Ses progrès furent rapides, et bientôt il rivalisa de mérite avec Terburg et Gérard Dow, ses contemporains.

Metzu se distingue par une touche large et facile, par un dessin ferme, une grande habileté de coloriste. Comme Gérard Dow, il éclaire bien ses compositions, mais ses ombres n'ont peut-être pas assez de transparence. Sa couleur n'est jamais froide, sa manière de finir conserve de la chaleur et n'altère pas le caractère de son dessin, qui est plus noble et de meilleur goût que celui de Miéris. Ses personnages, disposés avec intérêt, n'ont aucune raideur dans leur maintien et semblent toujours causer avec esprit ; ses intérieurs sont peints avec le plus grand soin dans leurs moindres détails, et toutefois on comprend qu'il devait travailler facilement : en même temps qu'ils sont bien choisis, ses sujets sont toujours d'une belle exécution. Il peignit les étoffes presque aussi bien que Terburg, et personne n'entendit mieux que Metzu l'arrangement d'une scène familière. Il possédait, on peut le dire, à un haut degré toutes les belles qualités qui constituent un grand peintre ; mais c'est surtout l'harmonie de sa couleur qui est admirable ; il peignait dans ses tableaux deux ou trois sortes d'étoffes de même couleur, rouges, blanches ou bleues, se détachant les unes sur les autres d'une manière distincte, sans ressortir avec dureté, mais par de légères teintes d'un bel accord, et d'un effet sûr. La dégradation des tons est observée dans ses ouvrages selon la distance respective des objets, avec un art dont il a emporté le secret, et Descamps propose Metzu comme le plus grand modèle qu'ait fourni la Hollande à tous ceux qui voudront suivre ou imiter le même genre.

Le musée du Louvre possède huit tableaux de ce grand maître : ce sont la *Femme adultère*, *le Marché aux herbes d'Amsterdam*, *un Militaire offrant des rafraîchissements à une dame ;* une *Femme à son clavecin*, un *Chimiste*, une *Femme assise, tenant un pot de bière et un verre*, une *Cuisinière pelant des pommes*; enfin le portrait de l'amiral Tromp. Les nombreux chefs-d'œuvre à jamais regrettables ont été dispersés. Les collections de la Hollande, de Dresde, de Puneldorf, se sont enrichies des compositions de cet artiste. On voit à La Hage *l'Enfant prodigue parmi les prostituées*, qu'on dit être la plus belle production de son pinceau. Il mourut à Amsterdam, âgé de quarante-trois à quarante-quatre ans.

SALVATOR ROSA

— 1615 —

Salvator Rosa, né à Renella, près de Naples, en 1615, d'une pauvre famille, avait été destiné à l'étude des lettres, et même à l'état ecclésiastique. Tout jeune encore, Salvator fit connaître ses disposition pour le dessin par sa passion pour les crayonnages au charbon. Son père, ouvrier laborieux, qui réussissait, à force de travail et de courage, à nourrir tant bien que mal sa famille, s'opposa formellement à ce qu'il se fît peintre. Instruit chez les Pères Somasques, son esprit actif et ouvert saisit avec promptitude les éléments des lettres et des sciences ; mais son penchant l'entraînait toujours vers l'art du dessin, et, privé de leçons, d'après la volonté expresse de son père, il s'en vengea en faisant la caricature de ses maîtres ou des autres personnages qui donnaient prise à son crayon. Arrivé à la classe de philosophie, il ne voulut pas aller plus loin, et force fut de le reprendre dans sa famille. Là, malgré les privations de toute espèce, son imagination, loin de s'amortir, sembla prendre de nouvelles forces. Il s'adonna à la poésie et à la musique, et il y eut des succès tels, que plusieurs de ses chants, qu'il faisait entendre lui-même dans des sérénades, devinrent populaires à Naples. Quant à ses poésies d'alors, elles furent perdues ; mais des œuvres d'une plus haute portée, satires, sonnets, cantates, les remplacèrent et ont mérité d'être conservées. L'art du dessin était toujours sa passion dominante ; il travailla donc sous la direction de Francanzano, élève de Ribera, qui était devenu son beau-frère. Il faisait de longues et fréquentes courses dans les lieux les plus retirés et les plus sauvages. C'est vers ce temps que l'on a prétendu, sans preuve aucune, qu'il avait été pris par les brigands des Abruzzes, et qu'il s'était même associé à leurs méfaits.

Au moment où son talent commençait à prendre un véritable caractère, bien qu'il n'eût que dix-huit ans, son père mourut. Salvator se vit chargé de subvenir aux besoins de sa famille; et comme ses tableaux étaient sans réputation, et, par conséquent, sans produit, il fut en butte à la plus grande misère. Sa mère et une de ses sœurs furent obligées d'entrer au service du vice-roi ou d'un autre grand seigneur, et son autre sœur mourut, dit-on, d'inanition. Il y avait de quoi lui faire jeter bien loin sa palette, si un véritable génie ne l'eût poussé à combattre corps à corps la mauvaise fortune.

Salvator produisit des paysages qui lui assuraient du pain à peu près; mais ses œuvres portaient la teinte sombre de son existence. L'arrivée de Lanfranc à Naples changea sa position. Cet habile peintre vit avec surprise un tableau du jeune peintre gisant dans une échoppe : c'était *Agar dans le désert;* Lanfranc l'acheta en en faisant l'éloge. Cette circonstance améliora le sort de l'auteur : dès ce moment on rechercha ses œuvres. Lanfranc l'engagea à aller se perfectionner à Rome et lui facilita le voyage. Mais là les privations et les fatigues lui donnèrent une fièvre ardente. Son dénûment était de plus en plus affreux et son découragement mortel, et cependant son talent poétique ne perdait pas de sa verve. C'est au milieu de ses souffrances qu'il écrivit la cantate dont je ne puis me refuser de rapporter ici un extrait, tant elle est profondément triste et touchante. Je la prends dans la traduction un peu amplifiée de lady Morgan :

« Point de trêve avec le souci ! point de relâche à la douleur ! La fortune, toujours mon ennemie, semble avoir oublié que je vis, que je sens dans chacun de mes membres des nerfs, des muscles; que j'ai un esprit, un pouls, un cœur; que je frémis dans chaque pore

» Dès le premier soupir que j'exhalai en cette vie, je fus en butte aux éternelles injures du sort. Soumis à de rudes travaux, sans récompense, j'ai courtisé les arts, mais en vain; car tandis que je m'attache à un lointain espoir, je puis à peine gagner mon pain journalier.

» Pour moi, vainement le soleil brille, et la terre fertile donne du pain et du vin.

» Si je lance à la mer une barque fragile, la tempête vient l'assaillir; si, pour sécher mes voiles, je les déploie, le ciel envoie un nouveau déluge. Si j'allais chercher ces campagnes de l'Inde où les sables sont mêlés d'or, sans doute, pour prix de mes peines, je les trouverais transformés en plomb! Eveillé, mes pensées sont amères; endormi, mes rêves sont des châteaux en l'air.

» Ma richesse est seulement en espérances, et quand elles seront toutes évanouies, un hôpital me réserve le lit de l'indigence!

» Grands dieux! cependant, et moi aussi je suis peintre! Ne pourrai-je donc trouver une riante couleur pour raviver la teinte sombre d'une vie où tout est efforts, malheur et combat!

» Des voix amies me crient encore : Espère, travaille... Toujours espérer, et toujours mourir de faim!

» Le plus sûr chemin de la faveur est de cacher le sentiment de sa supériorité.

» Mieux cent fois vaudrait achever son destin, et dormir dans la tombe avec les dons maudits de l'esprit, du jugement et de la grandeur d'âme!... »

Dès qu'il fut en état de marcher, il retourna à Naples. Il se mit au travail avec un nouveau courage, et peignit des paysages sévères et des batailles; ses œuvres furent goûtées, et la misère s'éloigna enfin. Suivant les usages du temps, une place lui fut donnée dans la maison du cardinal Brancaccio, qu'il suivit à Rome, à Viterbe et à Bologne, où ses succès continuèrent; mais il recouvra bientôt son indépendance. Il reçut des conseils de Ribera dit *l'Espagnolet*, et sut les approprier à son talent; puis il retourna à Rome. Homme d'esprit, poète satirique en même temps que peintre habile, sa double réputation le fit rechercher, soit par crainte, soit par plaisir.

Une farce de carnaval, en 1639, augmenta la célébrité de Salvator, en mettant plus au jour son caractère d'originalité et d'audace. Déguisé en marchand d'orviétan, il débita sur la place publique des remèdes contre les calamités publiques : c'étaient des satires spirituelles contre les puissants et contre ses rivaux. Cette incartade lui suscita des ennemis, au milieu desquels il fit bonne contenance, repoussant avec esprit et fierté les attaques dont il était l'objet.

Mais bientôt des événements plus graves devaient mettre en jeu le caractère aventureux de Salvator et son amour de l'indépendance : Naples allait être le théâtre de la guerre civile; le peuple grondait sourdement et se préparait à lutter contre la tyrannie du vice-roi Philippe IV.

Masaniello s'élança de son humble toit de pêcheur et tomba comme la foudre sur la place publique. L'autorité du vice-roi fut brisée du coup, et Masaniello régna dans Naples. Salvator, ami du merveilleux, courut à Naples, curieux de voir le héros et de le peindre gouvernant l'Etat et administrant la justice dans le simple et pittoresque costume des pêcheurs d'Amalfi. Il trouva son ami Ancillo Falcone à la tête des artistes réunis sous le nom de *Compagnie de la Mort*. Il prit place dans la compagnie, et se fit remarquer par la puissance de son bras et l'influence de sa parole. Après la mort de Masaniello, assassiné, Falcone se sauva en France et Salvator à Rome. Persécuté, menacé de l'inquisition, à cause de ses tableaux de *l'Umana fragilita* et de la *Fortuna*, il se vit obligé de fuir ensuite à Florence, où il trouva enfin une existence brillante. Le grand-duc le chargea de décorer le palais Pitti, et il travailla pour divers souverains. Après dix ans de travaux, il retourna à Rome, ou il se trouva encore en butte à des tracasseries nouvelles ; et ce ne fut que trente-trois ans après le début dans sa laborieuse carrière qu'il fut admis à mettre trois grands tableaux à l'exposition publique de la Saint-Jean, en 1663, à exposer son *Catilina* au Panthéon, et à faire un tableau d'autel pour la basilique de Saint-Pierre. Ce fut vers cette époque aussi qu'il fit son grand tableau de bataille, destiné à être offert à Louis XV par la cour de Rome, et qui figure dans la galerie du Louvre. Sa vue vint à faiblir ainsi que ses facultés morales : le travail le fatiguait ; il se délassa en exécutant des gravures à l'eau forte qui sont fort recherchées. Tombé sérieusement malade, il mourut d'une hydropisie, en 1673.

Salvator avait une manière de peindre à lui et qui n'a été imitée par aucun artiste. Ce n'est pas par le dessin des personnages qu'il brille, mais par la conception et la pose dans ses paysages, dont elles augmentent l'effet. Sa touche est large, heurtée, fière ; sa couleur, toujours sévère, tombe quelquefois dans la monotonie, et cependant se fait pardonner ce défaut. Ses sites sont grands, âpres, sauvages, et empreints du caractère distinctif qui a fait la réputation de l'auteur.

EUSTACHE LESUEUR

— 1617 —

Eustache Lesueur, né à Paris en 1617, fut l'élève favori de Vouët. Poussé par l'ardent amour qui fait vaincre tous les obstacles, il ne tarda pas à être en état de travailler pour son maître et à partager avec lui les travaux qu'il avait à produire. Les premiers essais qu'il fit paraître sont huit grands tableaux, destinés à être exécutés en tapisserie, et dont les sujets sont tirés du *Songe de Polyphile* : ils établirent sa réputation, et on jugea qu'il se placerait un jour sur la ligne des plus grands peintres connus.

Nommé peintre de la reine mère, cette princesse le chargea de peindre, pour la Chartreuse de Paris, la vie *de saint Bruno*, qu'il divisa en 22 tableaux. De cette collection de chefs-d'œuvre, on admire surtout le *Sommeil* du saint fondateur, son *Refus de la dignité épiscopale*, la *Prédication du chanoine Raymond*, et *la Mort de saint Bruno*, tableau magnifique qui termine le dernier acte du poëme que notre grand artiste a légué à la postérité. Ces tableaux sont mis au nombre des plus beaux de l'école française qui décorent le musée du Louvre. Cependant, il faut le dire, une main téméraire, conduite par la jalousie d'un condisciple, son supérieur en dignité, armée d'un couteau, osa les frapper dans l'intention d'en faire disparaître les plus beaux visages. Les traces de cette action infâme existaient encore, lorsqu'en 1792 on retira de ce monastère trois tableaux peints sur bois, laissés en place quand le roi Louis XVI avait ordonné d'enlever la collection.

Lesueur, avec ses pinceaux ou son crayon, possédait l'art de remuer l'âme ; que de beautés supérieures n'admire-t-on pas dans le tableau de la *Condamnation de saint Gervais et de saint Protais*, qu'il fit pour l'église paroissiale de ce nom !.. Les deux saints paraissent devant le proconsul Astase, dans l'attitude de deux anges de vertu et de beauté. On les condamne, ils vont au supplice avec la résignation et la candeur de l'innocence. L'attitude la plus simple et la plus modeste les caractérisent tous deux. Debout, la tête légèrement inclinée, les mains liées, et vêtus de la tunique blanche, symbole de pureté, ils marchent tranquillement à la mort, ou plutôt à la gloire.

C'est ici que le génie du peintre se fait remarquer. Devant eux, le temple est libre ; ils sont isolés, parce que rien n'égale leur vertu ; rien ne les précède, parce que Dieu, dans leur foi, les distingue des autres hommes : cependant un soldat, placé sur le devant du tableau, les pousse pour activer leur marche; ils n'en sont pas plus émus. Voilà le vrai sublime !... Ces chefs-d'œuvre sont au musée.

Mais où le talent de Lesueur est plus admirable encore, c'est dans le tableau de *Saint-Paul prêchant et convertissant à Ephèse les gentils, qu'il excite à brûler leurs livres,* tableau qu'il fit pour l'église Notre-Dame, à l'occasion du vœu des orfèvres qui s'exposait le premier mai.

Les œuvres de ce grand peintre portent l'empreinte de sa santé délicate: il a généralement mis peu de force dans ses conceptions pittoresques ; mais, doué d'un sentiment fin et porté à la mélancolie, il a laissé des peintures douces et sagement ordonnées ; ses expressions sont belles et peu énergiques ; son coloris est suave, doux, harmonieux.

Lesueur n'était jamais allé en Italie, et cependant on trouve beaucoup de ressemblance dans sa peinture, avec le célèbre peintre du Vatican ; on croirait qu'il a été son élève. Aussi fut-il unanimement glorifié du titre de *Raphaël français*. On remarque encore l'analogie qui existe dans la courte durée de la vie de ces deux peintres, morts au même âge, et une ressemblance singulière dans la pureté des traits de leur visage, sur lequel se peint la douceur de leur belle âme.

Il serait trop long de décrire la totalité des grandes et belles productions dont nous sommes redevables au génie d'Eustache Lesueur, et qui se trouvent au musée de Paris.

Les peintures dont il décora trois salles de l'hôtel étaient remarquables par la poésie et pour la finesse des pensées. Cette belle suite, composée de 19 pièces, était connue sous le nom de *Cabinet des Muses*. On y voyait les neuf Muses peintes sur bois qui furent retirées de l'hôtel quelques années avant 1789. Puis le *Salon de l'amour et l'Appartement des bains*, qui fut son dernier ouvrage.

Lesueur mourut à l'âge de trente-huit ans, en 1655. Le Brun, étant venu le visiter dans les derniers instants de sa vie, dit en s'en allant :

— « La mort va me tirer une grosse épine du pied. »

BARTHÉLEMY-ÉTIENNE MURILLO

— 1618 —

Murillo, d'après des actes authentiques, vit le jour à Séville, le premier janvier 1618. Les heureuses dispositions qu'on remarqua chez lui dans un âge fort tendre décidèrent son père à les cultiver. Il fut placé sous la direction de son parent Juan del Castillo. Ardent et studieux, l'élève eut bientôt franchi les premières difficultés. Devenu grand coloriste, Murillo n'avait cependant encore qu'une couleur fausse et rude, qu'il tenait de son maître, élève de l'école florentine. Des affaires d'intérêt appelèrent Castillo à Cadix. Il quitta Séville et laissa, à son grand regret, son jeune élève sans guide. Cette circonstance décida de l'avenir et de la réputation de Murillo. S'il était resté sous la direction de son parent, il aurait infailliblement conservé son coloris sec et froid, et n'aurait pas obtenu plus tard le titre bien mérité de *prince des coloristes*. Abandonné à lui-même, Murillo se prit à peindre des tableaux de pacotille, des bannières qu'on expédiait en Amérique. Ce travail aurait perdu tout autre artiste ; Murillo lui dut une grande habileté, une couleur suave et brillante. Pierre de Moya, qui allait à Grenade, passa par Séville ; Murillo devint enthousiaste du talent de ce peintre, qui avait eu Van-Dyck pour maître. Une nouvelle route s'ouvrait pour lui, il s'y jeta avec ardeur et ne chercha plus qu'à imiter son nouveau modèle. Le succès aurait couronné ses efforts. Malheureusement, le séjour que Pierre Moya fit à Séville ne fut pas de longue durée, et le jeune artiste se vit une seconde fois livré à lui-même. Vivement affligé de ce départ, Murillo resta un moment indécis sur le chemin qu'il prendrait. Il fut tiré de son découragement par sa résolution d'aller étudier les chefs-d'œuvre de l'Italie. Les ressources lui manquaient pour entreprendre ce voyage; il se voyait réduit à renoncer à ses rêves de gloire et d'avenir; sa persévérance et son courage surmontèrent ce nouvel obstacle. Murillo acheta une grande quantité de toile qu'il divisa en petits carrés, et, sur ces carés, il peignit des paysages, des fruits et des fleurs; un brocanteur acheta ses peintures, et Murillo, possesseur d'une modique somme, quitta Séville sans révéler son dessein à personne. Arrivé à Madrid, il alla trouver Velasquez, lui ouvrit son cœur, lui communiqua ses intentions. Vélasquez le détourna de son voyage en lui fournissant les moyens d'étudier les Titien, les Véronèse, les Rubens, les Van-Dyck sans sortir de l'Espagne. Ainsi Murillo travailla trois ans sans quitter Madrid. Puissamment aidé par Vélasquez, il eut bientôt un admirable talent. Il revint à Séville en 1645. L'exposition des tableaux qu'il avait peint pour le cloître de Saint-François établirent sa réputation de grand artiste quoiqu'il ne fût pas encore tout à fait lui-même. Les travaux lui arrivèrent en foule, et la fortune commença à lui sourire.

— Le *Saint Léandre* et le *Saint Isidore*, tous deux plus grands que nature, furent exposés en 1653 : c'est de cette époque que date la nouvelle manière de Murillo, celle qui lui a valu tous les suffrages. Il fut chargé en 1667 et en 1668 des travaux de la salle capitulaire de la cathédrale ; il retoucha des arabesques composées par Paul de Cespèdes ; il burina une grande composition pour la coupole du monastère des franciscains. Les révérends pères voyant le tableau de près furent effrayés de son exécution grossière, mais lui, sans répondre aux objections, insista pour que son œuvre fût un instant mise en place. Aussitôt que la toile fût à une certaine hauteur les traits des personnages devinrent plus doux, les draperies moins lourdes, les teintes s'harmonisèrent. Parvenu à son dernier point d'élévation, elle fut trouvée admirable, et la figure de la vierge, qui avait d'abord tant déplu aux franciscains, leur sembla magnifique, surhumaine. Mais Murillo avait été blessé au vif; il voulut remporter sa peinture. Les révérends consentirent à doubler la somme pour la conserver. L'apogée du talent de Murillo date de 1670 à 1680. En 1674 il termina ses grands tableaux de la charité, parmi lesquels on remarque : la *Sainte Elisabeth*, l'*Enfant prodigue*, le *Miracle des pains et des poissons*, *Abraham recevant les trois anges*, *Moïse frappant le rocher* et *Jésus-Christ à la Piscine*. Il composa encore, vers la même époque, sa fameuse peinture de *saint Pierre* et de *l'enfant Jésus distribuant du pain aux pauvres*, et les vingt-trois tableaux qu'il avait entrepris pour le couvent des capucins de Séville, et que ces pères ont emporté, dit-on, en Amérique. Murillo partit enfin pour Cadix, où il exécuta sa fameuse composition des *Fiançailles de sainte Catherine*. Ce fut en travaillant à ce tableau qu'il tomba de son échaffaudage et se fit une blessure tellement grave qu'il ne put achever son œuvre, qui fut terminée par son élève Meneses Osario. Cette chute lui causa les plus violentes souffrances jusqu'à sa mort, qui arriva le 3 avril 1682, à l'âge de soixante-quatre ans. On lui doit la fondation d'une académie publique de dessin à Séville, pour laquelle il eut à lutter contre l'orgueilleuse opposition de Jean Valdès Leal et la jalousie d'Herrera le jeune ; mais, doué d'une volonté ferme et d'un esprit supérieur, il força ses adversaires à se joindre à lui pour ouvrir ce somptueux asile aux jeunes élèves. Ce fut lui qui le premier y dirigea publiquement l'étude du modèle. On peut citer parmi ses disciples les plus remarquables, Antolinez, Villavicencio, Tobar, Meneses Osario.

— Murillo s'est fait encore un nom par son talent comme paysagiste et peintre de fleurs. On rapporte qu'il faisait exécuter les paysages de ses tableaux par le fameux Iriarte. Murillo, en revanche, lui faisait les petites figures de ses paysages. Un jour, qu'ils étaient chargés de faire ensemble un tableau, il s'éleva une discussion sur lequel des deux commencerait le premier. Les deux amis se fachèrent, et Murillo fit seul figures et paysages. L'acheteur en fut tellement satisfait que Murillo résolut de n'avoir jamais recours à personne. Il tint parole. Murillo amassa une fortune considérable. On assure que son tableau de l'Enfant prodigue lui fut payé 20,000 francs, somme énorme à une époque où le taux de l'argent était si rare.

CHARLES LEBRUN

— 1619 —

Parmi les artistes les plus habiles de son temps, Louis XIV choisit Charles Le Brun pour son peintre; il le dota, et lui confia une grande étendue de pouvoirs sur la généralité des arts. L'histoire du monarque ne pouvait être confiée qu'aux mains du peintre qu'il supposait le plus habile : il le chargea de représenter les principaux événements de son règne. Sous d'ingénieuses allégories, Le Brun sut réunir la fable à l'histoire, et, par cet assemblage heureux, former une sorte de poëme épique des actions glorieuses du Roi, poëme dont il enrichit la superbe galerie de Versailles. Les sujets représentent l'histoire de Louis XIV depuis la paix des Pyrénées jusqu'à celle de Nimègue : c'est dommage que le Roi y soit peint à la romaine, coiffé d'une grande perruque qu'on nommait alors *in-folio*. Le Brun peignit ensuite à Paris, dans la galerie d'Apollon au Louvre, les *Batailles d'Alexandre*, compositions remarquables par leur étendue, et rendues célèbres par les magnifiques gravures de Gérard Audran. On peut dire que la *Clémence d'Alexandre envers la famille de Darius* est la plus belle peinture de l'histoire du conquérant : la composition, nullement ambitieuse, en est simple, noble, distribuée avec esprit. Dans ce tableau, qui passe pour le chef-d'œuvre de Le Brun, on admire surtout la beauté des expressions, qui, en effet, sont d'une perfection rare.

Parmi les chefs-d'œuvre de Le Brun, on cite le *Martyre de saint Etienne*, le fameux *Crucifix entouré par des anges*, le *Massacre des Innocents*, la *Mort de Sénèque*, et une *Madeleine pénitente*, qu'il fit pour Mme de La Vallière. Dans ce dernier tableau, la tête est noblement belle quant à l'expression ; mais elle est idéale. La composition semble généralement maniérée ; l'attitude et les gestes de cette Madeleine de la cour de Louis XIV ont quelque chose de théâtral. *Jésus dans le désert servi par les anges*, et la *Madeleine aux pieds du Sauveur, chez Simon le pharisien*, sont également de beaux tableaux. Ce dernier a été, en 1815, échangé avec l'empereur d'Allemagne contre le célèbre tableau des *Noces de Cana* par Paul Véronèse. Il serait trop long de parler des nombreuses productions de Le Brun, dont l'imagination brillante fut plus admirée que le génie. On ne saurait pas cependant négliger de placer, au nombre de ses chefs-d'œuvre, et même de ceux de l'Ecole française, les plafonds et la galerie qu'il peignit pour le surintendant des finances Fouquet, dans son château de Vau-le-Vicomte, ainsi que l'*Apothéose* et les *Travaux d'Hercule*, qu'il avait représentés à la voûte de la galerie de l'hôtel Saint-Lambert, à l'île Saint-Louis, où les jeunes élèves de l'Académie allaient souvent dessiner.

Un jour que Le Brun était dans la grande galerie de Versailles, où se trouvait le Roi, jetant un coup d'œil sur les plafonds qu'il avait peints, il dit assez haut pour être entendu, que « les beaux tableaux semblaient devenir plus admirables après la mort de leur créateur.

— Quoi qu'on en dise, lui dit Louis XIV avec bonté en allant à lui, ne vous prenez pas de mourir, je vous estime à présent autant que pourra le faire la postérité.

Charles Le Brun était né à Paris en 1619; il mourut dans la même ville en 1690. Il apprit le dessin dans l'école de Simon Vouët. Ses progrès furent rapides. A quinze ans, il fit pour le duc d'Orléans deux tableaux représentant *Hercule domptant les chevaux de Diomède*, et le même *Hercule faisant les fonctions de sacrificateur*. Malgré la jeunesse du peintre, la composition se faisait remarquer par un grand caractère, ainsi que par la force du dessin et la vigueur du coloris. C'est à Le Brun que nous devons l'établissement de nos deux Académies, à Paris et à Rome.

PHILIPPE WOÜWERMANS

— 1620 —

Il est peu d'artistes dans l'école hollandaise qui aient une réputation aussi populaire que celle dont jouit encore Wouwermans. L'un des caractères principaux de son génie fut une prodigieuse fécondité, qu'on pourrait s'exagérer néanmoins, si l'on mettait sur son compte une foule d'ouvrages de son Ecole, et qu'il faut attribuer à ses deux frères et à ses nombreux imitateurs.

Ce grand maître naquit à Harlem on 1620, et ce fut dans l'atelier de son père, Paul Wouwermans, médiocre peintre d'histoire, qu'il apprit d'abord à dessiner la figure. Plus tard il suivit le penchant naturel qui le portait à faire du paysage, et, quoique fort jeune, il avait déjà manié le pinceau et produit quelques essais, lorsqu'il entra chez Jean Wynauts, l'un des meilleurs paysagistes de son temps. Il y apprit à composer avec goût un paysage, à le bien éclairer, et à diviser les plans selon les règles de la perspective et du clair-obscur; à rendre les lointains et les ciels, les arbres et les plantes. Wouwermans excellait à peindre les figures, et il sut utiliser ce talent au profit des œuvres de son maître, qui, peu habile dans ce genre, avait eu souvent recours à Adrien Van der Velde ou à Van Ostade pour placer quelques personnages dans ses tableaux. D'un naturel très-actif, Wouwermans travaillait avec ardeur, et aimait son art avec passion. Il se fit un genre plein de mouvement, d'élégance et d'originalité. On a peine à croire qu'un homme, qui mourut à l'âge de quarante-huit ans, ait pu produire un si grand nombre de tableaux, remplis de détails pour la plupart d'un grand fini.

Chose triste à penser, Wouwermans, dont les ouvrages représentent une valeur de plusieurs millions, vécut et mourut dans un état voisin de la misère, tandis que la plupart des brocanteurs de son nom et de son talent ont fait de brillantes fortunes. Les excès de travail, joints aux privations qu'il était forcé de s'imposer, contribuèrent à hâter l'époque de sa mort. L'ingratitude de ses contemporains le jeta dans un tel découragement, qu'il le fit passer dans l'âme de son jeune fils, dont il s'était plu d'abord à cultiver les dispositions pour les beaux-arts, et le vit, sans regret, entrer dans un cloître. Les sujets dans lesquels il réussit le mieux furent les chasses, les haltes, les campements d'armée, les escarmouches de cavalerie, les foires, les courses, etc. Ses chevaux sont d'une singulière animation et parfaitement étudiés ; ses personnages, bien drapés, ont une tournure spirituelle, élégante et fière : ce sont de belles amazones, de superbes écuyers au feutre empanaché. Sa couleur est excellente, vive et bien fondue. Il avait la magie d'adoucir sa touche, de lui donner du moëlleux et de la délicatesse, sans lui faire rien perdre de sa vigueur et de sa pâte onctueuse. Cette fermeté, sous une précieuse finesse, a rendu sa manière très-difficile à deviner.

Le catalogue des productions de Wouwermans formerait un volume. Notre musée du Louvre possède onze toiles de ce maître. La plus grande représente un *Choc de cavalerie polonaise.* Dans la galerie de l'Elysée-Bourbon, on voyait l'un des meilleurs tableaux de Wouwermans, le *Marché aux chevaux,* qui fut acheté 35,000 francs par M. Stengard, directeur de la galerie d'Amsterdam. Ce grand peintre mourut en 1668, et fut enseveli à Harlem, sa ville natale.

Jacques, Jean-Baptiste et Carle VANLOO

1620 — 1684 — 1705

Vanloo, cette famille noble et originaire de l'Ecluse en Flandre, a joui constamment du privilége de fournir à la France des peintres d'un haut mérite. Le premier de tous, Jean Vanloo, donna naissance à un fils qui eut le prénom de Jacques; celui-ci, bon peintre de portraits, séjourna longtemps à Amsterdam, et y étudia l'art du coloris, dans lequel il excellait. Peu d'années avant la révolution, on a vu de lui à Paris une femme nue, en pied, de grandeur naturelle, se disposant à entrer dans son lit. Ce tableau que l'on compare, pour la finesse et la fraîcheur, aux belles pages de Crayer, a été gravé par Porporata. On connaît également de sa main un fort beau portrait de Corneille. Jacques Vanloo vint à Paris s'y faire naturaliser, et fut reçu à l'académie de peinture en 1663. Il avait amené avec lui un fils nommé Louis, qui fut aussi un peintre habile, et remporta le premier prix de l'académie; mais, ayant eu une affaire d'honneur, il fut obligé de se retirer à Nice, dans les états du duc de Savoie. Il s'y maria en 1683 : c'est de ce mariage que sont nés Jean-Baptiste et Carle Vanloo. Jean-Baptiste Vanloo naquit à Aix en 1684. Les soins assidus de son père, qui cultiva dès l'âge le plus tendre ses heureuses dispositions, développèrent un talent qui devait également exceller dans l'histoire et dans le portrait. Élève de Benedetto Lutti, il dessinait dans le goût antique; son pinceau est moelleux, sa touche fondue et spirituelle : il avait emprunté aux grands maîtres son coloris et sa manière. Il vint à Paris en 1719, et fut agrégé à l'académie, dont il ne devint membre titulaire que neuf ans après, en 1742, n'ayant jamais pu trouver jusqu'alors le temps de faire son morceau de réception, *Diane et Endymion*, l'un des plus beaux tableaux de l'Académie. Avant la révolution, on voyait de ce peintre, dans le cœur de l'Eglise des Grands-Augustins, *Henri III recevant les chevaliers de l'ordre du Saint-Esprit*, tableau d'une composition heureuse, d'une exécution facile qui doit maintenant figurer au musée de Versailles. Les artistes allaient aussi admirer dans la nef de Saint-Germain-des-Prés son *saint Pierre délivré de prison*.

Après avoir enrichi Paris de nombreux et beaux ouvrages, il retourna à Aix, où il mourut, en 1745.

Il eut pour élèves son frère Charles-André, recteur de l'académie de Paris, et ses fils, Louis-Michel, premier peintre du roi d'Espagne, et Charles-Amédée-Philippe, peintre du roi de Prusse.

Carle Vanloo naquit à Nice en Provence en 1705. Jean Baptiste, son frère le conduisit à Rome où il le fit entrer chez son ancien maître Benedetto Lutti, qui vivait encore. Ayant fait la connaissance du célèbre sculpteur Legros, il prit goût à la statuaire, dans laquelle il eut pu se distinguer. La mort de Le Gros, arrivée en 1719, le détermina à renoncer à ce projet; il poursuivit ses études de peintures et revint en France, quoiqu'il eût à peine dix-huit ans. Une grande réputation l'y précéda. En 1724, il concourut pour le prix de peinture, et fut couronné pour un tableau représentant les *Habitants de Sodome frappés d'aveuglement*. Puis il revint à Rome à ses frais. Ayant obtenu des prix à l'académie de Saint-Luc, il reçut, par la protection du cardinal de Polignac, alors ambassadeur de France à Rome, le brevet de pensionnaire du roi à l'académie, et une gratification. Il peignit dans cette ville, pour l'église Saint-Isidore, un magnifique plafond représentant l'apothéose de ce saint : cette œuvre fut généralement admirée. Il fit ensuite un *saint François* et *une sainte Marthe* pour l'église des cordeliers de Tarascon. Il peignit ensuite, pour le cabinet du roi de Sardaigne, qui lui avait donné quelques témoignages d'intérêt à l'occasion de la mort de son neveu, et son élève, François Vanloo, onze sujets de la *Jérusalem délivrée*, dans lesquels il sut unir à l'enthousiasme du grand poète la délicatesse et le charme de son pinceau. La réputation de Vanloo augmentait de jour en jour. En 1735, il fit, pour sa réception à l'académie, *Marsyas écorché par l'ordre d'Apollon*. Au salon de 1763, il exposa un portrait en pied du roi, qui eut le plus grand succès ; puis le tableau des *Grâces enchaînées par l'amour*, qui ne fut pas moins goûté de la cour de Louis XV ; mais les critiques n'ayant point partagé l'avis des grands seigneurs, on assure qu'il le mit en pièces. Le roi, affligé des suites de ce dépit, bien naturel chez un artiste, le nomma son premier peintre après la mort de Charles Antoine Coypel, et le créa chevalier de l'ordre de Saint-Michel en 1761.

Vanloo a dû subir le sort commun à tous les peintres qui sacrifient la perfection au goût frivole d'une cour légère et aux caprices de la mode. Son talent a été loué à outrance de son vivant et contesté jusqu'à l'injustice après sa mort. Entraîné par son extrême facilité et par ses heureuses dispositions, il composait ses tableaux avec une certaine aisance et avec une sorte de délicatesse qui en font tout le charme. Il était loin de connaître les moyens d'animer la toile et d'exciter la sensibilité, mais il excellait dans l'invention des scènes familières : on en a des exemples dans ses tableaux de la *Conversation espagnole*, ainsi que dans celui qui représente un *Pacha faisant peindre sa maîtresse*.

Enfin, il faut le dire, le premier peintre de la cour fut au nombre des peintres novateurs ; il avait de la facilité et de l'intelligence, mais il manquait d'esprit et de goût. La frivolité de son siècle lui fit adopter un style plus agréable que sévère, un coloris plus blafard que solide, un maniement du pinceau plus séduisant que vigoureux.

La mort vint le surprendre en 1765, à l'âge de soixante et un ans, au moment où il allait commencer la décoration de la chapelle Saint-Grégoire aux Invalides, dans laquelle il avait à peindre les principaux sujets de la vie de ce père de l'Eglise.

NICOLAS BERGHEM

— 1624 —

Nicolas Berghem, né à Harlem en 1624, y reçut de son père, connu sous le nom de *Pierre d'Harlem,* peintre assez médiocre, les premières leçons de son art. Il continua successivement ses études sous Jean Van Goyen, Nicolas Moyart, Pierre Grebber et J.-B. Weenninx. On rapporte que son père, qui le traitait fort durement, le poursuivant un jour jusque dans l'atelier de Van Goyen, où il s'était réfugié, celui-ci, pour le soustraire au courroux paternel, cria à ses élèves : « Berghem (cachez-le) »; c'est ce qui lui fit donner le surnom de Berghem, qu'il continua à porter dans la suite, à l'exemple de la plupart des artistes de cette époque, qui ne sont guère connus que par des surnoms, et point par leur nom de famille. L'amour de l'art, joint à l'empressement avec lequel ses tableaux étaient recherchés et à l'avidité de sa femme, le porta à travailler avec une activité et une application infatigables. On raconte de lui qu'il avait l'habitude de travailler en chantant, et l'on assure que, lorsque sa femme ne l'entendait plus, elle frappait au plancher de son atelier, dans la crainte qu'il se fût endormi. Une facilité extraordinaire lui rendait le travail et l'étude agréables. Mais il aimait passionnément les gravures, et était souvent obligé, pour en acheter, d'emprunter à ses élèves de l'argent, qu'il rendait ensuite en trompant sa femme sur le produit de ses tableaux. Il se fit de cette manière une superbe collection. Les paysages et les tableaux d'animaux de Berghem font l'ornement des plus riches galeries. Le mérite de ses tableaux consiste dans la légèreté et la clarté de sa manière, le séduisant coloris et le naturel de ses groupes. Des critiques exigeants pourraient certainement lui reprocher une trop grande légèreté, peu d'art et une trop grande simplicité dans l'imitation, et désirer plus de correction dans les contours et le dessin des animaux; mais ces légers défauts sont bien rachetés par une foule d'excellentes choses, et c'est avec raison que Berghem est mis au rang des meilleurs paysagistes connus. Il n'a pas seulement laissé la réputation d'un peintre habile, il s'était aussi exercé avec bonheur dans la gravure. On a de lui des études à l'eau forte, au nombre de 35, qui représentent des brebis et des chèvres, ou des paysages, et qui sont gravées d'une pointe facile et pleine d'esprit; quelques-unes sont même devenues très rares. Berghem est mort à Harlem, en 1683. Ses élèves les plus distingués sont Charles Dujardin et Glomber.

Noël, Antoine, Noel-Nicolas et Ch.-Antoine COYPEL

1628 — 1661 — 1684 — 1694

Noël Coypel naquit à Paris le 25 décembre 1628, et suivit les conseils d'un élève de Vouet; très-jeune encore, il fut employé à la décoration des maisons royales : le Louvre, l'Oratoire, la chambre du roi, l'appartement du cardinal de Mazarin et celui de la reine, la salle des machines du palais des Tuilleries et le château de Fontainebleau, fournirent à Noël l'occasion de

faire apprécier ses connaissances et la grâce de son pinceau.
En 1663, l'académie royale de peinture le reçut parmi ses membres, sur la présentation d'un tableau remarquable, la *Mort d'Abel*. Nommé directeur de l'académie de France à Rome, Coypel s'occupa de donner une grande impulsion à cette école, pour laquelle il obtint un palais spacieux, où il rassembla un grand nombre de plâtres moulés d'après l'antique. Peu de peintres ont donné plus de preuves d'une extrême facilité que Noël : à l'âge de soixante-dix-sept ans, il peignit avec succès deux grandes compositions pour l'hôtel des Invalides ; tout ce qui est sorti de sa palette offre un coloris très-brillant ; mais son dessin est souvent incorrect : Coypel rappelle trop dans ses poses les attitudes théâtrales que lui inspirait son goût pour la scène. Instruit dans la perspective et l'anatomie, cet habile artiste n'a pas négligé la théorie de son art. L'on a publié, en 1741, un volume des discours qu'il a lus à l'académie, et parmi lesquels on distingue particulièrement celui sur le coloris. Plusieurs gravures ont reproduit quelques-unes des nombreuses et grandes compositions de Coypel, mort à Paris le 2 décembre 1707.

Coypel, Antoine, fils aîné du précédent, est né à Paris en 1661 ; élève de son père, qu'il suivit à Rome, le jeune Antoine s'attacha trop exclusivement à cultiver Le Bernin, dont il aimait la manière et le goût ; à dix-huit ans, de retour à Paris, Antoine Coypel fit une *Assomption de la Vierge* pour l'église de Notre-Dame ; deux ans après, il obtint le titre de peintre de Monsieur, et enfin celui de peintre du roi, en 1715. Homme de cour, Antoine a répandu dans ses œuvres l'afféterie et le maniéré des gens qui la fréquentaient alors ; son coloris est éclatant sans harmonie, et toutes ses têtes se ressentent de la minauderie qu'il avait sous les yeux. Les 14 sujets de l'Enéide, qu'il peignit pour la galerie du Palais-Royal, offrent toutes ces qualités, qui ont puissamment contribué à égarer l'esprit de ses successeurs. Son *Jésus-Christ dans le temple avec ses docteurs*, le *Jugement de Salomon* et l'*Athalie*, que l'on cite parmi ses travaux, ont été gravés par Gérard et Jules

Audran; lui-même a multiplié par des gravures à l'eau forte très-estimées son *Démocrite* et son *Ecce Homo*. Coypel a laissé, de plus, des écrits recommandables sur la peinture, entre autres, *son Epître à son fils* et 20 discours sur cette matière, publiés en 1721. Il est mort le 7 janvier 1722.

Coypel, Noël Nicolas, fils de Noël, est né le 7 janvier 1684, à Paris. Elève de son père, il acquit de bonne heure une réputation méritée par ses deux tableaux *de la manne* et *de Moïse frappant le rocher*, qu'il exécuta dans sa vingt et unième année. *L'Enlèvement d'Europe, la coupole de la chapelle de la Vierge*, à Saint-Sauveur, brillent par la richesse de la composition, l'harmonie et l'intelligence du clair-obscur, ainsi que par la correction du dessin, où l'on retrouve d'heureuses inspirations des maîtres de l'école d'Italie. La grâce de son pinceau ressemble parfois à celle du Corrége, et, dans tout ce qu'il a produit, on remarque une grande fraîcheur et beaucoup de légèreté dans la touche. Ses portraits à l'huile et au pastel sont rendus avec esprit et un sentiment vrai de la nature. Noël Nicolas est mort à Paris le 24 décembre 1734, à la suite d'un coup violent qu'il reçut à la tête.

Coypel, Charles Antoine, fils d'Antoine et petit fils de Noël, est né en 1694, à Paris ; il est resté fort au dessous du talent de son père, dont il fut l'élève, et c'est bien plus à la faveur qu'à son propre mérite qu'il dut l'emploi de peintre du roi ; son peu de succès dans le genre de *l'histoire* l'y fit renoncer pour s'occuper de *bambochades*, sans pouvoir mieux réussir. Le théâtre lui présentant plus de chances d'avenir, il composa un grand nombre de pièces, dont deux tragédies, qui jouirent d'une certaine vogue alors, quoique bien médiocres en général.

LUC GIORDANO

— 1632 —

Luc Giordano naquit à Naples en 1632, et fut élève de Joseph Ribera. Il reçut de bonne heure le sobriquet de *Frapesto*, soit à cause de la facilité avec laquelle il travaillait, soit plutôt parce que son père ne cessait de l'exhorter à faire vite.

— Enthousiasmé par tout ce qu'il entendait dire des chefs-d'œuvre qui décoraient la ville de Rome, il s'échappa de la maison paternelle et vint dans la capitale des arts. Il s'y lia d'amitié avec Pierre Berretini, qui avait aussi une grande facilité. Giordano fit ensuite des voyages à Bologne, à Parme, à Venise et à Florence ; partout il exécuta de nombreux travaux, et sa réputation prit un tel accroissement que le roi d'Espagne, Charles II, le fit venir et lui ordonna plusieurs tableaux destinés à embellir le palais de l'Escurial.

— La facilité de Giordano le portait à imiter la manière des autres peintres, et on raconte que le roi d'Espagne, lui montrant un tableau de Bassan, exprimait quelques regrets de ne pas en avoir un second de ce maître. Dès le lendemain, Giordano, prenant une vieille toile, peignit un tableau tellement dans la manière de ce peintre que, lorsqu'il fut placé dans les appartements du monarque, on le prit pour un tableau de Bassan lui-même.

— On a reproché à Giordano sa trop grande facilité : en effet, son dessin n'est pas toujours correct, mais sa couleur est si brillante qu'elle mérite bien d'être admirée. Cet artiste a souvent signé ses tableaux du nom latin *Jordanis*, ce qui l'a quelquefois fait confondre avec le peintre flammand Jacques Jordaens.

— Luc Giordano mourut à Naples en 1704 ou 1705 ; il est enterré dans l'église de Sainte-Brigite.

ANTOINE-FRANÇOIS VAN DER MEULEN

— 1634 —

Antoine François Van der Meulen naquit à Bruxelles en l'année 1634. Ses précoces dispositions pour le dessin engagèrent son père, riche amateur des arts, à l'envoyer étudier chez Pierre Suagers. Meulen confirma les espérances qu'il avait fait concevoir et fit des progrès rapides. Dans ses premiers essais, on trouve déjà cette touche légère, cette facilité de dessin, cette largeur d'exécution, qui sont les belles qualités de ses ouvrages et les caractères distinctifs de sa peinture, dont la France peut aussi bien s'honorer que la Flandre. Voici quel fut le commencement de la brillante fortune de Van der Meulen en France. Quelques-uns de ses tableaux furent apportés à Paris, et, par un heureux hasard, passèrent sous les yeux de Colbert, qui, leur ayant trouvé quelque mérite, les fit voir à Charles Le Brun. Le dernier jugea que de pareilles œuvres annonçaient un grand maître, et, dans les premiers moments d'une chaude admiration, il fit entendre à Colbert qu'il devait commander sur-le-champ à Van der Meulen des tableaux pour sa galerie. Il insinua même qu'il fallait, s'il était possible l'attirer en France et le décider à s'y fixer. On suppose que Le Brun faisait valoir aussi Meulen dans le but de l'opppser à Parrocel dont le puissant coloris lui faisait ombrage. Toujours est-il que ce fut Le Brun qui, de la part de Colbert, fit adresser à Meulen des offres très-avantageuses, que ce dernier se garda bien de refuser. Il s'empressa donc de quitter Bruxelles pour venir à Paris, où on l'accueillit d'une manière flatteuse en lui offrant d'abord le brevet d'une pension de 2,000 livres, ensuite en mettant à sa disposition un logement qu'on lui avait préparé à la manufacture royale des Gobelins. Là il composa un grand nombre de tableaux qui ont été exécutés plusieurs fois en tapisserie. Mais la grande réputation de ce peintre ne s'établit en France que lorsque Louis XII eut connu son talent et l'eut pris sous sa protection. Le Brun n'était pas assez actif, n'avait pas le travail assez facile pour jouer le rôle d'improvisateur et peindre les batailles à mesure que ce grand monarque les gagnerait, et les villes fortifiées à mesure qu'il les prendrait. Van der Meulen arrivait donc fort à propos à son gré. Il se l'attacha par des largesses, et dès lors Van der Meulen eut l'honneur de suivre sa majesté dans toutes ses campagnes. Pendant ce temps il eut des fréquentes occasions de montrer la prodigieuse verve de son talent, la singulière facilité de son pinceau. Chaque jour il recevait de nouveaux ordres du roi, et l'armée française allait si vite de victoire en victoire que le pauvre artiste, toujours occupé de nouveaux sujets qu'il lui fallait traiter en toute hâte, avait à peine le temps d'observer et de respirer. Il dessinait assidûment sur les lieux mêmes, et avec la plus scrupuleuse exactitude, les campements, les attaques, les batailles, les marches de l'armée, les haltes, les escarmouches, les actions d'éclat, les vues des villes assiégées; il peignait la guerre et tous ses horribles détails, selon la tactique et la stratégie de son temps. Les compositions de Van der Meulen n'ont pas seulement l'avantage de former une série de monuments historiques exécutés d'après des études d'une grande précision.

Van der Meulen voulut être créateur de sa manière et ne suivre les traces de personne : il est toujours facile de le reconnaître à l'étonnante multiplicité de ses plans, aux habiles dégradations de ses teintes. Il y a de l'esprit dans sa touche, de la suavité dans ses ciels et ses lointains ; sa couleur est belle, et vigoureuse ; son feuillé est léger et ses paysages sont d'une ravissante fraîcheur. Il entendait les clair-obscur, et s'en servait en peintre habile, en créant de larges masses d'ombre et de lumière qui faisaient admirablement valoir les unes par les autres toutes les parties de ses vastes toiles. Si on tient compte à Van der Meulen de l'ingratitude de la plupart des sujets qu'il avait à traiter, on ne pourra que lui assigner une place très-distinguée parmi les peintres de paysages et de batailles. Obligé de produire incessamment, il se servait de Martin l'aîné, de Baudoin, et de Bonnart, ses élèves, pour ébaucher, sur ses dessins, les grands tableaux, qu'il achevait ensuite dans tous leurs détails

Van der Meulen fut reçu à l'académie en 1673, et ensuite nommé conseiller en 1681. Il mourut à Paris en 1690, âgé de cinquante-six ans.

FRANÇOIS MIERIS

— 1635 —

François Mieris reçut le jour à Delf, le 16 avril 1635. Comme tous ceux qui se sont rendus célèbres dans l'art de la peinture, François Mieris sentit naître en lui un penchant bien décidé pour les beaux-arts auquel l'opposition incessante de son père ne put le faire renoncer. Il cherchait par tous les moyens à s'affranchir du joug qu'on voulait lui imposer ; il se mit donc un jour à composer de petits sujets. Son père gronda et ne voulut pas céder à l'impérieuse vocation qui se manifestait d'une manière si évidente. Heureusement, les amis et les voisins s'employèrent à lui faire entendre que son fils, en se perfectionnant dans l'art du dessin, n'en serait que plus propre au métier qu'il voulait lui donner. Mieris obtint donc à grand'peine d'être placé chez Abraham Tormevliet, peintre sur verre. Les progrès de l'élève furent si rapides que son père lui-même en fut surpris et qu'il ne lui parla plus d'orfèvrerie, carrière qu'il voulait lui donner.

François Mieris devenait de jour en jour plus impatient de se livrer à la peinture ; on l'envoya donc étudier chez Gérard Dow. Mieris se fit un nom dans cette école, et son maître l'appelait le prince de ses élèves. Il eut un instant l'ambition d'abandonner le genre pour la peinture d'histoire. Il ne réussit pas à son gré dans les grandes pages, mais il acquit dans ses nouvelles études un dessin plus ferme et une touche plus large. Il était entré dans l'atelier d'Adrien Van der Tempel, peintre d'histoire, mais il revint après quelques essais à Gérard Dow et à sa première manière, qui était réellement celle qui convenait le mieux à la nature de son génie ; il ne la quitta que lorsqu'il eut appris tous les secrets de son art.

Quand Mieris montra ses premiers tableaux, ils furent tous admirés et recherchés ; beaucoup d'amateurs se les disputèrent.

Il fit pour l'archiduc d'Autriche un tableau qui représentait une jolie marchande dans sa boutique, et montrant des étoffes de soie à un gentilhomme, qui, d'un air galant et cavalier, paraît moins occupé de la richesse des étoffes que de la beauté de celle qui les lui présente. L'archiduc, enchanté de posséder cette ravissante peinture, lui proposa de l'emmener à Vienne, offrant de lui acheter tous ses tableaux à un prix considérable. Mieris remercia le prince de sa générosité et refusa, ne voulant pas quitter sa patrie ; sacrifice dont les hauts personnages du pays lui surent gré.

Après avoir fait le portrait de Mme Cornille Pootts, il exécuta pour la même personne un sujet plein d'intérêt ainsi composé : Une jeune dame est évanouie, un médecin près d'elle cherche à la ranimer en lui faisant respirer des sels, tandis qu'une vieille gouvernante, tremblante, éplorée, appelle du secours. Le peintre fut payé un ducat par heure pendant qu'il travailla à ce tableau.

Mieris, qui, pendant plusieurs années, avait mené une vie assez régulière, se livra à une conduite déréglée. Il passait des nuits à boire. Un soir, en sortant du cabaret par une nuit très-obscure, il tomba dans une fosse profonde que des maçons avaient oublié de fermer. Son état d'ivresse l'empêchait d'agir, et il aurait infailliblement péri si un savetier et sa femme ne l'eussent entendu se plaindre. Ces bonnes gens l'arrachèrent à demi mort de la boue, le lavèrent et le mirent dans un lit bien chaud, où il reprit ses sens. Le lendemain, Mieris, honteux de son aventure, sortit clandestinement de cette maison, mais il eut soin de bien remarquer l'endroit où elle était située. Quand il fut arrivé chez lui, il s'enferma et se mit à travailler sans relâche pendant plusieurs jours à un petit tableau qu'il porta à ses libérateurs :

« C'est, leur dit-il, de la part d'un homme que vous avez tiré d'un fort mauvais pas. S'il vous prend envie de faire de l'argent avec cette peinture, portez-la à M. Pootts qui vous en donnera un bon prix. »

Le savetier vendit en effet cette composition huit cents florins.

Ce trait fait honneur au talent et à la générosité de cet artiste, qui au fond se reprochait ses égarements.

Mieris mourut des suites de cet accident le 12 mars 1681, à peine âgé de quarante-six ans.

ADRIEN VAN DEN VELDE

— 1635 —

Adrien Van den Velde naquit à Harlem en 1639. Dès son enfance, et sans avoir eu de maître, il prenait du charbon, et chargeait de figures d'hommes et d'animaux tous les murs de la maison de son père. Placé à l'école Wynants, il surpassa bientôt son maître, et devint l'émule de Paul Potter et de Carle Dujardin. A l'âge de quatorze ans, Van den Velde gravait déjà à l'eau-forte des études d'animaux, pièces très-remarquables par la finesse et l'esprit de la pointe. Fort jeune encore, il jouissait en Hollande d'une grande réputation, comme peintre de paysage et d'animaux. Il se fit aussi connaître comme peintre d'histoire, en exécutant *une Descente de croix* pour l'église catholique d'Amsterdam.

Les tableaux de Van den Velde sont d'une couleur excellente ; sa touche est franche et pleine de finesse, ses figures sont spirituelles et bien dessinées. Ses chevaux, ses vaches, ses chèvres, ses moutons, sont d'une vérité parfaite ; ses ciels brillants, ses arbres d'un feuillé délicat.

Ses tableaux sont nombreux et d'un beau fini, ce qui prouve qu'il avait une grande facilité. Il mourut à trente-trois ans, dans l'année 1672.

JEAN JOUVENET

— 1644 —

Jean Jouvenet, né à Rouen le 12 avril 1644, reçut de son père, peintre fort estimé dans cette ville, les premières leçons de dessin et de peinture. Il vint ensuite à Paris, où il entra dans l'atelier de Charles Le Brun.

En 1673, il peignit pour l'église de Notre-Dame la *Guérison du paralytique,* l'un des tableaux désignés par le nom de *mai,* parce que la communauté des orfèvres avait fait vœu de donner tous les ans, le 1er de mai, à la métropole de Paris, un tableau du peintre le plus habile : c'est ainsi que l'église de Notre-Dame devint un musée des plus belles peintures du siècle de Louis XIV.

1675, pour sa réception à l'académie, Jouvenet présenta *Esther devant Assuérus,* le plus correct peut-être de tous les tableaux qu'il a peints. Ce morceau très-remarquable fut reçu aux grands applaudissements de cette compagnie.

Si on remarque de grandes qualités dans les ouvrages de cet artiste, il s'y trouve aussi de grands défauts. Sous le rapport du dessin, Jouvenet ne paraît pas avoir étudié la belle nature : il n'y a point de vérité dans ses nus, point de noblesse dans le choix de ses formes, point de style dans ses draperies. Sous le rapport du coloris, ses tableaux laissent beaucoup à désirer également : ce sont des lumières jaunes adroitement dispersées sur les corps des personnages ; des draperies vigoureusement nuancées ; des ombres fortement attaquées, à la manière du Caravagge. Jouvenet soupçonnait les principes du coloris; mais il ne les avait pas approfondis. Jouvenet brille par le faste imposant de la composition, par des effets grandement conçus, par une exécution facile et vigoureuse. On peut considérer, en effet, la *Pêche miraculeuse* de Saint-Martin-des-Champs, qui se voit au musée, comme un miracle de composition et de coloris; ce tableau lui avait été commandé pour l'église de ce monastère en même temps que la *Résurrection de Lazare*, le *Repas du pharisien* et les *Vendeurs chassés du Temple*.

Le tableau de l'*Extrême-Onction*, que M. Alexandre Lenoir procura au musée du Louvre en le retirant de Saint-Germain-l'Auxerrois à l'époque désastreuse de 1793, est un des plus sagement conçus, et du coloris le plus fin et le plus harmonieux qui soient jamais sortis de ses pinceaux. Les *Douze Apôtres* et les *Evangélistes* des pendentifs de la grande coupole du dôme des Invalides sont bien moins réussis.

De 1660 à 1680, il travailla à la restauration du château de Versailles de concert avec son maître. Il peignit ensuite, au château de Marly, un salon qui fut admiré par Louis XIV. On cite encore de lui les plafonds de l'hôtel de Pouanges, où il peignit, suivant Piganiol et d'Ergenville, *Vénus et Flore*, les *Neuf Muses présidées par Apollon*, la *Force terrassant les vices*, *Diane observant Endymion pendant son sommeil*, et le *Sacrifice d'Iphigénie*. Enfin, on sait que Jouvenet, devenu paralytique, s'habitua à peindre de la main gauche. Dans cet état d'infirmité, il peignit sur toile, à Paris, le plafond de la seconde chambre des enquêtes du Parlement de Rouen; l'on retrouve dans cette peinture la même hardiesse dans le faire et la même chaleur dans le coloris que dans ses tableaux peints de la main droite.

Pendant qu'on plaçait à Rouen le plafond de Jouvenet, il peignit le tableau dit le *Magnificat*, l'un des plus beaux ornements du chœur de Notre-Dame de Paris. Ce morceau, d'une composition riche, est d'un coloris harmonieux; la Vierge surtout, s'y fait remarquer par sa pose et par son expression animée. Jouvenet mourut à Paris, en 1717, à l'âge de soixante-treize ans, avant que ce tableau, son dernier ouvrage, fût mis en place.

NICOLAS LARGILLIÈRE

— 1656 —

Largillière, né à Paris en 1656, mourut dans la même ville en 1746, comblé des largesses de Louis XIV et des honneurs académiques. Avant de se consacrer uniquement au portrait, il peignit l'histoire, et c'est à ce titre qu'il dut sa réception à l'académie de peinture. Déjà, comme en Angleterre, qu'il habitait à l'avènement de Jacques II à la couronne, Largillière fut mandé à la cour de France pour faire les portraits du roi et de la reine, dans lesquels il se surpassa. Il peignait avec une grande facilité, et saisissait parfaitement la nature ; son coloris est riche et harmonieux ; son dessin, sans être correct, est gracieux ; son pinceau est moelleux ; sa touche, savante et légère.

La composition des portraits de Largillière est toujours noble, ingénieuse et naturelle. Il plaçait des modèles avec adresse, et leur donnait de l'aisance dans le mouvement ainsi que dans la pose ; ses draperies, bien jetées, sont larges et parfaitement entendues pour l'effet général du tableau, et, si on ajoute la ressemblance frappante des personnages, on aura une idée exacte du mérite et du talent de ce peintre habile, qui vit sans jalousie les succès et l'élévation de Rigaud, dont il conserva l'amitié.

La réputation de Largillière lui procura un nombre considérable de portraits à peindre parmi les personnages les plus illustres et les plus distingués de la cour de Louis XIV ; son chef-d'œuvre en ce genre est la représentation du grand roi au milieu de sa famille. Mais où Largillière s'est montré aussi bon peintre d'histoire que de portraits, c'est dans les deux tableaux qu'il fit pour l'Hôtel de Ville de Paris : l'un représente le *Repas donné à Louis XIV et à toute la cour par la ville de Paris au sujet de la convalescence de ce monarque;* l'autre est le *Mariage du duc de Bourgogne avec Marie-Adélaïde de Savoie;* ces deux beaux ouvrages ont été lacérés et brûlés par le peuple, sur la place de Grève, en 1793.

Un autre tableau, également remarquable, est celui qu'il peignit, en 1694, pour la ville de Paris : c'est un *Vœu fait à sainte Geneviève par la ville de Paris.*

Ce tableau, placé originairement dans l'ancienne église Sainte-Geneviève, est passé dans celle de Saint-Etienne-du-Mont. Largillière avait fait bâtir à Paris une maison qu'il orna des productions de son génie. Outre 1,500 portraits, on y admirait plusieurs beaux tableaux d'histoire, des paysages, des animaux, des fleurs, des fruits, et aussi des parties d'architecture qui décoraient les murs.

ANTOINE WATTEAU

— 1684 —

Watteau s'est créé un genre qui lui est particulier et qui n'a été imité par aucune peintre, pas même par Lancret et Pater, ses élèves. Il reproduisait habituellement des fêtes champêtres, et donnait à ses personnages un costume de son invention, qui a de l'analogie avec celui que portaient les Espagnols à l'époque du règne de Louis XIV ; il fut supérieur dans l'art du coloris.

Watteau, né à Valenciennes en 1684, offre la preuve qu'avec des dispositions naturelles et de l'étude, on peut acquérir l'art du coloris et le porter à sa perfection, vérité qui n'est pas généralement admise. Fils d'un couvreur, il reçut d'abord des leçons d'un mauvais peintre ; il le quitta pour en suivre un autre qui excellait dans les décorations de théâtre. Ce genre lui plut, et, en 1702, il vint à Paris avec cet artiste que les directeurs de l'Opéra avaient mandé. Celui-ci, ayant terminé son travail, retourna à Valenciennes et laissa son jeune disciple à Paris.

Watteau, qui n'avait pour vivre d'autre ressource que son faible talent, entra chez un peintre du Pont-Notre-Dame, où il faisait des dessus de portes, des devants de cheminées et des enseignes. Un tableau fit du bruit, et commença sa réputation : il représentait la boutique d'un marchand de peintures. On y voyait une grande quantité de sujets disposés autour des murs ou sur des chevalets, et des curieux de haut parage, hommes et femmes, admirant ces objets. Tous les passants s'arrêtaient devant l'enseigne du peintre de l'académie de Saint-Luc, dont le garçon de boutique avait fait un chef-d'œuvre de composition et de coloris : il a été parfaitement gravé, et figure dans les œuvres de Watteau.

Le jeune artiste abandonna la maison de commerce qu'il avait achalandée par un talent à peine à son aurore. Il entra chez Claude Gillot, un des maîtres les plus distingués de l'académie royale, où il fut reçu comme peintre d'histoire en 1715. Gillot maniait le burin aussi bien que le pinceau ; il a gravé les estampes qui ornent les *Fables* de La Mothe-Houdart. Watteau, suivant ses leçons, grava lui-même quelques-uns de ses propres tableaux. Chez le nouveau peintre, il se mit à retracer des fêtes champêtres, dont les amateurs et Gillot lui-même furent surpris. Ayant fait la connaissance de Claude Audran, fameux peintre d'ornements, qui logeait au Luxembourg, il peignit les figures de ses tableaux; mais, dominé par son goût et par un amour excessif du coloris, il se livra à des études sérieuses dans la galerie de Rubens, dont il était le voisin, et, d'après les peintures de Van-Dyck du cabinet du roi, alors au Luxembourg. Watteau saisit si bien la manière de ces deux grands peintres, que les tableaux qu'il produisit d'après cette étude trouvent place à côté des modèles qu'il a parfaitement compris. Deux de ces tableaux furent exposés dans une des salles du Louvre. La Fosse, professeur et chancelier de l'académie, les ayant vus, fut étonné de la perfection du coloris, et demanda à voir l'auteur. Il apprit que c'était un jeune homme qui désirait aller se perfectionner à Rome, et qui, avant de partir, voulait faire un voyage dans son pays. Watteau se présenta à lui : « Mon ami, lui dit La Fosse, vous ignorez votre talent; vous en savez plus que nous, et vous pouvez honorer notre académie. » Ce discours, de la part de La Fosse, qui avait une grande prétention au coloris, et qui la soutenait, fit une profonde impression sur le jeune peintre. Il fit ses visites et fut reçu académicien, sur le vu d'un tableau charmant, à la composition gracieuse, au dessin spirituel, au coloris qui prouvait à quel point il avait compris celui de Rubens et de Van-Dyck, ses maîtres adoptifs. Ce tableau délicieux, qu'on voit au musée, est connu sous le titre de *Voyage à Cythère;* il a été très-bien gravé par Tardieu.

Watteau, épuisé de fatigues et d'études, mourut de langueur, en 1721, à Nogent, près Paris, dans la trente-septième année de son âge. On doit peut-être le regarder comme le premier coloriste de l'école française, car ce fut dans cette école qu'il se forma.

GUILLAUME HOGARTH

— 1698 —

Guillaume Hogarth naquit à Londres en 1698. Son père, correcteur d'imprimerie, le plaça chez un orfèvre qui gravait la vaisselle, et lorsqu'il sortit d'apprentissage, il n'avait qu'une faible idée du dessin, et cependant il se mit à graver des armoiries et des adresses. Ces premiers essais lui donnèrent alors à peine les moyens de vivre. Son génie pour la caricature se développa de bonne heure ; son premier essai est la caricature d'un buveur qui, dans une rixe, reçoit sur la tête un violent coup porté par son adversaire avec un pot de bière. Notre jeune artiste rendit de la manière la plus comique et la plus vraie l'horrible grimace du blessé, dont le visage était couvert de sang. Une autre fois, il fit la caricature de son hôtesse, qui le tourmentait pour le paiement de 20 shellings ; mais ces préludes le laissèrent encore dans l'obscurité, et plusieurs fois il fut obligé, pour vivre, de peindre des enseignes. Enfin, Hogarth trouva l'occasion de travailler pour les libraires, et l'un d'eux lui donna à faire des vignettes destinées à une édition du poëme d'Hudibras, publiée en 1726. Ces ingénieuses compositions furent remarquées, et ont été reproduites dans l'édition de 1744 et dans la traduction française publiée en 1757. Cependant Hogarth acquit de la réputation, et, si une fine satire et une expression de vérité se font remarquer dans ses ouvrages, on doit convenir que son dessin est défectueux, sa couleur est mauvaise et ses tableaux manquent d'effet.

Les gravures qu'il fit lui-même d'après ses propres compositions eurent un grand succès. Maintenant encore on les recherche, on les admire, on y trouve avec abondance une critique fine et du vrai comique, principalement dans ces suites si célèbres où il a représenté la *Vie d'une fille* et celle d'un *Dissipateur libertin*, le *Mariage à la mode* et les *Résultats de l'industrie et du Vice*. De semblables travaux attirèrent sur Hogarth de mordantes critiques. Wilkes et Churchill, qu'il avait voulu ridiculiser, firent contre lui des diatribes dont il se sentit vivement blessé ; son caractère s'aigrit, sa santé s'altéra, et il mourut en 1764, peu de temps après avoir peint une figure du *Temps qui détruit toutes choses*, et qui, par une singularité remarquable, lui avait fait proférer cette exclamation en la terminant : « J'ai fini ».

FRANÇOIS BOUCHER

— 1704 —

Boucher naquit à Paris en 1704. Il devait être peintre. L'école régnante inclinait déjà depuis longtemps aux manières lestes, et Lemoine, l'infortuné Lemoine, qui mourut pour un désespoir, alors maître de Boucher, n'était pas un des moins habiles de l'école. L'élève suivit volontiers le maître à la mode, et commença sa réputation d'atelier par des ébauches hardies, qui lui attirèrent, comme il arrivait toujours, la haine des illustres de l'époque et leurs intrigues. Alors, ce n'était pas l'académie, mais le directeur des beaux-arts, qui avait plein pouvoir, et on ne sait pourquoi il mit tout en œuvre pour que le jeune Boucher ne fît pas le voyage à Rome, auquel ses premiers succès lui donnaient des droits. Un ami des arts, riche et peu soucieux des querelles de l'école, conduisit Boucher en Italie; comme aujourd'hui, c'était l'usage, et l'on ne datait dans le siècle qu'après le pèlerinage aux saints lieux.

Boucher ne comprit rien aux chefs-d'œuvre que l'Italie étalait à ses yeux; Raphaël lui semblait fade, Carrache sombre, et Michel-Ange bossu. Il avait surtout en grande dérision les merveilles des gothiques, alors moins estimées que de nos jours. C'était Paris qu'il lui fallait. Il y revint bientôt, et de nouvelles peintures révélèrent un émule du gracieux Watteau. Il peignit vite, et sa peinture, quoique enflée et souvent terne, était d'une finesse exquise de coloris et d'une élégance de dessin telle, qu'on oubliait aisément les fautes pour ne voir que les beautés. Sa réputation alla toujours croissant à la cour. Les sévères imitateurs du vieux Poussin étaient alors en grande défaveur; il fallait, pour prospérer, faire danser des marionnettes sur la toile, comme notre Boucher, ou séduire galamment comme tant d'autres.

Boucher succéda à Carle Vanloo comme peintre du roi, et ce nouveau titre ne fit qu'ajouter à sa grande réputation auprès des filles du bon ton. Il s'était aussi essayé dans une manière plus grave où il fit preuve de la même élégance. Dans cette manière surtout imitateur passionné de Rubens et de Vanloo, il copia leurs prétentions aux formes larges et musculeuses; mais il ne les atteignit pas. Souvent il s'essaye dans la façon de Philippe de Champagne, et il le surpasse quelquefois. Le *Martyre de Jacques Ghisaï, de Paul Michaï et de Jean Gotho*, missionnaires dans le Japon, est une très-belle chose, mais c'est du Rubens encore.

Il a représenté plusieurs fois les quatre éléments sous les formes d'anges, ou plutôt d'amours bouffis, enflés et joliets. Il a fait le *Printemps*, l'*Été*, l'*Automne*, l'*Hiver*; la *Poésie épique*, la *Poésie lyrique*, la *Poésie satyrique* et la *Poésie pastorale*, charmantes pochades de *chique* le plus gracieux, rappelant avec un grand bonheur les bergères de cour dansant au son de tambour de basque et de flûte de Pan.

L'*Amour moisonneur*, auquel on passe sur la lèvre un épi de blé pendant qu'il dort, est charmant. L'*Amour oiseleur*, gravé par Lépicié, est une des gravures les plus gracieuses que j'ai vues. La *Belle Villageoise* plaît plus encore que les plus belles toiles de Greuze.

Dans la collection des *amours, toilettes, confidences, pastorales*, ainsi que dans le *Retour de la chasse de Diane*, tout est charmant. Au-dessous des gravures, on lit des vers du plus singulier caractère. En voici quelques-uns qui rappellent l'époque :

> Ce pasteur amoureux chante sur sa musette,
> Et cet oiseau captif répond à ses accents ;
> Aux habitants des airs la timide Lisette
> Tend, ainsi qu'aux bergers, des piéges innocents.
> Regarde cet oiseau, Tyrcis, c'est ton image :
> Il chante aussi l'amour dont il est agité ;
>   Et comme lui, si tu n'es pas en cage,
>   En as-tu moins perdu ta liberté ?

Voilà qui s'accorde admirablement avec la peinture de Boucher. Mais ce qu'on admire le plus, ce sont les *Cris de Paris*, sa *Quêteuse de grand chemin*, ses paysannes, ses amours et ses chinoises aux yeux lascifs.

Boucher mourut au plus beau de sa gloire, le 7 mai 1774, et n'eut bientôt plus d'admirateurs. Une réaction dans le sens de l'autorité balaya toutes ces renommées de cour, et le grave David réhabilita Poussin, le peintre philosophe oublié depuis longtemps.

POMPÉE-GIROLAMO BATONI

— 1708 —

Pompée Girolamo Batoni, né à Lucques en 1708, mourut à Rome en 1787. Ce chef célèbre de la nouvelle école romaine serait le premier peintre de son siècle, si Mengs ne lui disputait ce titre. C'est à Couca, Massucci et Fernandi, les maîtres qu'il eut dans sa jeunesse, qu'il dut la connaissance des principes fondamentaux de l'art. Pendant son séjour à Rome, il s'appliqua exclusivement à l'étude des antiques de Raphaël. Il apprit par là à connaître la nature et à la représenter avec intelligence et vérité. Il ne composa pas une seule scène qu'il n'eût d'abord observé attentivement; son coloris est vif, brillant, et s'est conservé dans toute sa pureté. La manière dont il exécutait ses tableaux est singulière et mérite d'être rapportée. Il couvrait ses dessins avec un drap, et commençait à peindre par le côté gauche, en haut; il avançait ainsi vers la droite et place par place, ayant soin de ne découvrir un côté que lorsque le précédent était entièrement achevé. Le chevalier Boni, qui le compare à Mengs, appelle celui-ci le peintre de la philosophie, et Batoni le peintre de la nature. Il peignit beaucoup de sujets religieux et un grand nombre de portraits, entre autres ceux de l'empereur Joseph et de la reine Marie Thérèse, qui se trouvent dans la galerie impériale à Vienne. Sa *Madeleine* de Dresde et le *Retour de l'Enfant Prodigue* sont des tableaux très-estimés.

SIMON-MATHURIN LANTARA

— 1710 —

Lantara est né à Fontainebleau. Son talent offre beaucoup d'analogie avec celui de Claude Lorrain. Comme ce grand artiste, il n'eut que la nature pour maître et pour modèle. Enthousiaste des beautés de la nature, il en sentait vivement les impressions, et en reproduisait les effets, soit sur la toile, soit simplement au crayon, avec cette précision que l'on trouve dans les productions des grands peintres.

Lantara, indifférent à la gloire, était sensible à tout ce qui concerne son art. On rapporte de lui qu'un soir, sur le Pont-Neuf, en extase devant le coucher du soleil, il se mit à pleurer d'admiration. Cette extrême sensibilité l'animait et lui faisait exécuter avec précision tous les effets possibles de la lumière réfléchie dans les eaux, ou produite par la couleur du ciel même.

Avec de grands talents, Lantara avait l'insouciance et la naïveté craintive d'un enfant. Un amateur avait commandé pour sa galerie un paysage dans lequel devait se trouver une église. Notre paysagiste ne savait pas peindre les figures. L'amateur, auquel il le présenta après l'avoir terminé complètement, émerveillé de la vérité du site, de la fraîcheur du coloris et de la simplicité de la touche, n'y voyant pas de figures, lui dit :

— Monsieur Lantara, vous avez oublié les figures dans votre tableau.

— Monsieur, répondit naïvement le peintre, *elles sont à la messe.*

— Eh bien ! reprit l'amateur, je prendrai votre tableau quand elles en sortiront.

Lantara, à l'exemple des Italiens, trouvait le suprême bonheur dans le fameux *far niente;* en revanche il était très-friand ; et, de même que le Bergasme, il était naïf, spirituellement bête et habile maladroit. On lui a reproché son ivrognerie : le fait est faux ; il aimait mieux une bavaroise au chocolat ou au lait qu'une bouteille de vin. Il faisait volontiers un dessin pour un gâteau d'amandes, une tourte, ou tout autre pâtisserie. Le propriétaire de la petite chambre qu'il occupait, rue du Chantre, le faisait travailler en lui promettant un bon dîner. Par ce moyen, il tira du pauvre peintre une collection de tableaux et de dessins qu'il a vendus un très-bon prix. Le limonadier Dalbot, placé près du Louvre, obtint une belle suite de dessins de Lantara avec les bavaroises et le café à la crème qu'il lui donnait à ses déjeuners.

Lantara, atteint d'une maladie, fut conduit à la Charité. Étant guéri, le supérieur le garda six semaines en convalescence : il échangeait avec le peintre des dessins, qu'il lui faisait faire sur des cartes, contre des morceaux de sucre, des confitures et autres friandises. Plus tard, il retourna dans le même hôpital dont il ne revint pas. Se trouvant à l'article de la mort, le confesseur, après une douce allocution, lui dit

— Vous êtes heureux, mon fils, vous allez passer à l'éternité, et vous verrez Dieu face à face.

— Quoi ! mon père, reprit le moribond, toujours de face et jamais de profil ?

Lantara reçut tranquillement les sacrements et termina sa carrière le 22 décembre 1778, âgé de soixante-huit ans.

JOSEPH, CARLE et HORACE VERNET

— 1714 — 1758 — 1789 —

Si l'hérédité des titres jette encore de l'éclat sur tant de gens obscurs, si les descendants d'un grand homme de guerre revendiquent avec orgueil les souvenirs qui illustrent leur blason, quelle gloire ne doit pas rejaillir sur les fils d'un artiste dont le nom est devenu immortel! Et ce n'est pas tout : vous trouvez dans l'histoire peu de maisons dont plusieurs membres se soient distingués; cela est avéré, et l'on dit à ce propos que rien n'est plus lourd à porter qu'un grand nom. Il peut arriver, en effet, que le fils ne dégénère pas; mais trois générations aussi célèbres les unes que les autres, ce fait est rare dans les armes et n'existe pas dans les lettres. L'art seul, à notre époque, en offre un exemple, exemple d'autant plus remarquable que l'héritage du talent, loin d'aller en s'amoindrissant, s'est augmenté dans la famille des Vernet.

Joseph Vernet fut un grand peintre de marine, genre moins apprécié et peut-être moins difficile que celui où se distingua son fils, Carle, qui lui-même fut dépassé de son vivant par son fils Horace. Il appartenait au dernier descendant d'Antoine Vernet de réunir en lui les divers mérites de ses pères, et de couronner l'illustration de sa famille en abordant la peinture d'histoire, et en s'y plaçant au premier rang. Et maintenant, il ne nous reste qu'une chose à déplorer, c'est que le dernier des Vernet n'ait pas un fils à qui il puisse transmettre son beau nom et son beau talent. Ce regret, du reste, nous l'éprouvons moins vivement en songeant à la peine qu'un descendant d'Horace Vernet aurait eue d'atteindre à la verve et à la fécondité du talent de son père; et chacun sera sans doute de notre avis lorsque nous en serons arrivé à la biographie du troisième des Vernet.

Joseph Vernet, fils d'Antoine Vernet (peintre lui-même), naquit à Avignon, en l'année 1714. Son père, dont nous ne connaissons aucun tableau, lui donna les premières leçons de dessin et de perspective; puis, lorsqu'il vit les rapides progrès du jeune homme, il l'envoya faire ce pèlerinage que tout bon peintre doit entreprendre une fois au moins, le voyage de Rome. Joseph Vernet arriva dans la capitale des arts à dix-huit ans. Riche de courage, d'enthousiasme, de volonté, et pauvre d'argent, il entra à l'école de Bernardin Fergioni; mais comme il lui fallait à la fois peindre pour vivre comme pour étudier, il passait la moitié de son temps à apprendre les secrets de l'art, et l'autre moitié à appliquer ce qu'il en connaissait déjà. Pendant tout le temps qu'il reçut les leçons de Bernardin Fergioni, il vécut du revenu assez maigre que lui rapportait la vente de quelques petits tableaux faits loin de l'œil et des conseils de son maître. C'est à cette circonstance que nous devons attribuer le grand nombre de toiles signées de son nom. Toutefois cette première manière, où il ne traitait que du paysage, est bien loin des œuvres qui lui valurent la célébrité. Comme tous les grands artistes, il douta longtemps; il s'essaya dans plusieurs genres; à mesure qu'il en abandonnait un pour un autre, son exaltation éphémère faisait place à un découragement passager; il voulait sa satisfaction personnelle avant tout; les éloges des autres n'étaient rien pour lui; c'était cet applaudissement intérieur, cette conscience de son mérite que seule il ambitionnait, et il cherchait toujours sa route: enfin il la trouva. Un jour, fatigué de faire des arbres et des palais, des plaines et des montagnes, éprouvant plus que jamais ce désespoir, heureusement fugitif, qui est comme l'aurore de nouvelles et plus belles espérances, il s'enfuit de

Rome, et ce fut Dieu sans doute qui le mena au bord de la mer. Là, l'aspect de cet élément, d'une magnificence si variée, miroir du ciel, gouffre sans fond, image de l'infini, si tranquille et si bruyant, beau jusque dans ses horreurs, aussi sublime dans le calme que dans la tempête, l'aspect de cette majesté immuable étonna l'esprit de Joseph Vernet, fit battre son cœur, éveilla son génie. Sûr désormais d'avoir un sujet aussi vaste qu'inépuisable, il reprit le pinceau et commença cette série de tableaux qui lui mérita bien vite le titre de premier peintre de marine.

De retour à Rome, il épousa Mlle Virginie Parker, issue d'une famille distinguée de Londres. Quelque temps après ce mariage, déjà célèbre par plusieurs compositions applaudies il obtint son premier honneur, le plus doux toujours, sinon le plus glorieux, celui d'être nommé à l'unanimité membre de l'académie de Saint-Luc. De cette époque date pour Joseph Vernet une vie nouvelle : plus d'essais, plus de découragement, plus de gêne ; il était maître en son art, sûr de son génie, recherché et choyé.

Ce ne fut cependant qu'au bout de vingt-deux ans d'absence qu'il songea à retourner dans sa patrie. Fidèle à son amour pour le genre qu'il avait adopté, curieux d'ailleurs d'étudier plus profondément l'élément qu'il peignait déjà si bien, il résolut de revenir en France par mer. Durant cette traversée, on le vit sans cesse le crayon à la main. Enfin, un jour, pendant une tempête que le bâtiment essuyait, il se fit attacher à un mât pour pouvoir étudier sur le pont du navire, en face du danger, ce grand bouleversement, dont il devait faire un chef-d'œuvre. En arrivant à Paris, sa réputation, déjà grande, lui valut tout de suite les éloges de ses compatriotes et les faveurs de la cour. Le roi Louis XV, qui sut dignement l'apprécier, le chargea de peindre tous les ports de France. Le travail fut long ; Joseph Vernet s'en tira bien, et sut vaincre avec talent des sujets ingrats et monotones. La collection de ces ports remplit tout une salle du musée Charles X. Tous ces tableaux furent gravés et obtinrent un grand succès à leur apparition. Ils sont tous exacts, quelques-uns sont pittoresques, comme le port de Saint-Malo; d'autres pleins de grandeur, comme le port de Brest; ceux-ci remplis d'activité et de vie, comme Marseille et Bordeaux; ceux-là d'un aspect triste et sévère, comme La Rochelle et Cherbourg. Malgré ces différents mérites, nous préférons *la Tempête*, tableau conçu avec audace, traité avec amour. Dans ce dernier ouvrage surtout, on reconnaît le grand peintre, à la composition hardie, au coloris vigoureux. Ici, Joseph Vernet est poète autant que peintre, car il prête des sentiments aux éléments, et l'on croit, en voyant son tableau, à la rage des vents et à la colère de la mer.

En 1752, Joseph Vernet fut reçu à l'académie de peinture, en 1766, il en fut nommé conseiller; en 1788 enfin, il eut le honneur d'y voir son fils Carle nommé membre. Malheureusement, il ne jouit pas longtemps du plaisir de siéger à l'académie auprès de son fils : il mourut en 1789, à l'âge de soixante-quinze ans, plein encore de vigueur, de santé et de talent, et à l'instant d'exécuter un tableau avec Carle, dont le sujet était le passage de la mer Rouge par les Hébreux.

Carle Vernet commença sa carrière d'artiste sous les plus heureux auspices. Né à Bordeaux, le 14 août 1758, au plus fort de la renommée de son père, enfant précoce par son intelligence naturelle et ses dispositions innées pour le dessin, doué d'une figure gracieuse et pétillante de vivacité, il eut de bonne heure la main exercée et l'esprit cultivé. Son père, qui le vit promettre un artiste de plus à la France, n'épargna pas les leçons personnelles et les maîtres particuliers pour le rendre à la fois bon peintre et homme instruit. Son éducation achevée, Carle partit avec Joseph pour la Suisse. Là, le père initia son fils à tous les mystères de l'art; il lui apprit à voir, à aimer à représenter la nature; il lui fit comprendre et sentir toutes les magnificences de la terre, la majesté des montagnes et des lacs, les merveilles de la lumière, et ces beautés sans nombre qui naissent à chaque pas pour l'œil clairvoyant et l'âme sympathique d'un artiste; puis il le conduisit dans la société des grands poètes, ces frères en génie des grands peintres. Il le présenta à Voltaire, à Jean-Jacques Rousseau, à Gesner; enfin il le fit converser avec Lavater, qui lui enseigna sans doute à lire dans ce livre éternel où le vice se rencontre avec la vertu, où toutes les passions sont exprimées si vivement, la physionomie humaine.

A son retour à Paris, Carle Vernet, élève distingué, concourut pour le grand prix de Rome. A son premier concours, il obtint le second grand prix; deux ans après, en 1782, sa composition de *l'Enfant prodigue*, traitée d'une façon tout à la fois naïve et dramatique, lui valut la couronne, et il partit pour l'Italie, lauréat d'autant plus intéressant qu'il n'était encore âgé que de vingt-quatre ans, et qu'il avait donné des preuves d'un talent déjà mûr.

A cette époque, toutes les espérances que Carle avait fait concevoir faillirent avorter. Arrivé à Rome, il eut un moment l'idée d'entrer dans un cloître. Dominé par la religion, il abandonna pinceaux et palette pour ne fréquenter que les églises; il fuyait les ateliers, et priait quand il aurait dû travailler; et, pour comble de malheur, il rencontra des fanatiques qui cherchèrent à le dégoûter du monde et de l'art, et le poussèrent à entrer au couvent. Il fallut toute l'autorité que son père avait encore sur lui pour le faire revenir en France, où son confesseur eut le bon esprit de lui conseiller de reprendre les pinceaux, et de devenir peintre célèbre plutôt que moine ignoré.

Ce fut alors que, persuadé par les exhortations de ce bon prêtre et par les encouragements de son père, il entreprit un grand ouvrage, *le Triomphe de Paul-Emile*. Dans ce premier tableau important se trouvent toutes les qualités qui brillèrent depuis dans les compositions successives de Carle. Une sage ordonnance, un dessin correct, un coloris, sinon vif, du moins harmonieux, et surtout un mérite spécial, celui de peindre parfaitement les chevaux. Ce dernier mérite, que les détracteurs de Carle Vernet, ainsi que de toute l'école de l'empire, sont forcés de lui accorder, n'est pas aussi mince qu'on peut croire. L'anatomie du cheval est assez compliquée : les races en sont nombreuses et diversement caractérisées, les mœurs enfin de ce superbe animal offrent mille particularités qui doivent être l'objet de travaux sérieux pour ceux qui le représentent. Carle Vernet avait une passion pour les chevaux; on le voyait sans cesse étudier tout ce qui se rattachait à eux dans la pratique comme dans la tradition. Aussi, dans la collection de ses œuvres, pouvez-vous trouver toutes les espèces de l'animal qu'il choyait, depuis le cheval sauvage de l'Amérique du Sud, à la crinière inculte, à la robe fauve et déchirée, aux pieds poudreux, jusqu'à l'alezan coquet, une féronnière au front, un collier au cou, une rose à l'oreille. Et puis, s'il veut peindre des chevaux antiques, ce sont de vigoureuses encolures, des jambes pleines de force, des croupes rebondies, de larges fronts, de grands yeux ; si, au contraire, il nous montre une scène moderne, la race est, sinon abâtardie, du moins dépourvue de ce grandiose qu'on rencontre dans les bas-reliefs du Parthénon. Partout Carle Vernet a su varier les allures, les poses, la tournure du cheval ; il le peint avec autant de perfection dans l'action que dans le repos, au combat qu'à la parade.

— Sa réputation de premier peintre de chevaux fut faite dès l'exposition de son triomphe de Paul Emile. De toutes parts on lui commanda, soit des chasses, soit des batailles de cavalerie. Il obtint dès lors une réputation si universelle, et des succès si nombreux, qu'on l'appela au sein de l'Académie de peinture : C'était en 1788.

— Durant les premières années de la révolution, Carle

Vernet, qui était devenu un homme à la mode, négligea l'art pour de futiles succès de société. Il composa cependant deux tableaux de grande dimension : *La Mort d'Hippolyte* et *une Course en char*. Les chevaux, dans ces deux ouvrages, sont parfaitement rendus, particulièrement dans la *mort d'Hippolyte*, où ils ont brisé leurs rênes, et s'emportent vers d'affreux rochers ; il est à regretter seulement que l'homme ne soit pas aussi beau que ses vainqueurs.

— En 1793 une grande douleur vint interrompre la vie, si heureuse jusque-là de Carle Vernet ; il eut le malheur de voir sa sœur aimée, Mme Chagrin, femme de l'architecte qui composa les dessins de l'arc de l'*Etoile*, monter sur l'échafaud révolutionnaire. Ce terrible événement écarta pour quelque temps Carle Vernet de la capitale, où il ne rentra guère que vers l'époque du directoire. Ce fut sous le consulat que Lucien Bonaparte, alors ministre de l'intérieur, lui commanda la bataille de Marengo qui devait être son chef-d'œuvre. Sa composition est riche en verve et en franchise. L'exécution est plus soignée, plus pure que dans ces précédents ouvrages ; les détails sont pleins d'intérêt sans faire tort à l'ensemble ; enfin, la charge de cavalerie qui décida la victoire est rendue avec une fougue, une clarté et une perfection que seul il pouvait atteindre. Ce tableau est sans contredit l'œuvre capitale de Carle Vernet.

— En 1808, le *Matin d'Austerlitz*, tableau plein de talent, valut à Carle Vernet la croix de la Légion d'honneur. Napoléon la lui remit en lui disant :

— Monsieur Vernet, vous êtes ici comme Bayard, sans peur et sans reproche. Tenez, voilà comme je récompense le mérite.

L'impératrice Joséphine ajouta à ces mots flatteurs :

— Ce sont deux croix en une ; il est des hommes qui trainent un grand nom ; vous, monsieur Vernet, vous portez le vôtre.

— Comblé de tous les honneurs que peut désirer un artiste, homme du monde fort recherché, Carle Vernet n'entreprit plus de grandes pages historiques ; à peine trouvait-il le temps d'improviser pour chaque exposition quelques tableaux de genre, tous également remplis d'esprit et de facilité. Son fils d'ailleurs commençait à devenir célèbre, et il lui laissait la charge du nom de Vernet et le soin de l'illustrer encore. Carle Vernet mourut en novembre 1836, voyant déjà Horace son fils au premier rang des peintres de l'école actuelle.

Le sentiment poétique, l'inspiration, la fécondité qu'avait Joseph ; la grâce, l'esprit, la verve dont Carle était doué, toutes ces qualités si rarement réunies, M. Horace Vernet les possède. Il fut aussi précoce que son père ; il est aussi poète que son aïeul. Il les a dépassés tous les deux par l'élévation de la pensée, par l'harmonie de la composition, par la vigueur et la solidité du coloris. Sa réputation se fit vite. Après avoir débuté par un tableau d'histoire plein de fougue et d'énergie, afin de prendre rang parmi les peintres de premier ordre, il exécuta plusieurs batailles, et une suite de scènes militaires, aussi bien rendues que spirituellement inventées qui popularisèrent promptement son nom. Sans doute il avait été enthousiasmé par les exploits gigantesques de cette génération, car il la reproduisit plus tard, sous la restauration, avec tant d'exactitude, d'habileté et de grandeur, que la collection de ses dessins deviendra un jour indispensable à consulter par les historiens qui voudront parler de ces temps épiques de notre siècle. Cette œuvre seule aurait fait la réputation de M. Horace Vernet, comme elle fit celle de quelques-uns de ses imitateurs. Mais M. Horace Vernet ne se contenta pas de produire une foule de tableaux de genre, pleins d'intérêt et d'esprit, il continua à s'exercer dans la grande peinture. Il fit successivement le *Massacre des Janissaires* et la *Bataille de*

Fontenoi, tableaux d'une manière différente, d'un mérite égal, et où il prouva que son pinceau pouvait dorénavant lutter avec tous ses contemporains dans l'art, et remplacer l'école de David qui s'éteignait.

M. Horace Vernet, célèbre de bonne heure, fut, jeune encore, nommé membre de l'exécution des beaux arts. Il obtint même un honneur auquel ses pères n'avaient pu prétendre, celui de remplacer Pierre Guérrin comme directeur de l'école de Rome. Là il prouva qu'il était aussi bon administrateur que maître distingué. Malgré les nombreuses occupations que lui imposait sa direction, il trouva encore le temps d'exécuter deux tableaux qui sont peut-être ses chefs-d'œuvre, inspirés qu'ils furent dans la capitale des beaux arts. L'un est une *Promesse du pape*, où l'éclat du coloris rappele Rubens, et la pureté du dessin, les peintres les plus célèbres des écoles d'Italie. L'autre est une *Rencontre de Michel-Ange avec Raphaël sur les marches du Vatican*. On a peut-être avec raison critiqué l'idée de cet ouvrage; mais assurément on n'en peut trop louer la disposition et l'exécution. Le groupe de Raphaël et de ses élèves, et cette charmante femme italienne, qui dort, son enfant dans les bras, et que Raphaël copie pour en faire plus tard une madone, sont au-dessus de tout éloge. Il serait trop long d'énumérer toutes les œuvres remarquables de M. Horace Vernet. Outre une foule de tableaux d'histoire et de genre que la gravure a rendus populaires, les plafonds et les divers sujets commandés que M. Horace Vernet a exécutés pour les monuments publics font de lui le peintre le plus fécond et le plus connu de cette époque, et c'est avec justice qu'on l'a nommé notre Guido Reni.

JOSEPH-MARIE VIEN

— 1716 —

Vien naquit à Montpellier le 18 juin 1716. Son père, quoique peu riche, ne négligea rien pour son éducation ; et voulant lui faire suivre le barreau, il le plaça chez un procureur. Mais la chicane ne s'accordait guère avec la vocation naissante du jeune Vien ; il abandonna donc l'étude pour se livrer à son penchant pour la peinture.

En 1740, il se rendit à Paris, et entra dans l'atelier de Natoire, où ses progrès furent rapides. Cinq ans après, il dut le grand prix de Rome à son tableau représentant *la Peste* qui eut lieu sous le roi David ; tableau d'une excellente composition et d'un faire agréable. Il arrivait à Rome en 1746. Les nombreuses copies qu'il fit d'après les maîtres, ses études d'après les bas-reliefs et les statues antiques, décidèrent de son goût pour le style sévère. Il exécuta neuf tableaux d'église, trois de chevalet et son *Ermite endormi* que l'on voit au musée du Louvre.

Ce tableau, pour lequel Vien avait une prédilection marquée, dut le jour au hasard. L'artiste désirait trouver un beau vieillard, d'après lequel il pût terminer une figure dans un des six tableaux de la vie de *sainte Marthe*, dont on l'avait chargé pour l'église de Tarascon, lorsque, se promenant hors des murs de Rome, il rencontra un ermite qui consentit à lui servir de modèle. Cet homme aimait la musique, et l'un des pensionnaires lui fit cadeau d'un mauvais violon. Il en raclait après avoir déjeuné dans l'atelier du peintre. Un jour que Vien peignait un pied de l'ermite, le violon cesse tout à coup de se faire entendre, l'artiste lève la tête et voit son modèle endormi. Cette pose lui paraît pittoresque; il quitte sa palette, et crayonne la figure entière sur une toile. L'ermite éveillé fut le premier à dire que le croquis pouvait devenir un beau tableau : c'était précisément ce que Vien avait déjà résolu, et, dans huit jours, il fut exécuté tel qu'on le voit aujourd'hui. Cette peinture est remarquable, non-seulement par la vivacité de l'exécution, mais par la vérité de la nature : elle a signalé le retour de l'école française au naturel et à la simplicité.

e retour à Paris, en 1750, Vien travailla à son tableau de *l'Embarquement de sainte Marthe*, qu'on place au nombre des ouvrages qui lui firent le plus d'honneur, et qui lui valut son agrégation à l'académie de peinture. Pour son morceau de réception, il peignit *Dédale et Icare*, œuvre d'un grand caractère. En 1775, il fut nommé directeur de l'école de France à Rome. Il y avait vingt-cinq ans qu'il en était sorti. Dès ce moment, il résolut d'opérer une révolution dans le dessin et la peinture, arts dégradés sous Louis XV par les tableaux frivoles de Boucher. Il eut le courage d'enseigner une doctrine nouvelle, dont la sévérité parut barbare aux gens du monde, et même aux peintres. Les changements heureux qu'il opéra dans nos académies, l'enseignement de l'antique qu'il y introduisit, sont les témoignages du talent de ce grand artiste. Ainsi l'on dut à la persévérance et à la volonté forte de Vien le commencement de la restauration des arts, si vigoureusement poursuivie par David, son disciple. Le premier n'avait fait qu'indiquer la route; il en convenait lui-même. Un jour qu'un de ses amis l'entretenait du service important qu'il avait rendu aux arts ; *J'ai entr'ouvert la porte*, répondit-il modestement, *David l'a poussée*. Il fut surnommé *le Nestor de la peinture*. Le bagage de ce laborieux artiste se compose de cent quatre-vingts toiles.

Le 11 juin 1789, Pierre, premier peintre du roi, mourut; Louis XVI désigna Vien pour son successeur, l'honora de l'ordre de Saint-Michel et lui donna une pension. A la suite de la Révolution il perdit place et pension. Il fut nommé membre de l'institut dès sa création; le consul Bonaparte l'appela, en 1799, au sénat conservateur, dont il devint le doyen d'âge; il le nomma ensuite *comte de l'Empire et commandant de la Légion-d'Honneur*, honorant ainsi l'art de la peinture dans la personne de l'artiste qui avait reçu à tant de titres le surnom glorieux de *restaurateur de la peinture en France*.

Vien ne quitta sa palette qu'à son dernier moment. Dans ses beaux jours, son pinceau était brillant, vigoureux; il devint doux et précieux à mesure que le peintre avançait en âge. Il mourut le 27 mars 1807, et reçut les honneurs du Panthéon.

JEAN-BAPTISTE GREUZE

— 1725 —

Greuze (Jean-Baptiste) est né à Tournus vers 1725. Le penchant irrésistible qui l'entraînait vers son art se fit connaître de bonne heure. Rien ne put dompter ce caractère opiniâtre et déterminé. Son père, lassé de combattre un parti pris, le confia, fort jeune encore, à un nommé Grandon, peintre de portraits qui allait à Lyon et qui, plus tard, l'amena à Paris. C'est à ce premier séjour dans la capitale qu'il se fit connaître par sa première œuvre : *Le Père de famille expliquant la Bible à ses enfants*. Certes, ce tableau pouvait à lui seul faire une réputation. Quoi de plus suave, et de plus patriarchal que ce vieillard aux cheveux blancs expliquant la Bible à ses enfants? Quelle douce joie se répand sur ces petits visages arrondis et vermeils qui l'environnent! Greuze a eu bien tort de vouloir traiter de grands sujets. Quelle douce satisfaction n'éprouve-t-on pas à contempler le tableau qui peut passer pour son chef-d'œuvre : *son Accordée de village!*

Quelle aimable candeur dans les traits de cette petite paysanne, qui bientôt va quitter son vieux père pour devenir épouse et mère de famille? Quelle amoureuse impatience chez le jeune fiancé! Le bon vieillard est tiraillé par une double émotion ; il y a chez lui peine et plaisir : la vieille mère est en proie aux mêmes sensations, mais il y a chez elle moins de résolution. Bien des tableaux de Greuze méritent un examen détaillé ; mais il ne sera fait mention que de ceux qui passent pour les plus dignes d'éloges : *la Mère bien-aimée, le Retour du fils ingrat, le mauvais Père, la Dame de charité, le Père paralytique, le Gâteau des rois, la petite Fille au chien, la jeune Fille qui pleure son oiseau mort, l'Enfant au capucin, Sainte-Marie égyptienne ;* tous aussi gracieux, tous aussi riches de dessin et de coloris.

Greuze alla en Italie étudier les sublimes peintures de l'ancienne reine du monde. Il voulait composer de grands tableaux d'histoire. Il échoua et donna prise à la médisance de ses nombreux ennemis. Néanmoins l'Académie de peinture reconnaissant à Greuze le rare talent qu'elle ne pouvait lui refuser sans injustice, l'invita à présenter un tableau pour sa réception. C'est à cette occasion qu'il acheva son grand tableau de *Septime Sévère reprochant à son fils Caracalla d'avoir voulu attenter à sa vie.* Le malheureux fut mal récompensé de son ambition ; il éprouva un nouvel échec.

Greuze finit ses jours le 21 mai 1805. Père de deux jeunes filles, son nom est le seul bien qu'il leur a laissé.

FRANÇOIS CASANOVA

— 1727 —

François Casanova est frère du célèbre aventurier de ce nom. Né à Londres en 1727, il passa de bonne heure avec ses parents à Venise, où il se consacra à la peinture. A l'âge de vingt-cinq ans il vint à Paris, où il reçut d'excellents conseils de Parrocel. Il s'appliqua surtout à l'étude du coloris et des effets de lumière, si difficiles à obtenir. Conseillé et guidé par Diétrich, il finit par se consacrer à la peinture des batailles : un grand ouvrage de ce genre lui procura l'entrée de l'Académie de Dresde. Ce bel ouvrage lui procura des commandes de tous les côtés. Les plus importantes furent celles qui lui furent faites par le prince de Condé. L'éclat du coloris et de l'exécution de Casanova est inimitable. Sur la demande de l'impératrice Catherine, il peignit à Vienne les victoires de cette princesse sur les Turcs. Constamment occupé de son art, il mourut à Brühl, près Vienne, en 1805.

Son frère Jean, peintre comme lui, naquit à Londres en 1730, et mourut à Dresde le 10 décembre 1798. Il était professeur et directeur de l'Académie des arts de cette ville, et a fait d'excellents élèves. On estime sa dissertation sur les anciens monuments des arts (en Ital. et en All. Leipzig, 1771).

ANTOINE-RAPHAEL MENGS

— 1728 —

Antoine Raphaël Mengs, né à Aussig, en Bohême, le 12 mars 1723, peut être cité comme un exemple rare du haut point où peut atteindre un artiste, malgré les lourdes chaînes d'une éducation trop sévère. Son père, artiste d'un talent médiocre, voulut le métamorphoser en artiste à l'aide de la férule. Dès l'âge de six ans, le pauvre enfant fut obligé de dessiner tous les jours et longtemps ; quelques années après, son père lui enseigna la peinture à l'huile, la miniature et la peinture sur émail. Il lui laissait à peine quelques heures de récréation. Il lui assignait une tâche qui devait être faite dans un temps fixé ; il le punissait sévèrement quand il y manquait. Son père l'amena à Rome en 1741. Après avoir étudié les chefs-d'œuvre de la sculpture antique, il s'occupa spécialement des travaux enfantés par le génie de Michel-Ange dans la chapelle Sixtine ; il passa ensuite à l'étude des œuvres de Raphaël au Vatican. Son père l'y amenait de bonne heure, l'y laissait avec du pain et de l'eau, ne venait le reprendre que le soir, et alors lui faisait subir un examen rigoureux sur ses études du jour. Une semblable éducation devait avoir pour premier résultat de rendre Raphaël Mengs tout à fait étranger aux usages du monde extérieur, ce qui, à plus d'un égard, eut de funestes conséquences pour lui.

En 1774, son père le ramena à Dresde. Le roi Auguste III, reconnaissant, à l'examen de quelques travaux au pastel, le talent déjà remarquable du jeune artiste, le nomma peintre de sa cour. Mengs retourna à Rome où il reprit ses anciennes études. C'est seulement en 1748 qu'il mit au jour quelques grandes compositions qui obtinrent des éloges universels ; on remarque surtout entr'autres une *sainte Famille*. En 1749, il revint à Dresde, mais son père resta à Rome, retenant tout l'argent de son fils et les meubles qui lui appartenaient. Le roi de Saxe le nomma peintre de sa cour et augmenta ses appointements. Lorsque la chapelle catholique fut inaugurée en 1751, on confia au jeune artiste le soin de faire le tableau qui devait décorer l'autel ; il retourna à Rome pour y travailler. A son arrivée dans la capitale du monde chrétien, il entreprit pour lord Percy une copie de l'école d'Athènes par Raphaël. En 1754, on confia à Mengs la direction de la nouvelle Ecole de peinture fondée au Capitole. Les moines Célestins le chargèrent, en 1757, de peindre la voûte de l'église de Saint-Eusèbe. Ce fut là son début dans la peinture à fresque : il y eut peu de succès, parce qu'il avait trop de simplicité dans ses compositions, et que ce genre n'était pas dans le goût du temps. Plus tard, il fit pour le cardinal Albain un tableau destiné à orner sa villa, et représentant *Apollon et les Muses*. Ce tableau restera toujours au rang où l'ont placé les connaisseurs, à côté des meilleures compositions des maîtres de l'Ecole italienne. Mengs fit aussi, pour plusieurs familles particulières, différents tableaux à l'huile, une *Cléopâtre*, une *sainte Famille*, une *Madeleine*. En 1761, Raphaël Mengs, sur l'invitation du roi Charles III, se rendit en Espagne. Il fut chargé de plusieurs travaux pour ce prince, et remporta une éclatante victoire sur ses antagonistes les plus acharnés, Giaquinto, de Naples, et Tiépolo, de Venise. Au nombre des ouvrages qu'il termina en Espagne, on remarque surtout un tableau dont le sujet est une assemblée des dieux. Ce beau travail fonda sa réputation sur des bases durables. Il retourna en Italie en 1770, pour soigner sa santé un peu altérée. A la suite d'un séjour de trois ans, il revint à Madrid. Son magnifique plafond de la salle à manger, représentant l'*Apothéose de Trajan et le Temple de la gloire*, restera toujours son chef-d'œuvre. Sa santé le força encore, au bout de deux ans, de revenir à Rome. Sa mort, arrivée le 20 juin 1779, fut surtout accélérée par la confiance qu'il accorda, dans un moment de douloureuse anxiété, à un empirique. Le monument magnifique que lui fit élever le chevalier Azara, à côté de celui de Raphaël, et celui qu'on érigea à sa mémoire dans l'église de Saint-Pierre, par les ordres de Catherine II, attestent l'estime dont jouissait Mengs. Il est considéré, avec raison, comme un des plus grands artistes du XVIIIe siècle.

NICOLAS-ABRAHAM ABILDGAARD

— 1744 —

Copenhague vit naître Nicolas-Abraham Abildgaard en 1744. C'est sans contredit le peintre le plus remarquable qu'ait encore produit le Danemarck. Ses compositions spirituelles révèlent des études profondes, un immense fond d'idées et une remarquable vigueur de pinceau. Un séjour de cinq ans en Italie perfectionna les études premières qu'il avait faites à l'Académie des Arts de Copenhague. Tous ses tableaux portent le cachet d'un génie indépendant et original. Dans les créations de sa féconde imagination, on remarque souvent une nature mélancolique, quoique toujours grande et imposante, tandis que ses nombreux tableaux historiques sont d'un style enjoué, élevé, en même temps que d'un coloris dont peu de peintres modernes ont atteint la vivacité, surtout dans le nu. On peut comparer l'éclat du coloris d'Abildgaard à celui de

Paul Véronèse ou du Titien. Un bon nombre de ses grandes compositions historiques décorèrent les salons de Christiansbourg : elles ont été détruites, en 1794, par l'incendie qui réduisit en cendres cette magnifique demeure royale. Abildgaard était un homme d'une rare instruction. Il possédait des connaissances très-étendues sur les sujets mêmes les plus étrangers à l'art, objet des travaux de toute sa vie. Il fut le professeur le plus distingué qu'ait encore possédé l'Académie des Arts de Copenhague, et il forma de nombreux élèves, tant peintres que sculpteurs. La plupart portent aujourd'hui, et noblement, le fardeau de son héritage de gloire. Nous nous contenterons de citer parmi eux le célèbre Thorwaldsen, qui, dans sa sculpture, n'a pas de rival.

Abildgaard, peintre d'histoire du roi de Danemark, chevalier de l'Ordre de Danebrog, directeur et professeur de l'Académie des Arts de Copenhague, mourut dans cette ville, le 4 juin 1809.

J.-L. DAVID

— 1748 —

J.-L. David né à Paris, en 1748, était fils d'un marchand de fer. Il fit ses études au collége des quatre nations. Sa mère et son oncle M. Buron le pressèrent d'adopter la profession d'architecte, mais David avait, dès ses premières années manifesté un penchant irrésistible pour la peinture; il ne se livra donc à l'étude de l'architecture qu'avec regret, et ce fut Boucher qui le fit entrer dans la carrière qu'il devait illustrer ; ce fut aussi sur ses instances qu'il fut placé chez Vien, dont il suivit les leçons pendant plusieurs années. David concourut cinq ans de suite pour obtenir le grand prix ; la seconde fois il eut le second prix, mais il ne fut couronné qu'à la cinquième tentative. L'année même où David obtint le grand prix, en 1775, Vien fut nommé directeur de l'école de Rome; il amena son élève avec lui.

Pendant ce premier séjour à Rome, David fit successivement une copie de la *Cène* de Valentin, et la *Peste de Saint-Roch*. Ce dernier tableau est au lazaret de Marseille.

A son retour à Paris (1780) il exécuta successivement *Bélisaire*, dont on voit une répétition réduite au musée : puis *Andromaque pleurant la mort d'Hector*. Le premier de ces deux tableaux le fit admettre, comme agrégé, à l'Académie royale de peinture, dont il devint membre après l'apparition du second. Il fit aussi, vers cette même époque, un *Christ* pour l'église des capucines de Paris.

David éprouvait le besoin de retourner dans la capitale des arts; il partit : ce fut à ce second voyage qu'il exécuta le *Serment des Horaces*, qui obtint à Rome le succès le plus complet. Le vieux Battoni dit à l'auteur, après avoir considéré ce tableau : *Tu ed io, soli, siam pittori*. (Toi et moi, seuls, sommes peintres). Le peintre et le tableau furent reçus avec transport à Paris.

Cette belle production eut une prodigieuse influence sur l'école et même sur les usages : les costumes et les ameublements changèrent de style; cette fois ce fut le génie qui donna une direction nouvelle à la mode.

Après le serment des Horaces, il exécuta successivement la *mort de Socrate, et les Amours de Paris et Hélène*. Il fit en-

suite *Brutus rentrant chez lui après avoir condamné son fils*.
Ce tableau fut terminé en 1789. On voit par le sujet des principaux tableaux de David, quelle était la nature de ses inspirations; on ne sera donc pas étonné qu'il ait pris une part très-active au grand mouvement social qui s'opéra à cette époque. La première production dont il puisa le sujet dans les événements contemporains fut le *Serment du jeu de paume*. David fut nommé député de la ville de Paris à la convention. Lepelletier de Saint-Fargeau, son collègue à la chambre, ayant été assassiné, il représenta *Lepelletier étendu sur son lit de mort;* un sabre ensanglanté, suspendu au-dessus de lui, n'est retenu que par un cheveu et traverse un papier sur lequel est écrit : Je vote pour la mort du tyran. Au haut du portrait est l'inscription suivante :

L'AN 1793, 2ᵉ DE LA RÉPUBLIQUE.

A MICHEL LEPELLETIER,

ASSASSINÉ POUR AVOIR VOTÉ LA MORT

DU TYRAN,

J.-L. DAVID, SON COLLÈGUE.

Ce portrait, ainsi que celui de Marat dont il avait fait hommage à la convention, fut exposé à la cour du Louvre, sur une estrade qui fut élevée à cette occasion.

Le tableau des *Sabines* qu'il termina en 1799 peut être regardé comme le point culminant de son talent.

Bonaparte, pendant ses campagnes d'Italie, avait fait proposer à David de venir à son camp, peindre les combats qui l'ont immortalisé; David refusa. Après le traité de Campo-Formio, le général désira voir le peintre; dans cette entrevue, il fut question de faire son portrait; mais ce projet ne fut réalisé qu'après la bataille de Marengo : il représenta le général calme, sur un cheval fougueux, gravissant le mont Saint-Bernard. Proclamé empereur, Bonaparte le nomma son premier peintre : c'est à ce titre qu'il exécuta plusieurs grands ouvrages, tels que *le Couronnement et la distribution des Aigles*. En 1814, il termina et exposa *Léonidas* aux Thermopyles. Ce fut le dernier qu'il exécuta sur la terre natale. En 1815, il fut forcé de s'exiler, et il se retira à Bruxelles. Il fut éliminé de l'Institut. Le roi de Prusse lui offrit de le charger de la direction des arts; le frère du roi vint en personne lui réitérer cette proposition, mais David voulut rester libre à Bruxelles.

Dans cette retraite, il exécuta plusieurs nouveaux ouvrages, entre autres : *l'Amour quittant Psyché, Télémaque et Eucharis, Mars et Vénus, La colère d'Achille*, etc., que l'on peut considérer comme les dernières lueurs d'un feu près de s'éteindre. Il mourut le 29 décembre 1825. Ses cendres reposent à Bruxelles, mais son cœur a été déposé au cimetière de l'Est, où sa famille lui a élevé un monument.

C'est moins par le mérite de l'invention que par celui du beau, uni au vrai, que le génie de David se fait remarquer; mais, à cette dernière qualité, qu'il possédait à un haut degré, il joignait une exécution admirable.

David n'a jamais fait ce que l'on appelle des figures de convention, il a toujours cherché à être vrai; il recommandait à ses élèves de bien étudier la nature; il ne leur imposait pas de système, et c'est ainsi que les plus célèbres, tels que Drouais, Girodet, Gérard, Gros, Fabres, Ingres, etc, ont conservé une individualité très-marquée, tout en devenant de grands maîtres à leur tour.

MADAME LEBRUN.

— 1756 —

Madame Lebrun, née à Paris en 1756, de Louis Vigée, peintre d'un talent distingué, reçut les premières leçons de son père; dans la suite, les conseils de Joseph Vernet et de Greuze justifièrent les dispositions de la jeune élève. Son talent se développa en peu de temps d'une façon si extraordinaire, qu'à l'âge de quinze ans elle fit le portrait de sa mère qu'on regardait comme un chef-d'œuvre. On louait surtout l'harmonie du coloris, et la perfection d'une robe de satin blanc et d'un fichu de cygne.

Admise au fauteuil académique en 1783, Mme Lebrun honora la compagnie qui la recevait; pour son morceau d'agrément, elle fit le portrait de Joseph Vernet, qui, après la mort de ce grand artiste, fut exposé au musée du Louvre. Le portrait de Marie-Antoinette, qu'elle fit paraître en 1787, produisit la plus grande sensation dans le public. Son portrait avec celui de sa fille qu'elle tient dans ses bras et qu'elle presse sur son cœur, est un modèle de tendresse maternelle, d'expression, de vérité, de dessin et de coloris. Le portrait du roi de Pologne est un autre chef-d'œuvre.

N'ayant d'autre ambition que celle de la gloire et que l'amour de son art, Mme Lebrun a produit quelques tableaux d'histoire, dans lesquels on trouve une composition spirituelle et heureuse, des poses gracieuses, une exécution facile et agréable.

On vit avec plaisir *la Paix ramenant l'Abondance*, et *l'Innocence se réfugiant* dans les *bras de la Justice*. Vainement les detracteurs du mérite des femmes ont cherché à diminuer le sien au moyen de la calomnie : les expositions en ont fait justice.

Forcée de s'expatrier à l'époque de notre révolution, Mme Lebrun exécuta à Naples deux très-beaux tableaux pour Lady Hamilton, qui, dans l'un, se fit peindre en *Bacchante*, et dans l'autre, en *Sybille*. A Rome elle fit un grand nombre de portraits, entre autres celui de la princesse Marie ; à Saint-Pétersbourg, la czarine Catherine II, les grandes duchesses Alexandrine et Hélène ; à Berlin, la reine de Prusse ; et à Londres, le prince de Galles. De retour en France, le talent de Mme Lebrun se fit de nouveau remarquer dans le portrait de Marie-Antoinette en robe de velours nacara, assise et accompagnée du dauphin et de sa fille. On vit à la même exposition Mme Catalani à son piano, Mme de Staël en Corinne, la duchesse de Clèves avec sa fille, etc. En 1817, on remarqua au Louvre un *Amphion jouant de la lyre*. En 1824, elle fit les portraits de la duchesse de Berri, de la belle duchesse de Guiche et plusieurs autres dont le souvenir vit dans la mémoire des amis des arts.

PIERRE-PAUL PRUDHON

— 1760 —

Treizième et dernier fils d'un pauvre maçon, Prudhon naquit à Cluny (Saône et Loire) le 6 avril 1760. Il avait à peine vu le jour que son père mourut, et il resta dès lors sous la direction de sa mère.

Il est des hommes privilégiés auxquels Dieu a tracé une route, et leur a dit :

— « Marche à ce but. »

Ces hommes, franchissant des barrières à tout autre insurmontables, accomplissent leur destinée malgré les obstacles et les entraves que leur suscite la société, marâtre qui étouffe si souvent ses plus nobles enfants.

Parvenu à l'âge de neuf ans, Prudhon n'avait pas un instant quitté sa mère ; la bonne femme avait-elle le pressentiment que son fils serait un jour un homme ? Ce fut à l'enseignement gratuit des moines de Cluny que Pierre fit ses premières études. Vers ce temps commencèrent à se développer avec impétuosité ses extraordinaires dispositions pour la peinture. On a rarement vu un enfant se livrer avec autant de persévérance à la recherche d'un art dont il devinait déjà toute la portée. C'est en vain que, par des punitions réitérées, on cherchait à combattre le penchant irrésistible de l'écolier. Au lieu de faire ses devoirs, il remplissait ses cahiers de dessins à la plume. Il s'improvisait même sculpteur : il taillait avec son canif, dans du savon, tous les personnages de la passion de J.-C. et sa mère conservait avec soin toutes les œuvres de son fils. Manquant de tout, il suppléait à tout par ses intelligentes inventions. N'ayant pas de couleurs, il exprimait le suc des herbes, des fleurs, et se composait de cette manière une palette variée ; privé de pinceaux, il trouvait moyen d'en former en réunissant ensemble des brins de poils qu'il arrachait des harnais des chevaux. Les tableaux de l'abbaye de Cluny excitaient son admiration. Il résolut de les copier. Un moine lui dit : — « Vous ne réussirez pas, ils sont peints à l'huile. »

Ce nouvel obstacle enflamma le jeune artiste ; il résolut de le vaincre; et après des travaux inouis, il trouva seul le secret de peindre à l'huile. Les bons moines surpris et touchés d'une telle ténacité, pensèrent alors que Dieu l'avait destiné à de grandes choses. Ils firent part à M. Moreau, évêque de Mâcon, des prodiges de notre jeune artiste. Il le prit sous sa protection et l'envoya étudier le dessin dans l'atelier de M. de Vosges, à Dijon. Ses progrès furent rapides ; mais ce n'était pas assez pour Prudhon le peintre. Comme Raphaël, il avait besoin d'affection ; il épousa une femme dont il s'était épris dès l'âge de dix-huit ans, qui par ses mauvais penchants était indigne de lui. Le premier jour de son mariage fut le dernier de son bonheur. Il n'en retrouva plus que de légères étincelles dans de bonnes actions, et dans le travail assidu de son art. Il résista aux souffrances morales qui l'assiégeaient. Une âme de fer se fut brisée sous le choc, il souffrit et ploya sans se plaindre.

Concourant à Dijon pour le prix de peinture établi par les états de Bourgogne, et dont le vainqueur était envoyé à Rome, il vit un de ses camarades se désespérer de ne pouvoir réussir. Ses plaintes émurent l'âme de Prudhon, il s'oublia pour ne penser qu'à son émule : il enleva une planche de la cloison qui les séparait, prit sa palette et fit son tableau. Au jour du jugement, l'aréopage artistique se prononça en faveur de l'ami de Prudhon. Le prix allait lui être adjugé lorsque, poussé par la reconnaissance, et ne voulant pas d'une gloire acquise au prix d'une injustice, il dévoila tout, et demanda que la précieuse couronne fut placée sur la tête du véritable vainqueur. Les états de Bourgogne réparèrent l'erreur commise, et la pension de Rome fut accordée à Prudhon. Tous les jeunes artistes de la ville se réunirent pour le porter en triomphe.

En Italie, il étudia Raphaël, Léonard de Vinci, André del Sarto; mais son maître par excellence fut le Corrége, qu'il imita à un si haut degré qu'il fut nommé le Corrége français.

Prudhon vit Canova à Rome ; leurs mains se rapprochèrent instinctivement, et bientôt ils se lièrent d'une étroite amitié.

Canova voulait retenir auprès de lui son jeune ami ; il lui offrit d'exposer ses tableaux dans son atelier pour le faire connaître. Il semblait pressentir tout ce que Prudhon aurait à souffrir en retournant dans sa patrie.

Il revint à Paris en 1789. Les sinistres prévisions de Canova ne tardèrent pas à se réaliser. Accablé de misère, Prudhon fut obligé de peindre la miniature pour vivre. A force d'économie et de travail, il parvint à réunir quelques épargnes que sa femme eut bientôt dissipées. La misère hideuse frappa de nouveau à sa porte. La famille augmente à mesure que les ressources s'épuisent, et pour surcroît de malheur, 94 arrivait escorté de la famine. Pressé par ses amis, Prudhon fuit la capitale et va vivre deux ans à Rigny. Il y a laissé une foule de délicieux portraits au pastel et à l'huile. C'est là aussi qu'il a achevé pour M. Didot l'aîné les dessins de *Daphnis et Cloé*, et de *Gentil Bernard*. Il revint à Paris, et bientôt ses épargnes eurent disparu. Il fit alors le dessin de *Racine* et de l'*Aminte* du Tasse, et grava *Phrosine et Mélidor*. Car pour satisfaire aux besoins de sa nombreuse famille, il ne pouvait entreprendre de grands travaux ; il fallait vivre avant tout. Il exécuta néanmoins un dessin représentant la *Vérité descendant des cieux, guidée par la Sagesse*. Le gouvernement lui commanda d'exécuter ce sujet en grand, ce qu'il fit avec un grand succès. L'envi ne tarda pas à se dresser sur ses pas. Le malheureux Prudhon se laissa influencer par de basses attaques : il abandonna les grandes compositions, et perdit ainsi ses plus belles années. Ce ne fut que dans un âge plus avancé qu'il essaya de nouveaux pas dans sa noble carrière.

En 1808, il exposa au salon sa belle composition du *Crime poursuivi par la justice et la vengeance*, qui lui valut la croix de la Légion-d'Honneur. Il n'ait personne qui n'est vu au Musée cette sublime page, reflet brillant du génie de Corrège. Il exposa encore, cette même année, l'*Enlèvement de Psyché* par les Zéphyrs, composition gracieuse qui dénote la facilité avec laquelle Prudhon savait aborder tous les sujets.

Plusieurs années se passèrent pendant lesquelles les succès qu'il ne cessa d'obtenir désarmèrent enfin la critique, et, en 1816 il obtint un fauteuil à l'Institut de France. Comblé d'honneurs et d'hommages, le pauvre Prudhon aurait dû jouir longtemps de cette vie honorable et paisible, acquise au prix de tant de fatigues et de tourments ; il n'en devait pas être ainsi : il lui fallait boire le calice jusqu'à la lie. Mlle Mayer, une de ses élèves pour laquelle il avait la plus tendre affection, fut subitement attaquée d'une sombre folie et se donna la mort, le 26 mai 1821. Accablé par le chagrin, Prudhon ne reprit ses pinceaux que pour achever une esquisse commencée par celle dont il pleurait la perte : *Une famille au désespoir, entourant un père mourant au sein de la misère*, scène de désolation qui fait frémir ; et *le Christ qui vient d'expirer pour racheter les hommes*, œuvre où il y a de belles parties, mais qui cependant est inférieure à ses autres tableaux. Puis il posa sa palette, et écrivit à sa fille, établie à 100 lieues de Paris :

— « Oh que la chaîne de la vie est pesante ! seul sur la terre, qui m'y retient encore ? Je n'y tenais que par les liens du cœur, et la mort a tout détruit.... Ma vie est le néant.... L'espérance ne détruit point l'horreur des ténèbres qui m'environnent.... Elle n'est plus, celle qui devait me survivre.... La mort que j'attends viendra-t-elle me rendre ce calme auquel j'aspire?.. C'est à ta tombe, ô mon amie, que s'attachent toutes mes pensées, tous mes vœux !....

Comme on s'affligeait de ses souffrances :

— « Ne pleurez point, dit-il à ses amis, vous pleurez mon bonheur, je vais rejoindre cet ange de beauté, cette amie dont les suffrages étaient si doux à mon cœur. »

Cette mort tant désirée le frappa enfin ; il rendit le dernier soupir dans les bras de M. Boisfremont.

— Mon Dieu, lui dit-il, je te remercie !.... la main d'un ami fidèle me ferme les yeux !...»

ANNE-LOUIS DE ROUSSI GIRODET

— 1767 —

Girodet naquit à Montargis le 5 janvier 1767. Son père était directeur des domaines du duc d'Orléans. Il fut d'abord destiné à l'architecture, puis au métier des armes ; l'une et l'autre idée furent abandonnées. Girodet avait donné des preuves de goût pour le dessin ; sa mère vint donc à Paris pour remettre ses dessins à David et lui demander des conseils. La réponse ayant été celle-ci : « Votre fils sera un peintre, » elle décida son mari à consacrer leur enfant à la carrière des arts : il fut placé chez le grand peintre, où il fit tous les progrès possibles, et excita fréquemment l'admiration de ses condisciples. La troisième année du *concours*, Girodet remporta *le grand prix* de peinture : c'était en 1789. Son tableau représente *Joseph vendu par ses frères*. Il partit donc pour l'Italie ; il avait vingt-trois ans.

Girodet ne fréquentait pas les salles de l'Académie, et travaillait presque toujours chez lui, isolément.

Endymion, composé ainsi dans sa chambre, fut exposé à l'école, et plus prodigieusement au public romain, puis on l'envoya à Paris. Le sujet, purement idéal, était bien difficile à exécuter. Girodet s'en convainquit dans les études préparatoires ; il craignit même quelque temps d'avoir tenté une œuvre au-dessus de ses forces. *Hippocrate refusant les présents d'Artaxercès* vint ensuite. Ce tableau se trouve aujourd'hui à l'école de médecine de Paris.

Au moment où le peintre y mettait la dernière main, notre révolution prenait un développement qui frappait de stupeur toute l'Europe. L'écusson aux fleurs de lys ayant été enlevé pour être remplacé par les armes de la république, il y eut un grand tumulte parmi la populace de Rome : les prêtres la soulevèrent. Les élèves de l'Académie s'enfuirent à Naples ; Girodet refusa de les suivre et resta avec son ami Péquinot, pour terminer l'écusson républicain ; ce qu'ils firent en un jour et une nuit. Ils avaient le pinceau à la main lorsque le peuple fit irruption dans l'hôtel de l'Académie, et détruisit tout ce qu'il y trouva. Ils eurent beaucoup de peine pour se soustraire à la fureur de la populace. Cependant Girodet parvint à gagner Naples où il s'occupa de paysages. La rupture entre Naples, et la République française lui fit quitter Naples. Il séjourna quelque temps à Venise où les évènements le jetèrent. La tempête grondant de toutes parts, il se réfugia obscurément dans les monts Euganéens. Il y fut découvert, arrêté et garrotté par des sbires. Rendu à la liberté, il retourna à Paris après cinq ans d'absence. Pendant les trois années qui suivirent son retour, il ne fit que des recherches, des ébauches et des portraits. Cette réserve fit dire à ses rivaux que le peintre avait donné l'idée de sa force par sa *figure d'étude*, qui était *Endymion*. Ces assertions furent démenties par l'exécution du superbe tableau d'*Ossian*. On trouva que cette page énergique n'était encore qu'un ouvrage plein de goût, qui définitivement ne prouvait pas du génie. Girodet ne se découragea pas et se tint pour être en progrès. Il peignit alors un délicieux tableau de *Danaé*, et quatre autres où sont représentées les *Saisons* : il fit une seconde *Danaé*, qui ne fut plus un simple tableau, mais une satyre amère et puissante, une satyre directe. Il y a dans son tableau de *Fingal* beaucoup de verve et des beautés difficiles ; quelques parties même y enlèvent les suffrages par des choses finies, délicates, énergiques et bien harmoniées. Il mit quatre années laborieuses à préparer et à exécuter *la Scène du déluge* : c'est un pur et consciencieux chef-d'œuvre. Le peintre y rappelle Michel-Ange et Raphaël. Il exposa ce tableau au salon de 1806. En 1808, il fit paraître les *Funérailles d'Atala*, autre chef-d'œuvre ; le public reçut encore de lui *l'Empereur au moment d'entrer dans Vienne. La Révolte au Caire* fut activée et vit le jour deux ans après.

Après tous ces travaux, Girodet se sentit épuisé ; il s'imposa le repos. En 1812, il mit au salon une *Tête de Vierge*, qui est un des diamants de la peinture. En 1819, *Galathée* fut achevée et exposée dans son atelier : ce fut son dernier tribut. Il ne fit plus que quelques dessins, quelques esquisses parfaitement étudiées et quelques portraits qu'il travailla longtemps, entre autres ceux de *Cathelineau, Bonchamp, Merlin de Douai et madame Reizet*. Ces ouvrages consommèrent ses dernières forces, il vit sa fin et se résigna. Pourtant il voulut dire adieu au théâtre des travaux qui avaient rempli d'illusions et de tourments ses jours et ses nuits ; sur son désir, on le porta dans son atelier ; il y toucha en tremblant ses dernières toiles et promena ses yeux presque éteints sur ses plus récentes ébauches. Après avoir contemplé ces objets avec l'émotion d'une éternelle séparation, il s'écria « Adieu, je ne vous reverrai plus. »

FRANÇOIS BARON GÉRARD

— 1770 —

François baron Gérard est né à Rome en 1779, de parents peu aisés, qui le conduisirent très-jeune à Paris, où il travailla d'abord dans l'atelier de sculpture de Pajou, et où il apprit à modeler. De là il passa dans l'atelier de Brenet, peintre de l'Académie où ses premiers essais furent remarqués; mais, lorsqu'en 1786, le tableau des *Horaces* excita l'enthousiasme général des jeunes artistes, Gérard devint élève de David. Par suite des premiers événements de la révolution et de la mort de son père et de sa mère, Gérard se trouva chargé de deux frères et d'une jeune parente dont il était l'unique appui; il épousa celle-ci et pourvut à l'éducation des autres; mais, tandis qu'il remplissait si généreusement ses devoirs, il semblait avoir abandonné son art; et ce ne fut qu'en 1790, qu'il rappela le jeune élève de David, distingué par ses camarades dès l'âge de dix-huit ans, en exposant *Bélisaire*. Ce tableau, qui orne aujourd'hui la galerie de Munich, et qui fit la plus grande sensation, n'aurait pu être entrepris ni exécuté si Gérard n'avait accepté les secours que lui offrait un jeune peintre de ses amis. La *Psyché* vint ensuite. Ces deux compositions, d'un genre si différent, donnaient la mesure du génie varié et indépendant de Gérard : celui qui savait exprimer les douleurs du vieux guerrier réduit à craindre, et la surprise de l'innocence, que l'amour charmait et effrayait pour la première fois, celui-là était vraiment le peintre des passions dans ce qu'elles présentent de plus cruel et de plus séduisant. Psyché, ce chef-d'œuvre qui retrace tout ce que l'âme peut contenir d'affection et de pudeur, ce tableau si sublime d'amour et de chasteté, qu'il équivaut à une bonne action, demeura trois ans dans l'atelier du peintre, pour ensuite passer de main en main, et être vendu près de 30,000 francs, à la vente du général Rapp... Tandis qu'on admirait la Psyché, Gérard, pour vivre et soutenir sa famille, faisait les dessins dont les frères Didot ornaient les éditions de luxe de Virgile et de Racine : *chacune de ces compositions*, disait David, *renferme un beau tableau*, et l'artiste se consolait avec ces paroles du maître. Plusieurs portraits demandés à Gérard, et entre autres celui de *Bonaparte revenant de Marengo*, produisirent un tel enthousiasme que le peintre d'histoire se trouva entraîné à travailler dans ce genre plus que les amis de l'art et lui-même ne l'eussent désiré. Mais Napoléon avait apprécié son talent; les comices de Lyon, qu'il l'avait d'abord chargé de représenter, n'ayant point été exécutés, il lui ordonna de peindre la Bataille d'Austerlitz, magnifique tableau de 30 pieds sur 16, et lui destina une partie des peintures qui devaient orner le Louvre.

Desservi auprès de Louis XVIII, en 1816, Gérard répondit à la dénonciation dont il avait été l'objet en exposant l'*Entrée d'Henri* IV; et le roi saisit cette occasion de lui donner une preuve publique d'estime, aussi flatteuse pour sa personne que pour ses talents : il le nomma son premier peintre, et lui conféra le titre de Baron, que l'on ne prodiguait pas encore. Mais Gérard, décoré de l'ordre de la Légion-d'Honneur depuis sa création, chevalier des ordres du roi, membre de l'Institut, et de toutes les académies de l'Europe, n'a usé de sa faveur qu'avec une extrême réserve. Echanger sa vie d'artiste contre celle de courtisan ou d'homme politique ne l'a jamais tenté : aussi Louis XVIII, ce roi si habile, se plaisait-il à répéter que *Gérard était l'homme le plus spirituel de France*.

Les principaux tableaux de Gérard, outre *Bélisaire et Psyché*, sont : *Les Trois Ages, le Songe d'Onian, Homère, Corrinne*,

Philippe V, Thétis, le Tombeau de Sainte-Hélène, Daphnis et Cloé, sainte Thérèse, le Sacre de Charles X et la Peste de Marseille, qu'il donna à cette ville. Un examen de ces tableaux sous le rapport de la composition et de l'exécution serait important, car, si les beautés d'ensemble frappent les yeux, celles de détail ont souvent besoin d'être indiquées aux amateurs ; mais l'espace manque ; il suffit de dire qu'aucun maître ne demande une étude plus approfondie de ses intentions que Gérard. Sa juste et brillante renommée, des circonstances singulières, ont amené dans son atelier presque tout ce que l'Europe a reconnu grand par le rang ou l'illustration : dans un même jour les rois de France et de Prusse, l'Empereur Alexandre, vinrent successivement lui donner séance. La mère de Napoléon, sa femme Joséphine, la Baronne de Staël, mesdames Récamier, Canova, la Pasta, mademoiselle Mars, tout ce qui a été célèbre n'importe à quel titre, a posé devant Gérard, et son œuvre, gravée par les plus habiles maîtres, offrira la galerie la plus intéressante de son époque. Gérard a toujours accueilli avec empressement les artistes qui ont recherché ses conseils, mais malheureusement il n'a jamais eu d'école. Il ne doit sa réputation qu'à ses talents ; il a dédaigné tous les autres moyens de parvenir ; il a honoré l'art, la France. Il est de ce petit nombre d'hommes dont la biographie ressemble à un éloge, et l'on éprouve autant de satisfaction en rendant hommage au caractère de l'artiste qu'en admirant ses chefs-d'œuvre.

ANTOINE-JEAN GROS

— 1771 —

Antoine Jean Gros naquit à Paris, en 1771, et entra fort jeune dans l'atelier de David. Dès qu'il put marcher seul, il partit pour l'Italie, où il fut réduit, malgré ses brillantes qualités, à se faire peintre en miniatures.

Gros ayant eu occasion de faire, à Milan, le portrait du Général Bonaparte, le futur empereur l'adjoignit aux commissaires envoyés en Italie pour recueillir des objets d'art et dépoétiser ce beau pays. Dès ce moment, la vocation de Gros se dessine nettement ; il comprend sa mission et se met à l'œuvre. Son tableau de *Bonaparte au pont d'Arcole* (1801) attira sur lui une bienveillante attention de la part du public. La même année, *Sapho à Leucade*, œuvre peu remarquable, est aussi soumise à la critique. L'année suivante, Gros remporta au concours une victoire à laquelle les leçons de David l'avaient préparé. Le sujet est la bataille de Nazareth; son esquisse révèle, en effet, le grand peintre qui doit faire les *Pestiférés de Jaffa*. Ce dernier tableau paraît en 1806. Il excite alors l'admiration universelle : c'est un délire d'enthousiasme. Les artistes couronnent le chef-d'œuvre de branches de palmier, et comme les vrais chefs-d'œuvre ne vieillissent point, l'admiration dure encore. Ce tableau, non moins remarquable pour la couleur que pour la composition, et d'une touche large et sévère, restera, quoiqu'il arrive, un des monuments de l'école française. — Puis vinrent *la Bataille d'Aboukir, le Champ de Bataille d'Eylau*.

En 1812, Gros donna un chef-d'œuvre dans un autre genre ; *François I*er *et Charles Quint visitant les tombeaux de Saint-Denis.*

Après avoir représenté les gloires de l'empire, il donne *Louis XVIII quittant le château des Tuileries, Madame d'Angoulême partant de Bordeaux ;* vinrent ensuite les magnifiques peintures de la coupole du Panthéon. Gros, en faisant ces peintures, semble avoir été absorbé par l'idée d'attacher son nom d'une façon durable à ce beau monument. Il a laissé plusieurs portraits fort estimés, entre autres, celui du général Lassalle et celui du chimiste Chaptal. — Gros a terminé sa carrière de grand peintre par le *Diomède,* que l'on a pu voir durant l'exposition de 1835 : la médiocrité de ce dernier tableau a soulevé tous les critiques contre son auteur déchu dès ce moment de son beau talent. Gros est mort le 25 juin 1835.

PIERRE GUERIN

— 1774 —

Pierre Guérin, né à Paris en 1774, est un élève de Regnault.

Le talent de Guérin était le résultat d'un raisonnement sain et éclairé. On ne remarque pas dans ses compositions cette fougue, quelquefois admirable, d'un génie turbulent. Ses tableaux, pour être appréciés, exigent une contemplation longue et minutieuse, après laquelle on arrive à saisir ses savantes intentions. Son premier essai, son *Marcus Sextus*, parut à l'Exposition de 1800. La France put alors se glorifier de posséder un célèbre peintre de plus. Il n'avait que vingt-six ans.

Deux ans après, il exposa *Phèdre et Hippolyte*. Quoique ce tableau soit celui qui ait attiré à son auteur le plus d'honneur et d'éloges, bien des personnes l'ont jugé inférieur à celui qui l'avait précédé.

Enée racontant ses exploits à Didon, et *Clytemnestre qui va assassiner son époux*, ont été le sujet de vives contestations. Le premier de ces tableaux paraît digne d'éloges sous le rapport de la composition. Quant à la couleur, il faut reconnaître qu'elle est très-faible, excepté le fond, qui est très-finement peint ; le reste est d'un ton diaphane et monotone. Le second tableau est composé avec un sentiment profond du sujet.

D'une santé très-faible, car il était attaqué de la poitrine, Guérin a peu travaillé. Nous possédons pourtant encore de lui *Andromaque*, *l'Empereur pardonnant aux révoltés du Caire sur la place d'Elbékeïr*, *Céphale et l'Aurore*, une *Offrande à Esculape*. On assure qu'il refusa, en 1816, la direction de l'Ecole française à Rome, pour ne pas quitter ses élèves. Désigné une seconde fois pour remplir ces honorables fonctions, il partit, revint à Paris en 1829, retourna ensuite à Rome, où il mourut en 1833.

CHARLES STEUBEN

— 1792 —

Charles Steuben est né à Manhein en 1792. A peine âgé de douze ans, il vint à Paris, c'était en 1804, muni de lettres de Schiller et de Mme de Staël. Il prit ses premières leçons de Robert Lefebvre, et passa ensuite dans l'atelier d'un peintre charmant, Prudhon, dans lequel il passa plusieurs années. Ce ne fut que vers dix-sept ans qu'il se mit à l'étude sous la direction de Gérard.

Steuben, tout jeune homme, travaillait à côté d'un gentilhomme prussien, de quelques années plus âgé que lui, plein de feu et d'esprit, dévoré du besoin de savoir et de la passion des arts, et qui se préparait à de grands voyages : c'était Alexandre de Humbolt.

Ce fut vers 1811 que Steuben eut l'idée de son premier tableau, *Pierre-le-Grand sur le lac Ladoga*. Cette grande page obtint un beau succès ; elle annonça un peintre à conception, d'un talent ferme. Il avait dix-neuf ans. Sa réputation était faite.

Steuben continua à travailler avec persévérance et à fond, et prépara habilement les diverses œuvres que nous lui connaissons. En 1820, il fit ce touchant tableau qui représente *saint Germain distribuant ses biens aux pauvres*, composition qui a un cachet religieux d'une grande beauté ; les figures sont tracées avec la vigueur d'un maître. En 1826, il exposa le *Serment des trois Suisses*, l'une des productions supérieures de l'Ecole moderne.

En l'année 1827, Steuben exécuta un autre très-beau tableau, *Pierre-le-Grand, enfant, sauvé par sa mère de la fureur des Strelitz*.

Ce fut en 1829 qu'il peignit la *Mort de l'empereur Napoléon*. En 1832 il exécuta la *Bataille d'Ivri*, une autre riche page qui honore son talent. Ce tableau est un des plafonds du Musée.

Napoléon à Waterloo est un bon ouvrage qui renferme de belles parties, un tableau digne de son succès populaire. Puis vint la *Bataille de Poitiers*, immense toile, œuvre ferme, énergique, classique et originale, qui a confirmé l'artiste au rang qu'il occupe dans la peinture historique. La vigueur de l'exécution et du dessin est un des mérites de ce tableau.

On a blâmé quelques poses du devant de cette bataille, quelque exagération dans certaines figures, de l'encombrement. Mais dans quelle œuvre la critique ne trouve-t-elle pas le même texte d'observations plus ou moins justes?

Outre un grand nombre de portraits remarquables, Steuben a peint beaucoup d'agréables études qui ont laissé un vif souvenir: une *Jeune fille lisant*, une *Espagnole effeuillant une marguerite*, une *Jeune mère allaitant son enfant*, une *Odalik*, etc. Le meilleur portrait de Napoléon est dû à Steuben.

Jean-Louis-Théodore-André GÉRICAULT

— 1792 —

Géricault était fils d'un ancien avocat de Rouen, où il est né. Il fit ses premières études au collège de Rouen ; mais il en sortit bientôt, n'ayant pu y rien apprendre. Il ne réussit pas mieux chez Carle Vernet, sous lequel il commença à étudier la peinture. Entré plus tard chez Guérin, qui peut passer pour son seul maître, il était regardé par ses camarades d'atelier comme un jeune homme sans moyens et sans avenir. Le temps s'avançait où Géricault devait faire mentir tous ces sinistres pronostics. Ce fut en 1812 qu'il exposa une figure en pied assez remarquable, *le Chasseur ;* en 1814, il exposa une seconde figure en pied, *le Carabinier*. Découragé du peu de succès qu'il obtenait, séduit d'un autre côté par l'espoir d'une gloire plus rapide, il s'engagea dans les mousquetaires ; mais là aussi le dégoût l'attendait ; on le vit bientôt mettre bas l'uniforme et reprendre les pinceaux. En 1816, il travaille avec une nouvelle opiniâtreté, et fait de nombreuses esquisses d'après les premiers maîtres. En 1816, il part pour l'Italie, où, pendant un an, il peint de grandes études. C'en est fait, sa persévérance sera récompensée ; le temple des arts lui ouvrira ses portes. De retour en France, il exposa, en 1819, une magnifique page, *le Naufrage de la Méduse,* qui doit immortaliser son nom. Ne sentez-vous pas, en contemplant cet horrible drame, tout votre sang se glacer de terreur ? Comme il est beau ce vieillard dont la main amaigrie soutient la livide tête ! Et ce cadavre tout chaud qui s'étend à ses pieds, ne voyez-vous pas que c'est celui de son fils, que le sort a désigné pour servir de pâture à ses compagnons d'infortune? son fils, qui vient de quitter la vie au moment où une voile blanchit à l'horizon, apportant à tous les naufragés l'espérance et la vie! Comme elle est bien sentie, comme elle est poignante la douleur de ce pauvre père! Tournez vos yeux vers le coin opposé, étudiez ce groupe d'hommes qu'une même idée fait mouvoir! Voyez-les hisser sur un tonneau ce nègre que l'amour de la vie rend agile! Il fait flotter un lambeau de mouchoir en signe de détresse, et bientôt ces malheureux, seuls restes d'un brillant équipage, vont être arrachés à la mort qui les dévore déjà ; leur agonie va cesser ; celle du vieillard ne finira qu'après des années d'angoisse! Quels encouragements ne méritait pas l'auteur d'un pareil chef-d'œuvre? Existait-il une récompense trop flatteuse pour lui? Il se rencontra des plumes assez hardies pour oser le critiquer.

Avec le radeau de la Méduse commence et finit la vie artistique de Géricault, de ce Michel-Ange des temps modernes, comme se plaisent à l'appeler ses élèves, en tête desquels nous placerons Delacroix.

Il était parti pour l'Angleterre ; il en revint presque aussitôt courbé par une sciatique douloureuse dont il venait d'être atteint sur la Tamise. On employa tous les remèdes pour le guérir, et on y avait à peu près réussi, lorsqu'une chute de cheval amena un abcès au côté droit, qui le conduisit au tombeau après dix mois de souffrances ; c'était l'année 1826.

Après la mort de Géricault, on vendit toutes ses peintures. *La Méduse* fut achetée par M. Dedreux d'Orcy 6,000 fr. et revendue au Musée pour le même prix. Que de productions insignifiantes ou absurdes ont été payées plus cher!

Géricault a fait beaucoup d'études de chevaux ; il excelle dans ce genre. On cite de lui, en Angleterre, une aquarelle représentant une course : elle est d'une vérité surprenante.

On a prétendu que Géricault était mort à la suite de honteuses débauches, lui dont l'existence ne fut qu'une lutte tout intellectuelle contre la froideur et l'indifférence de son siècle. L'envie qui le poursuivait vivant n'a pu s'arrêter devant sa tombe !

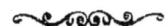

TABLE DES MATIÈRES

Histoire de la peinture. V
Ecole byzantine. XXIX
— Florentine. XXX
— Romaine. XXXI
— Vénitienne. XXXIII
Ecoles Lombardes. XXXIV
Ecole Napolitaine. XL
— Espagnole. . . . . , . . XLII
— Allemande. XLIII
— Flamande. XLIV
— Hollandaise. XLVI
— Anglaise. XLVII
— Française. XLVIII

PEINTRES CÉLÈBRES

1240	— Jean Cimabué.	1
1276	— Giotto.	3
1320	— Les Orcagna.	5
1387	— Jean de Fiesole dit fra Beato Angelico. . .	8
1424	— Jacques Bellini.	9
1430	— André Mantégna.	10
1446	— Pierre Vanucci dit le Pérugin.	12
1452	— Léonard de Vinci.	15
1469	— Baccio della Porta dit fra Bartolomeo. . .	19

1471 —	Albert Durer.	21
1474 —	Buonarotti dit Michel-Ange.	27
1475 —	Antonio Allégri dit le Corrége.	34
1477 —	Titien Vercelli..	38
1478 —	Giorgion Barbarelli.	42
1480 —	Balthazar Peruzzi.	44
1483 —	Raphaël Sanzio.	47
1488 —	André del Sarto.	53
1490 —	François Primatice.	57
1492 —	Jules Romain.	59
1495 —	Polidore Caldara dit le Caravagge. . . .	61
1498 —	Jean Holbein.	64
1500 —	Paris Bordone..	66
1503 —	François Mazzuoli dit le Parmésan. . . .	67
1510 —	Pierre Breughel.	72
1510 —	Giacomo da Ponte dit le Bassan.	73
1510—1540—1570 —	Pierre, François, et François dit le Jeune Porbus.	75
1512 —	Georges Vasari.	76
1512 —	Jacques Robusti dit le Tintoret.	77
1520 —	Jean Cousin.	81
1525 —	Alexandre et Cristophe Allori.	83
1528 —	Frédéric Baroccio ou Barozzi.	85
1532 —	Paolo Cagliari (Paul Véronèse).	86
1555 —	1558 — 1560 — Louis, Augustin et Annibal Carrache.	88
1575 —	Guido Reni dit le Guide.	92
1577 —	Pierre-Paul Rubens..	94
1578 —	Francesco Albani (l'Albane).	99
1581 —	Zampieri Dominique dit le Dominiquin. .	100
1581 —	Jean Lanfranc..	104
1582 —	David et Téniers le Jeune.	105
1589 —	Joseph Ribera dit l'Espagnolet.	107
1590 —	Le Guerchin.	110
1594 —	Nicolas Poussin.	112
1594 —	Jacques Jordaens..	117

1596	— Pierre de Cortone.	119
1598	— Antoine Van-Dyck.	121
1598	— François Zurbaran.	123
1598	— Jean-Laurent Bernin.	126
1599	— Don Diego Rodriguez de Sylva y Vélasquez.	130
1600	— Claude Gelée dit le Lorrain.	135
1600	— 1637 — Jacques le père et le jeune Van-Oost.	136
1606	— Rembrandt.	140
1608	— 1610 — Nicolas et Pierre Mignard. . .	145
1610	— Adrien Van-Ostade.	147
	Bonaventure Van-Overbeeck.	148
1613	— Gérard Dow.	148
1615	— Gabriel Metzu.	150
1615	— Salvator Rosa.	152
1617	— Eustache Lesueur.	156
1618	— Barthélemy-Etienne Murillo.	159
1619	— Charles Lebrun.	162
1620	— Philippe Wouwermans.	164
1620	— 1684 — 1705 — Jacques, Jean-Baptiste et Carle Vanloo.	166
1624	— Nicolas Berghem.	169
1628	— 1661 — 1684 — 1694 — Noël, Antoine, Noël-Nicolas et Charles-Antoine Coypel.	170
1632	— Luc Giordano.	173
1634	— Antoine-François Van der Meulen. . .	174
1635	— François Mieris.	176
1635	— Adrien Van den Velde.	179
1644	— Jean Jouvenet.	180
1656	— Nicolas Largillière.	182
1684	— Antoine Watteau.	183
1698	— Guillaume Hogarth.	186
1704	— François Boucher.	187
1708	— Pompée-Girolamo Batoni.	190
1710	— Simon-Mathurin Lantara.	191
1714	— 1758 — 1789 — Joseph, Carle et Horace Vernet.	193

1716	— Joseph-Marie Vien.	202
1725	— Jean-Baptiste Greuze.	204
1727	— François Casanova.	206
1728	— Antoine-Raphaël Mengs.	207
1744	— Nicolas-Abraham Abildgaard.	209
1748	— J. L. David.	210
1756	— Madame Lebrun.	214
1760	— Pierre-Paul Prudhon.	215
1767	— Anne-Louis de Roussi Girodet.	220
1770	— François baron Gérard.	223
1771	— Antoine-Jean Gros.	226
1774	— Pierre Guérin.	227
1792	— Charles Steuben.	229
1792	— Jean-Louis-Théodore-André Géricault.	231

FIN DE LA TABLE.

Limoges. — Imprimerie de Barbou frères.